आखिर रोज्ने के ?

डा. राजु अधिकारी

FP

फाइनप्रिन्ट बुक्स
फाइनप्रिन्ट प्रा. लि.
कर्पोरेट तथा सम्पादकीय कार्यालय
विशाल बस्ती "क", विशालनगर, काठमाडौं
पोस्ट बक्स : १९०४१
फोन : +९७७-१-४४४३२६३
इमेल : info@fineprint.com.np
वेबसाइट : www.fineprint.com.np

फाइनप्रिन्टद्वारा प्रथम पटक प्रकाशित, वैशाख २०७७

ISBN: 978-9937-665-71-1

AAKHIR ROJNE KE ? BY DR. RAJU ADHIKARI

श्रद्धा-समर्पण

युगव्यास, युगद्रष्टा, युगऋषि, प्रज्ञापुरूष, गायत्रीका सिद्धसाधक
एवम् तीन हजार दुई सय पुस्तकका एकल स्रष्टा
आचार्य श्रीराम शर्माज्यूप्रति

विषयसूची

के यही हो परिवर्तन ?

आखिरी परिवर्तन नै स्व-परिवर्तन

गाई पालेर दूध-घिउ खाने "पाखे" भए । कुकुर पालेर छिमेकीको आँगन बिगार्नेहरूलाई "सहरिया" भन्न थालियो ।

मकै भुटेर र उसिनेर खानेहरू "अनाडी" भए । त्यही मकैको पपकर्न र स्विटकर्न खानेहरू आधुनिक भए ।

बाङ्गो-सोझो जुनसुकै उपायबाट धनी भएर अग्ला घर बनाउनेहरूको वाहवाही भयो । सदाचार र न्यायनिष्ठामा बाँचेर एकतले घरमा बस्नेहरू मूल्यहीन भए ।

आखिर यसरी परिवर्तन त आयो । तर यस्तो परिवर्तनलाई पनि परिवर्तन भन्ने र ? के यही हो परिवर्तन ?

"वास्तविक परिवर्तन त त्यो हो, जसले आवरणसँगै आचरण अनि चित्रसँगै चरित्र र भवनसँगै भावना पनि परिवर्तन गर्छ ।"

अकाट्य पनि, ध्रुवसत्य पनि

परिवर्तन अकाट्य छ । ध्रुवसत्य छ । होसपूर्वक परिवर्तन भए त्यहाँ रूपान्तरण हुन्छ । बेहोसीको परिवर्तन निद्रातुल्य मात्र हो । परिवर्तनको अकाट्य विषयमाथि विशद मन्थन गर्नुअघि गोब्रियल गार्सिया मार्खेज नामक सत्पुरूषको यो लाक्षणिक कथन मनन गरौं–

"मनुष्य केवल त्यो दिन मात्रै जन्मिँदैन, जुन दिन उसलाई आमाले जन्म दिनुहुन्छ । जीवन उसलाई पटकपटक मौका दिने गर्छ, ताकि ऊ जन्मिन सकोस् ।"

समय र परिस्थितिसँगै जो सुपरिवर्तन हुन जान्दछ, उसैलाई नवजात भनिन्छ र ऊ नै परिवर्तन चक्रको लाभबाट लाभान्वित हुन्छ । परिवर्तन नै त्यो शाश्वत नियम हो, जुन अकाट्य पनि छ र ध्रुवसत्य पनि ।

के नक्कल गर्नु परिवर्तन हो ?

एक व्यक्ति आकाशतिर हेरिरहेको थियो । उसले हेरेको देखेर उसका छेउछाउ हुनेहरूले पनि आकाशतिर हेर्न थाले । अर्को थपिन्छ, ऊ पनि मास्तिरै हेर्छ ।

अर्को आउँछ, ऊ पनि अरूले जस्तै मास्तिरै हेर्न थाल्छ । हुँदाहुँदा एउटा ठूलो भीड आकाशतर्फ हेरिरहेको हुन्छ । एक जना भद्र व्यक्ति भीडको छेउमा पुगे । उनले पनि सबैले हेरेको देखेर आकाशतिर हेरे । तर कुनै अनौठो कुरा देखेनन् ।

न त्यहाँ जहाज, न ग्रहउपग्रह, न ग्रहण, न तारा वा नक्षत्र नै थिए । केही नदेखिएपछि उनले भीडमध्येको एक जनालाई कोट्याए र सोधे, "ए भाइ ! के हेरेको हँ ? आकाशमा म त केही पनि देख्दिनँ त ।"

उसले भन्यो, "हजुर दाइ ! सबैले हेरेको हुनाले मैले पनि हेरेको हुँ । अरू कारण मलाई पनि थाहा भएन ।" एकएक गर्दै उनले धेरैलाई सोधे । सबैको उत्तर करिबकरिब उस्तै थियो– अरूले हेरेको देखेर मैले पनि हेरेको ।

अब उनले अन्तिम व्यक्तिलाई सोधे, जसले आकाशतिर हेर्न सुरू गरेको थियो ।

उसले बडो विस्मयपूर्ण स्वरमा भन्यो, "हेर्नोस् हजुर ! यत्रा मान्छेले किन आकाशतिर हेरे मलाई थाहा छैन । तर मेरो चाहिँ घाँटीको बनावट नै यस्तै हो । सधैं आकाशतिर हेरिरहनु मेरो शारीरिक बाध्यता हो ।"

जीवन, समय र परिवर्तन

परिवर्तनशीलताको सूक्ष्म विज्ञान नबुझ्ने अनि केवल बाहिरी दुनियाँको अनुकरण मात्रै गर्नेहरूको कथा यस्तै हुन्छ । परिवर्तन समयको शाश्वत नियम हो । जीवन भनेकै समय नै समयका इकाइहरूको संरचना हो ।

जीवन भनेकै समय हो । समय भनेकै जीवन हो । जीवन, समय र परिवर्तन एउटै वस्तुका पृथक् नाम हुन् । जसले परिवर्तन स्विकार्दैन, उसले जीवनलाई स्वीकार गरेको मानिँदैन । त्यसैले त तत्त्ववेत्ताहरूले भनेका छन्, "सृष्टिको एक मात्र सत्य नै परिवर्तन हो ।"

परिवर्तनको स्वीकारोक्ति र त्यसबाट घटित आत्म रूपान्तरणको प्रतिफल नै आनन्द हो । उत्थान हो, विकास हो । समयक्रमसँगै आफूलाई नबदल्ने व्यक्ति सधैं पछाडिको पछाडि नै रहन्छ ।

आद्यशङ्कराचार्यद्वारा रचित *प्रबोधसुधाकर*मा भनिएको छ–

"पानी आफ्नो उद्‌गमस्थलबाट निस्किएर बग्दैबग्दै समुद्रमा गएर मिसिन्छ । पानी ओरालोमा नबगेर जहाँको तहीँ अडिएको भए समुद्रमा रूपान्तरित हुने सौभाग्य कसरी मिल्थ्यो ? मिल्दैनथ्यो ।"

परिवर्तन अर्थात् परिवर्तन

परिवर्तनको अविराम प्रक्रिया हेर्न टाढा जानुपर्दैन । स्वयम्‌को शरीरलाई हेरे पुग्छ । शरीरका हरेक अवयव, कोश र तन्तु निरन्तर परिवर्तनशील छन् । रक्त परिभ्रमण, श्वासप्रश्वास, मल विसर्जन, प्राण प्रत्यावर्तन अविच्छिन्न गतिमा चलिरहेका हुन्छन् । गति र क्रियाकलाप आआफ्नै हुन्छन् । तर गतिशील परिवर्तन प्रक्रिया एक निमेषका लागि पनि रोकिँदैन । गतिशीलता वा परिवर्तनशीलता रोकिनु भनेको मृत्यु हुनु हो ।

यस तथ्यले स्पष्ट पार्छ– जीव-कोषिकाभित्रको गतिविधिको प्रेरणाले कोषको बाहिरी झिल्ली अर्थात् सेलमेम्ब्रेन शतत क्रियाशील रहन्छ । केही पल यो झिल्लीले कोषभित्रबाट सोडियम निकाल्न बन्द गरिदिने हो भने केही मिनेटभित्रै जीवकोशको मृत्यु हुन्छ ।

यति मात्र होइन, जीवकोशभित्र साइटोप्लाज्म भन्ने जीवित पदार्थ हुन्छ, त्यो पनि नित्य निरन्तर क्रियाशील भइरहन्छ । एउटा अति सूक्ष्म कोषभित्र जुन रीतिले अविच्छिन्न क्रियाशीलता र रूपान्तरणको प्रक्रिया चल्ने गर्छ, त्यसरी नै सिङ्गो शरीर र सिङ्गो सृष्टिमा पनि त्यस्तै चक्र चलिरहेको हुन्छ ।

परिवर्तनको सर्वोच्च प्रमाण स्वयम्‌को शरीर

शरीरको छाला प्रतिपल प्रतिक्षण परिवर्तित हुन्छ । झर्ने, उम्रने र पलाउने कार्य छालामा निरन्तर जारी रहन्छ । शरीरको समग्र त्वचा खोलेर फैलाउने हो भने यसको औसत चौडाइ एक सय आठ वर्गफिटको हुन्छ । यसको बाह्य सतहको इपिडर्मिसका सबै कोष हरेक २७ दिनमा बदलिने गर्छन् ।

त्वचामा जस्तै शरीरका प्रत्येक अङ्गअवयवमा परिवर्तन भइरहेको हुन्छ । रगतको महत्त्वपूर्ण घटक रक्तकण एउटा निश्चित अवधि पुगेपछि नष्ट हुन्छ र नयाँ रक्तकणले उसको ठाउँ लिन्छ ।

शरीरस्थ जलचक्रको पनि यस्तै विशेषता हुन्छ । देहभित्रको खनिज तत्त्व तथा अन्य पोषण तत्त्वको अवशोषण तथा निष्कासन प्रक्रियामा पनि सोही तथ्य लागू हुन्छ ।

शरीर क्रिया वैज्ञानिकहरूको भनाइअनुसार प्रत्येक छ महिनामा हाम्रो शरीर पूरै रूपान्तरित हुने गर्छ भने प्रत्येक १२ वर्षमा शरीरको परिपूर्ण कायाकल्प दोहोरिन्छ ।

परिवर्तनको अविराम शृङ्खला

परिवर्तनको नैसर्गिक नियम त्यस्तो विचित्रको हुन्छ कि त्यसमा कुनैकतै जडता हुँदैन, यथास्थितिवाद हुँदैन । न त्यहाँ कुनै अभाव छ, न त्यहाँ कुनै जडभाव छ । जीवधारीहरूमा मात्रै होइन, वृक्ष-वनस्पतिमा पनि परिवर्तन-प्रक्रिया बडो अद्भुत रीतिले चलिरहेको हुन्छ ।

परिवर्तन प्रक्रियाको धागोमा जीव र वनस्पति मात्र होइन, समस्त चराचर पञ्चमहाभूत अडिएको छ । वृक्ष-वनस्पतिहरू प्रकृतिको नैसर्गिक विधि व्यवस्थाअनुसार ट्रान्स्परेसन प्रक्रियाद्वारा तलबाट जलतत्त्व खिचेर मास्तिर वायुमण्डलमा सम्प्रेषित गर्छन् । यसबाटै जल र हावाको वृष्टि प्रणाली चल्छ ।

रूखबिरूवाका पात हरेक मौसममा बदलिन्छन् र समग्र वृक्ष-प्रणालीको कायाकल्प गर्छन् । स्वतस्फूर्त सञ्चालित प्रकृतिको यस्तो परिवर्तन प्रक्रियालाई विशेषज्ञहरू "परिवर्तनको अनुशासन" भन्छन् ।

यो नै त्यो आत्मानुशासन हो, जसको बलमा जीवन र जगत् टिकेको हुन्छ । प्रकृतिको मौसम जसरी बदलिरहन्छ, जीवनको मौसम पनि त्यसरी नै बदलिइरहन्छ । मौसम कहिल्यै पनि एउटै हुँदैन । परिवर्तन मौसमको प्रकृति हो । भौतिक विज्ञानका वैज्ञानिकहरू भौतिक पदार्थको लघुतम घटक परमाणुलाई मान्छन् ।

जसले यो सत्य स्वीकार गर्छ

आजसम्मका शोधअनुसन्धानहरूले देखाइसकेका छन्– परमाणुदेखि विशालतम ब्रह्माण्डमा पनि अविरल-अविच्छिन्न गति भइरहेको हुन्छ । गतिको अर्को नाम नै परिवर्तन हो । भौतिक विज्ञानको क्षेत्रबाट हटेर भावनाको विज्ञानमा प्रवेश गरेर हेर्ने हो भने त्यहाँ पनि अविराम गतिमा परिवर्तन भइरहेको हुन्छ ।

सुख-दुःख, हाँसो-रोदन, मिलन-बिछोड, आरोह-अवरोह, सम्मान-अपमान, सफलता-असफलता, प्रगति-दुर्गति, सम्पत्ति-विपत्तिजस्ता भावनात्मक स्थिति यस्तै निरन्तर परिवर्तनका उदाहरण हुन् ।

परिवर्तन र जीवन-जगत्बीचको अकाट्य अन्तर्सम्बन्ध वास्तवमा वर्णनातीत छ । शरीर धारण गरेर धर्तीमा अवतरित भइसकेपछि परिवर्तनको माखेसाङ्लोबाट भिन्न रहनु सर्वथा असम्भव कुरा हो ।

प्रश्नोपनिषद्मा लेखिएको छ, "जो परिवर्तनको नियम मान्दैन, ऊ घोर तमोगुणी हो । जसले यो सत्य स्वीकार गर्छ, ऊ रजोगुणी हो । र जसले सत्यलाई स्विकारेर त्यसको परिपालना गर्छ, ऊ सतोगुणी हो ।"

परिवर्तन सिद्धान्तमाथि दूराग्रह वा पूर्वाग्रह राख्नु दुर्भाग्यलाई आमन्त्रित गर्नु हो । सौभाग्यले केवल वीरहरूलाई मात्रै साथ दिने गर्दैन, उनीहरूलाई पनि साथ दिन्छ, जो परिवर्तनका लागि तत्पर रहन्छन् ।

पुरानै दशा प्रिय ?

चीनको घटना हो यो । एक कैदी करिब २० वर्षदेखि झ्यालखानामा बन्दी जीवन बिताइरहेको थियो । यसबीचमा देशको कुनै शासकलाई पुत्रलाभ भयो । पुत्रलाभको खुसियालीमा देशका सयौं कैदीलाई माफी दिइयो । बाँकी कैद माफी भएकाले उसलाई पनि बाहिर ल्याइयो ।

बाहिर निकालिएको मात्रै के थियो उसले भन्यो, "मलाई फेरि भित्रै पठाऊ । मलाई उहीँ आराम छ । मेरा इष्टमित्र त्यहीँ छन् । मलाई माया गर्ने मुसा, साङ्ला, माकुरा र माउसुली पनि त्यहीँ छन् । मलाई भित्रै राम्रो लाग्छ । कृपया मलाई भित्रै पठाइदेऊ ।"

कालकोठरीको मोहमा जकडिएको त्यही कैदी जस्तै हामीमध्ये धेरैजसो व्यक्ति यथास्थितिबाट बाहिर निस्कनै चाहँदैनौं । हामीलाई पुरानै दशा प्रिय छ । जडता र यथास्थिति नै प्रिय छ । कतिपयलाई परिवर्तन या नयाँपन आफूमाथि रचिएको नियोजित यातना जस्तो समेत लाग्छ ।

परिवर्तनदेखि डर किन ?

बदलावसँग भयङ्कर भय राख्नेहरू धेरै हुन्छन् । मान्छेहरू बरू मर्न तयार हुन्छन्, आत्महत्याका लागि तयार हुन्छन् । तर बदलिन तयार हुँदैनन् । आखिर यति धेरै डर परिवर्तनदेखि किन ? किन डराउँछन् मानिसहरू बदलिनुसँग ?

पङ्क्तिकारको एउटा कामकाजी साथीको कहानी बडो विस्मयकारी छ । ऊ एउटा व्यस्ततम महानगरमा बस्छ । मल्टिनेसनल कम्पनीमा राम्रै ओहदामा जागिरे छ । जागिरको सहारामा उसले आफ्नो सानो परिवारलाई गाउँबाट सहर ल्याएर फ्ल्याटमा राखेको छ । उसको जागिर यस्तो छ, रातदिन काम गर्नुपर्छ । हवाइजहाज कम्पनी भएको हुनाले कुनै पनि बेला उसलाई अफिसबाट बोलावट हुने गर्छ ।

उसको खाने, सुत्ने, उठ्ने र घरदेखि अफिस जाने समय कहिले कुन बेला हुन्छ, ऊ आफैंलाई थाहा हुन्न । उसकी श्रीमतीलाई के थाहा ? महिनौं महिना उसकी प्यारी छोरीसँग भेटै नहुने बाध्यतामा बाँचेको छ ऊ ।

जागिर उसका लागि बाध्यता हो । तर बाध्यताले यातना र निर्दयतासमेत जन्माएको छ । भएको जागिर छोडौं, अनेकौं शीर्षकका मासिक खर्च कसरी धान्ने ? अर्को महिना सीधै सडकको बास हुन्छ । जागिर नछाडौं यातनापूर्ण दैनिकी, दयनीय परिवारको अनुबन्धन ।

"बौद्धिक नर्क"बाट निकाल्न सकिनँ

मनोआध्यात्मिक परामर्शको क्षेत्रमा केही दख्खल भएको र एउटा आत्मीय मित्रसमेत भएको नाताले उसलाई यस्तो वीभत्स दैनिकीबाट मुक्त

गर्नु मेरो परमदायित्व थियो । यसै पनि म उसलाई स्वनिर्भर, आत्मउद्यमी र स्वतन्त्र पेसा अपनाउन पहिल्यैदेखि प्रेरित गर्थें । पढालेखा, सहरिया, आधुनिक र कामकाजी भएर पनि साँच्चै नमीठो जिन्दगी गुजारिरहेको थियो ।

जीवनलाई यति कठिन नबनाउन उसलाई मैले पटकपटक प्रेरित गरें । दर्जनौं भेटघाट गरियो, दर्जनौं फोन कल अनि असङ्ख्य इमेल र म्यासेज आदानप्रदान भए ।

अनेकौं प्रयासका बाबजुद पनि मैले उसलाई "बौद्धिक नर्क"बाट निकाल्न सकिनँ । धेरै पछि मलाई वास्तविक कारण थाहा भयो ।

त्यो कारण थियो– उभित्र झाङ्गिएको भयानक असमञ्जस र गहिरो द्विविधा । यो जागिर छाडें भने मेरो अर्को गन्तव्य के ? घरभाडा, खाना खर्च, छोरीको स्कुल, घरेलु खर्च, पाहुनापाछा, आइपर्दाको औषधि खर्च र अरू पनि अनेक । उसलाई यिनै कुराहरूले अनिर्णय र जडतामा बाँधेको रहेछ ।

निकै समयपछि मलाई त्यो साथीको फोन आयो ।

उसले भन्यो, "मलाई केही दिनअघि तिमीले भनेका शब्दहरूले अन्तस्करणमै छोए । म जुरूक्क उठें र निर्णय गरें । अब म परिवर्तनको संवाहक भएरै छाड्छु । मैले भित्रैदेखि दृढनिश्चय गरें, आफूलाई अनिर्णयको भुमरीबाट बाहिर निकाल्दै केही हप्ताभित्रै मौजुदा जागिरबाट बिदा लिने अठोट गरें । आगतको दिशाधारा तय गरें । सबै व्यवहार मिलाएँ । अलिकति आफ्नै कमाइ र केही साथीहरूबाट सापटी लिएँ । ज्ञान-कौशल छँदै थियो । मैले एउटा सुस्वास्थ्य केन्द्र (फिटनेस सेन्टर) स्थापना गरेको छु ।"

अहिले नगरे कहिले ?

उसले अगाडि भन्यो, "आज एक वर्ष पनि भएको छैन, मेरो केन्द्रमा मासिक ४०/५० जना जति ग्राहक छन् । आम्दानी मनग्गे छ । मेरो परिवार पनि यसैमा सहयोगी छिन् । आठ-दस जना युवायुवतीलाई रोजगारी दिएको छु । हेर्दाहेर्दै मभित्र अनन्य बदलाव आएको छ । मेरो आत्मविश्वास बिछट्टै बढेको छ । खासै तनाव छैन । परिवार पनि पहिलेभन्दा प्रसन्न छन् । इष्टमित्र साथीभाइहरूसँग भेट हुँदा इज्जतै अर्को छ ।"

मेरा मित्रले आफ्नै जीवनको प्रयोगशालामा आत्मसात् गरेको परिवर्तनगामी निर्णयले के दर्साउन खोजेको छ, तपाईं विद्वान् पाठकले बुझिसक्नुभयो होला ।

परिवर्तन नै त्यो ऊर्जा हो, जसको नारा हुने गर्छ–

"अहिले नगरे कहिले गर्ने ?"

"मैले नगरे कसले गर्ने ?"

परिवर्तन यिनै दुई मन्त्रद्वारा गतिमान् हुन्छ । परिवर्तनसँग भयभीत हुनु या टाढा भाग्नु जसको शब्दकोशमा छ, मानौं उसको जीवन भाग्यहीन र अर्थहीन चरित्रको नमुना हुने गर्छ ।

आखिर परिवर्तन केमा ?

मान्छे नयाँनयाँ घर बनाउँछ, बदल्छ,

कपडा बदल्छ, ठाउँ बदल्छ, काम बदल्छ,

सम्बन्ध बदल्छ, साथीभाइ बदल्छ,

कसैकसैले त देशै बदल्छ,

फेरि पनि दुःखी नै रहन्छ ।

किनकि ऊ आफ्नो "सोच-स्वभाव" बदल्न कहिल्यै तयार हुँदैन ।

पहिलेपहिले टेलिभिजन सेट मोटाघाटा र ठूला हुन्थे । तर अचेल चेप्टा र पातला हुन्छन् । टेलिभिजन बदलियो । तर हेर्ने दृष्टिकोण बदलिएको खासै देखिँदैन । गाउँबस्तीहरू फैलिएर सहरबजार बनेका-बन्दै छन् । तर त्यहाँ बस्नेहरूको जीवनशैली र सभ्यता उस्तैउस्तै छ ।

आधुनिक मानिसहरू धेरैजसोले कमाइ र हिसाबकिताब बदलेका छन् । तर इमान र सदाचार बदलेका छैनन् ।

भान्छाका भाँडाकुँडा बदलिएका छन् । तर खाने शैली बदलिएको छैन ।

बोल्ने शब्द र प्रयोग गर्ने यन्त्र नयाँनयाँ आएका छन् । तर शिष्टता पुरानै छ ।

सतही क्रान्ति र बोक्रे रूपान्तरणका यस्ता नाटक-नौटङ्की आजकल यत्रतत्र सर्वत्र मञ्चन भइरहेका छन् ।

विडम्बना नभने के भन्ने ?

बदल्न जेजे खोजे पनि जबसम्म सोच र स्वभावमा रूपान्तरण आउँदैन, तबसम्म सुखशान्ति, समृद्धि र प्रगतिशीलता सम्भव छैन । रूपान्तरित सोच-स्वभावको प्रतिफल अत्यन्तै सुखद हुन्छ ।

"कुकुरको पुच्छर बाह्र वर्ष ढुङ्ग्रामा राख्यो उस्ताको उस्तै" भन्ने लोकोक्ति आम व्यक्तिको सोच र स्वभावलाई नै लक्ष्य गरी बनाइएको हुनुपर्छ । हाम्रो देश नेपालको उदाहरण हेरौं । देशमा केही दशकदेखि निरन्तर परिवर्तन छ । व्यवस्था र राजनीतिक प्रणालीमा परिवर्तन आयो । तर चरित्र, चिन्तन र व्यवहार उस्ताको उस्तै ।

सरकार परिवर्तनमा विश्वमै अग्रणी होउँला हामी । तर देशवासीको सोच-स्वभावमा रत्तिभर परिवर्तन छैन । अनिवार्य रूपले रूपान्तरित सुझबुझ राख्नुपर्ने नेतृत्व वर्गमा पटक्कै परिवर्तन छैन । शासित वर्ग भनिने हामी नागरिकको सोच र स्वभावमा रत्तिभर बदलाव देखिँदैन । व्यवस्था र प्रणालीसँगै सोच र स्वभावमा पनि तदनुरूप रूपान्तरण आएको भए आज हाम्रो यस्तो दुर्दशा अवश्य हुने थिएन । यद्यपि आशा गरौं, परिवर्तन एक दिन आवश्यक आउनेछ ।

परिवर्तन चक्रको सामर्थ्य-गाथा

उपर्युक्त अनेकौं प्रसङ्ग जोडेर भन्न खोजिएको मर्मबिन्दु के हो भने सोच्ने शैली र बानी व्यवहारको क्षेत्रमा अनुभूत गरिने परिवर्तन मात्रै सक्कली परिवर्तन हो ।

मानसमा उत्पन्न हुने विचार तरङ्ग अर्थात् सोचले नै व्यक्तिको संस्कार, भाग्य र भविष्य बन्छ ।

हाम्रो दिमागमा जन्मने सोच क्रमशः क्रिया या कर्म बन्छ । उक्त क्रिया या कर्म पटकपटक दोहोरिँदै गएपछि त्यो आदत बन्छ । आदत जब दिनचर्याको अङ्ग बन्छ, त्यो स्वभाव बन्छ । स्वभावमा पुगेर पनि यो क्रम रोकिँदैन । स्वभाव प्रगाढ भएपछि त्यो चरित्र बन्छ । चरित्रहरूको समुच्चयले अन्ततः व्यक्तिको भाग्य र भविष्यलाई निर्धारण गर्दछ । यो जटिलतम र अन्त्यहीन घनचक्करको कारक भनेकै हाम्रो सोच हो ।

जसले सोचमै उत्कृष्टताको पालन गर्छ, उसको स्वभाव स्वयमेव उत्कृष्ट बन्छ । सोहीअनुरूप संस्कार र भाग्य पनि उज्ज्वल नबन्ने कुरै आउँदैन ।

इतिहास साक्षी छ, जो व्यक्ति सोच-स्वभाव परिवर्तनप्रति तत्पर हुँदैन, उसको जरा उखेलिने दिन टाढा छैन भनेर जाने हुन्छ । रावण, कंश, वृत्रासुर, महिषासुर, भस्मासुर, हिरण्याक्ष आदि चरित्रहरूको दुर्दशा हामी सबैलाई थाहै छ ।

कट्टरतामा जहाँ विनाश छ, त्यहीँ रूपान्तरणमा अपत्यारिलो दिव्यता र भव्यता छ । बुद्धको संस्पर्शले अङ्गुलीमालमा आएको रूपान्तरणले उसलाई अग्रणी भिक्षु बनायो । रत्नाकर डाँकुले वाल्मीकि नामको महान् ऋषित्व प्राप्त गऱ्यो । कहाँ हत्यारा अङ्गुलीमाल तथा डाँका रत्नाकर अनि कहाँ "बौद्ध भिक्षु" र "महर्षि"को प्रतिष्ठा ।

दृष्टिकोण परिवर्तन सर्वश्रेष्ठ परिवर्तन

फूलको आँखामा फूलै संसार, काँडाको आँखामा काँडै संसार

कवि दुर्गालाल श्रेष्ठको यो गीति-रचनाले भने जस्तै हाम्रो विचार र मान्यतामा आउने परिवर्तन क्रियान्वित हुन दृष्टिकोण पनि त्यस्तै हुनुपर्छ ।

एक जना महोदय साँझपख घुमफिर गर्दै थिए । बेस्मारी पानी परेछ । भिजेर निथ्रुक्क भए । चारैतिर अँध्यारो । ती महोदय हिँड्दाहिँड्दै चिप्लिएछन् । लडेको मान्छे उठ्न नभ्याउँदै बिजुली चम्किएछ ।

हात उँभो उचालेर धारे हात लाउँदै भनेछन्, "यो भगवान् पनि क्या मायावी हगि ! पहिले लडाउँछ अनि लड्यो कि लडेन भनेर बत्ती बालेर हेर्छ ।"

चिप्लिएर लड्ने महोदयको जस्तै हेर्ने तरिका आआफ्नै हुन्छ, प्रत्येक व्यक्तिको ।

त्यसैले त कवि श्रेष्ठले गीत रच्नुभयो, *फूलको आँखामा फूलै संसार...* ।

भनिएकै छ, जस्तो दृष्टि त्यस्तै सृष्टि । एउटा हिन्दी सायरी निकै प्रसिद्ध छ–

नजरें तेरी बदली तो नजारे बदल गए
किसी ने बदला रूख तो किनारे बदल गए ।

दृष्टि जता, गन्तव्य त्यतै

एकातिर मुख फर्काएर हिँडिरहेको नाउको मुख अर्कोतिर फर्काइदिने हो भने उसको मार्ग र गन्तव्य दुवै बदलिन्छ । र नाउ ठीक विपरीत दिशातर्फ अघि बढ्छ । राजमार्गमा दुई ओटा मोटर सँगै उभिएका हुन्छन् । दुई चालक एकआपसमा मुखामुख भएर कुरा गर्छन् । तर मोटरको मुख परस्पर विपरीत दिशातर्फ हुन्छ । मुख फर्किएको दिशामा यात्रा गर्दै मोटर भरे सयौं किलोमिटर टाढा पुग्छन् ।

केही क्षण सँगसँगै थिए । तर दृष्टिकोण अथवा मुखमण्डल भिन्न फर्काइएको हुनाले तिनको गन्तव्य नै विपरीत र टाढा हुन पुग्यो । यसैको नाम दृष्टिकोण हो । तपाईंको दृष्टि जता फर्किएको हुन्छ, तपाईंको गन्तव्य र उपलब्धि त्यसैले निर्धारित गर्छ ।

दृष्टिसम्म बदल्छन् मान्छेहरू । तर दृष्टिकोण बदल्न भने अत्यन्तै कठिन युद्ध लड्नुपर्छ । परस्त्रीलाई हेर्ने कामवासनात्मक दृष्टिकोणलाई बदलेर *"परस्त्रीषु मातृवत्"* अर्थात् प्रत्येक स्त्रीलाई मातृभावले हेर्ने दृष्टि प्रतिस्थापित गर्नु चानचुने कुरा होइन ।

अक्सर मान्छेको दृष्टि दोषदर्शन प्रधान हुन्छ । गुणग्राह्यतायुक्त र निर्मल दृष्टि हुनेहरू पक्कै पनि दोषदर्शनभन्दा माथि उठेका हुन्छन् । दृष्टि परिवर्तन भनेकै माथि उठ्ने प्रक्रिया हो ।

दृष्टिकोण परिवर्तन जब परिपक्व हुन्छ, क्रमशः अन्तर्दृष्टि र दिव्यदृष्टि नामक उच्चतम सामर्थ्य हासिल हुन थाल्छ । अतः तपाईं पनि जाग्नुहोस्, उठ्नुहोस् र दृष्टिकोण परिवर्तनको श्रेष्ठ साधनामा कटिबद्ध हुनुहोस् ।

परिवर्तनको प्रसव पीडा

परिवर्तन आफैंमा प्रसव वेदनाको समतुल्य हुन्छ । अनायस लिनेछाड्ने श्वासप्रश्वास प्रक्रियामा परिवर्तन ल्याउनुपर्‍यो भने त कष्टसाध्य हुन्छ, अरू विधाको के कुरा ? हामी सबै देख्दै छौं, भोग्दै छौं, अहिले समाजका हरेक

विधामा परिवर्तन भइरहेको छ । राजनीतिक क्षेत्र हेरौं । विश्वपरिदृश्यमै यस क्षेत्रमा अकल्पनीय परिवर्तन हुँदै छन् ।

त्यस्तै धर्म, संस्कृति, आर्थिक, सामाजिक, पारिवारिक तथा वैयक्तिक जुनसुकै क्षेत्रमा आएका परिवर्तन आफूसँगै कष्ट र आहत बोकेर आइरहेका छन् ।

यस सन्दर्भमा तपाईं जति मात्रामा परिवर्तनप्रेमी हुनुहुन्छ, यसको आघात तपाईंमा त्यति नै कम मात्रामा पर्छ । भविष्यद्रष्टाहरू परिवर्तन अझै तीव्र र अप्राकृतिक रूपले हुने कुराको भविष्यवाणी गरिरहेका छन् ।

अग्रज भविष्यवेत्ताहरूको चेतावनीअनुसार आगामी दशकहरूमा मनुष्य मेसिनभन्दा बढी यान्त्रिक हुनेवाला छ । भावना, प्रेम, पारिवारिकता, संवेदना जस्ता भावसंवेगले रहित हुँदै जानेछ । एक पटक सोचेर हेरौं, भविष्यवाणी पूरा भयो भने मानवीय हृदयको दशा के होला ? त्यो क्रूर परिवर्तनको व्यथा झेल्न हामी आजैदेखि तयार हुनुपर्नेछ । अरू कुनै विकल्प छैन ।

यति मात्र होइन

भविष्यवेत्ताहरू भन्छन्– धर्ती, पर्यावरण, पञ्चतत्त्व तथा हाम्रो परिवेशमा आउने सम्भावित दुष्परिवर्तन पनि त्यत्तिकै विडम्बनापूर्ण हुनेछ । अर्को दारूण्य परिवर्तन उपभोक्तावाद र आर्थिक क्षेत्रमा हुनेछ । उग्र र असन्तुलित परिवर्तनको भारमा विश्वको बहुमत जनसङ्ख्या यसरी पिल्सिनेवाला छ, केही मुट्ठीभर ठालू र धनीहरूले बाँकी निम्न तथा मध्यमवर्गको अचाक्ली शोषण गर्नेछन् ।

यसका पूर्वसङ्केत हिजोआज देखिन थालेका छन् । धनी झन्झन् धनवान् हुँदै गएको छ, बिचरा गरिब सोही गतिमा गरिब हुँदै छ । विपत्ति, प्रकोप तथा आपदाहरू मान्छेको भित्री संसार र बाहिरी संसार दुवै क्षेत्रमा अकल्पनीय रूपले बढिरहेका छन् ।

वर्तमानमा भइरहेका र भविष्यका सम्भावित परिवर्तन र त्यसको प्रसव पीडा हामी प्रत्येकले सामना गर्नैपर्ने हुन्छ । यो सबैको नियति हो । परिवर्तन टार्न सकिँदैन बरू परिवर्तनका लागि पूर्वतयारी गर्नचाहिँ अवश्य सकिन्छ ।

आध्यात्मिकता, जीवन साधना, योग, ध्यान, तप, आत्मसंयम यी उपायको सहारा लिने हो भने परिवर्तनको प्रसव पीडा सहने प्रतिभा र सामर्थ्यको क्रमिक विकास हुन्छ । यी विधिद्वारा सोच, स्वभाव र दृष्टिकोणसमेत परिष्कृत हुन्छन् । यो पात्रता जजसमा सन्निहित हुन्छ, उसले परिवर्तनद्वारा पीडित हुनुपर्दैन बरू परिवर्तनको संवाहक हुने अवसर प्राप्त गर्दछ ।

आत्म-रूपान्तरण यसरी, स्वपरिवर्तन यसरी

- एक विद्वान्ले भन्नुभएको छ, "अत्याधुनिक जमानाका मानिसहरू अहिले नानो प्रविधिको चाहना राख्छन् । तर युगलाई नानो होइन, नयन चाहिएको छ । यसैको नाम अन्तर्दृष्टि हो, दूरदृष्टि हो ।"
- हिजोआज कतिपय संस्थाले "चेन्ज म्यानेजमेन्ट" अर्थात् "परिवर्तन प्रवर्द्धन" विभाग स्थापना गरेका छन् । सङ्गठन या सङ्घसंस्थामा रूपान्तरण गर्ने उद्देश्यले खोलिएका विभागहरूले के बुझ्नु जरूरी छ भने परिवर्तन पहिले संस्थाका सञ्चालक र कर्मचारीहरूमा आउनुपर्छ । तिनको सोच, स्वभाव र दृष्टिकोणमा बदलाव आएको खण्डमा मात्रै समग्र संस्थाले परिवर्तन पाउनेछ ।
- धेरैजसो बाबुआमालाई छोराछोरी कुमार्गमा लाग्ने हुन् कि भन्ने व्यापक चिन्ता छ हिजोआज । हरेक अभिभावक आफ्ना सन्ततिलाई असल, सुसंस्कारी र सफल बनाउन चाहन्छन् । यस परिप्रेक्ष्यमा हरेक अभिभावकले के हृदयङ्गम गर्नु जरूरी छ भने तपाईंको आचरण र कार्यशैली नै सन्तानको सर्वश्रेष्ठ विश्वविद्यालय हो । तपाईंको सोच, स्वभाव र दृष्टिकोणमा समुचित परिवर्तन छ भने अवश्यमेव छोराछोरीले त्यही सिक्नेछन् ।
- वर्तमान समयमा देश त्यागेर अर्कै देशको नागरिक बन्ने होड तीव्र छ । यस दिशामा लागेका हरेक व्यक्तिले कान खोलेर सुनौं– जबसम्म आचरण, सोच र दृष्टिकोणमा सुधारात्मक परिवर्तन आउँदैन, संसारको जुनसुकै नागरिकता लिए पनि सुखशान्ति पाउन असम्भव छ । भनिएको पनि छ, "बर्मा गए कर्मसँगै, नेपाल आए कपालसँगै ।"

- दरिद्र मनस्थिति, सङ्कुचित व्यवहार र खोटपूर्ण दृष्टि रहेसम्म कसैको पनि आर्थिक उन्नति हुँदैन । उद्यमशील तथा समृद्ध बन्न वर्तमान मनोदशामा परिवर्तन नितान्त आवश्यक हुन्छ । हीन भावना त्यागेर "म गर्न सक्छु, गर्छु र हुन्छ, अवश्य हुन्छ"को सोच उदाउनेबित्तिकै आर्थिक हैसियत तुरून्तै परिवर्तित हुन थाल्छ ।
- दिने प्रवृत्ति भएकालाई देवता र लिने मात्रै प्रवृत्ति हुनेलाई "लेवता" भनिन्छ । लेवता जबसम्म देवता प्रवृत्तिमा बदलिँदैन, व्यक्ति सधैं भिखारी नै बनिरहन्छ । भिखारी शब्द प्रयोग गर्दा तपाईंलाई तीतो लाग्यो होला । तर यो तथ्य मनन गर्नुहोस्– सक्कली भिखारी मन्दिर, मस्जिदबाहिर या सडकमा बसेर भिख माग्छ । स्ट्यान्डर्ड भिखारीचाहिँ मन्दिर मस्जिदभित्र पसेर भिख माग्छ– मलाई यो दिनुहोस् भगवान्, त्यो पुऱ्याइदिनुहोस् । मेरो मनोकामना पूर्ण गरिदिनुहोस् । मुद्दा जिताइदिनुहोस् । विदेश पठाइदिनुहोस् । छोराछोरीको फलानो काम पूर्ण गरिदिनुहोस् । यस्तै-यस्तै भिख मगाइ । यस्तो मगन्ते प्रवृत्ति त्यागौं । आफूलाई लेवताबाट देवतामा रूपान्तरित गर्ने निरन्तर अभ्यास गरौं ।
- प्रसिद्ध आयुर्वेदज्ञ आचार्य बालकृष्ण भन्नुहुन्छ, "जुन कुरा कुकुर र गधाले समेत खाँदैन, त्यो जाँडरक्सी मानिसले खाइरहेको छ ।" भनिरहनु नपर्ला, मादक पदार्थ सेवन गर्ने बानी कतिसम्म घातक र आत्मप्रताडनायुक्त हुन्छ । जबसम्म व्यक्ति स्वप्रयत्नद्वारा आत्मअठोट गरी नशापानको निकृष्ट बानी परिवर्तित गर्दैन, जीवन नरकतुल्य बनी नै रहन्छ । उसका हरेक पल, हरेक क्षण पश्चात्ताप, आत्मग्लानि र आत्महीनतामा बितिरहेका हुन्छन् ।
- *जिन्दगी जिउने स्मार्ट अन्दाज*का लेखक जोन बोइडको सुझाव मननीय छ । उहाँ लेख्नुहुन्छ, "कुनै एक भूमिकामा बाँधिँदै जाँदा परिवर्तन मुस्किल हुँदै जान्छ । तपाईंलाई आफ्नो वर्तमान स्थितिमा आफ्नो वास्तविक लक्ष्य प्राप्ति भइरहेको लाग्दैन भने त्यसलाई तुरून्तै त्यागिदिनुहोस् र नयाँ लक्ष्य तय गर्नुहोस् या नयाँ अवसरको पर्खाइमा बस्नुहोस् ।"

- व्यक्तिगत क्षमताको दिगो र निरन्तर विकास तपाईंको चाहना हुनुपर्छ । परिवर्तन शैलीमा आस्था र तत्परता भएमा यो निरन्तर चलिरहने प्रक्रिया बन्नेछ । विद्वान् ब्रायन ट्रसीको अभिमत पनि यस्तै छ, "तपाईं लगातार श्रेष्ठतातर्फ परिवर्तित भइरहनुहुन्छ भने जे चाहनुहुन्छ, त्यसलाई सजिलै पाउनुहुनेछ ।"

परिवर्तनसँगै अपरिवर्तित हुन नजान्दा

तपाईंसँग ऊ पहिले निकै नजिक थियो । भेट गरिरहन्थ्यो । दुःखसुख र प्रगतिका कुरा सुनाइरहन्थ्यो । मनका कुरा गर्दा र हालखबर आदानप्रदान हुँदा तपाईंलाई पनि मीठो लाग्थ्यो ।

तर आजकाल ऊ तपाईंदेखि टाढिएको छ । कतै भेट भइहाल्यो भने औपचारिकता या लोकाचारवश दुई शब्द गाह्रो मान्दै बोल्छ । ऊ साँच्चै बदलिएछ । घमण्डी भएछ ऊ । उसको औकात अर्कै भएछ ।

जब कुनै व्यक्ति यसरी बदलिन्छ भने त्यो बदलाव साँच्चै दुःखदायी हुन्छ । त्यसको चोट अचाक्ली तीतो हुन्छ ।

नमीठो र अपाच्य भए तापनि अधिकांश व्यक्तिमा देखापर्ने गर्छ यस्तो परिवर्तन । यथार्थमा यस्तो परिवर्तन समयले मागेको परिवर्तन होइन ।

प्रिय पाठक महोदय ! कतै तपाईं पनि परिवर्तनसँग अपरिवर्तित हुन नजान्दाको प्रवृत्तिले ग्रसित त हुनुहुन्न ? तपाईंका हितैषीहरूले तपाईंलाई बदलिएर अर्कै भएछ भन्ने उपमा दिनुपर्‍यो भने त्यो ऊ र तपाईं दुवैका लागि काँडा हो । त्यहाँ नचाहेको परिवर्तन घटित भएछ भन्ने बुझ्नुपर्छ ।

याद गर्नुहोस्, प्रकृतिको खेल नै विचित्रको हुन्छ । गुलाबको बोटमा फुलेको फूल केही दिनमा ओइलिएर झर्छ । तर काँडा बोट रहेसम्म रहिरहन्छ ।

कदापि नआओस् यस्तो क्षण

२५/३० वर्षअघि गाउँ छाडेर विदेश गएको एक जना व्यक्ति गाउँ फर्किएछ । स्वाभाविक थियो, यति लामो समयपछि गाउँ फर्कंदा, यहाँ धेरै परिवर्तन भएछ । साना भुराभुरी तन्नेरी भइसकेछन् ।

कति जना त छोराछोरीका बाउ बनिसकेछन् । ठाउँको विकास पनि गज्जबले भइसकेछ । पुराना घरका ठाउँमा अग्लाअग्ला पक्की महल ठडिएछन् । गाउँलेहरू चियापानीका लागि जमघट हुने घुम्ती अहिले भव्य रेस्टुरेन्टमा बदलिएछ । पुराना ती दिन सम्झँदै त्यो व्यक्ति स्थानीय जमघट हुने चिया पसलमा गयो । उसलाई त्यहाँ सबथोक नौलो लागिरहेको थियो ।

चिया पसलको छेउमा ठेलामा तरकारी बेच्दै गरेको एक जना दुब्लो, निन्याउरो वयोवृद्धमा उसका आँखा पुगे । वृद्ध व्यक्तिको अनुहार परिचितझैं लाग्थ्यो । तर ठम्याउन भने सकेन ।

उसलाई लाग्यो, यी तिनै व्यक्ति हुनुपर्छ, जसको पहिलेपहिले गाउँमा सबैले मानेको भव्य दोकान थियो । धान कुट्ने मिल थियो । यो होटलको घर पनि उसैको थियो । मनमा असमञ्जस भइरह्यो ।

मनको संशय मेटाउन भए पनि ठेला छेउ गएर उसले बूढालाई सोध्यो, "तपाईंलाई मैले ठम्याउन सकिनँ । क्षमा गर्नुहोला, चिने जस्तो लाग्यो, तपाईं हाम्रै गाउँको फलानो महाजन होइन ?"

गहभरि आँसु झार्दै वृद्धले भने, "हो बाबु ।"

"त्यस्तो जल्दोबल्दो महाजन हजुर आज यस्तो अवस्थामा ?" उसले सोध्यो ।

वयोवृद्ध ठेलावालाले भने, "बाबु के गर्नु, यस्तै हुँदो रहेछ छोराछोरी हुर्किएपछि ।"

नभए कसरी हुन्छ जिन्दगी अर्थपूर्ण ?

परिवर्तन निःसन्देह अनिवार्य हुन्छ । तर परिवर्तन त्यत्तिकै मर्माहत पनि हुने गर्छ । बदलिने क्रमसँगै कतिपय विषय जीवनमा बदल्न नहुने पनि हुन्छन्, त्यसैलाई नै यहाँ "परिवर्तनसँगै अपरिवर्तित" भन्न खोजिएको हो । जन्मदाता बाबुआमासँगको सम्बन्ध जन्मजात र नैसर्गिक हो । जब कि पतिपत्नीको सम्बन्ध पछि गएर जोडिने नाता हो ।

पछि गएर गाँसिएको सम्बन्धका कारण जन्मसिद्ध बाबुआमासँगको सम्बन्धमा परिवर्तन आयो भने त्यो कस्तो हुन्छ तपाईं आफैं विचार गर्नुहोस् ।

स्मरण रहोस्, "जिन्दगी बदल्ने समय सबैले पाएका हुन्छन् । तर जिन्दगी फेरि फेरि पाइँदैन समय बदल्नका लागि ।" यो पंक्तिकारको बुझाइ हो ।

या परिवर्तित होऊ या स्वीकार गर

बदलिनुपर्ने ठाउँमा या बेलामा आफूलाई तुरून्तै बदल्न सक्ने व्यक्तिको आनन्द, इज्जत र आत्मसन्तोषको सीमा नै हुन्न । जीवनलाई या त बदल्नुपर्छ, या त स्वीकार गर्नुपर्छ ।

स्वीकार नगर्ने हो भने बदल्नुबाहेक अर्को उपायै छैन । बदल्न सकिँदैन भने जिन्दगी जस्तो छ, यसलाई स्विकार्नुबाहेक विकल्पै छैन ।

बदल्न सबै चाहन्छन् । तर समस्याको केन्द्र व्यक्तिको अहङ्कार हो । म त म नै हुँ, म पो हुँ त, म फलानो, म ढिम्काना यी र यस्तै अहङ्कारले नै व्यक्तिलाई उसको परिवर्तनगामी आत्मगौरवबाट वञ्चित राख्छ । अनि कसरी हुन्छ जिन्दगी अर्थपूर्ण ?

यसर्थ आफूलाई परिवर्तनगामी बनाउनुहोस् । त्यसका लागि पनि यो जिन्दगीलाई पटकपटक भन्नुहोस्– जिन्दगी ! बदलिन तयार रहेस् है ।

खोइ त समाधान ?

यस्तो हुनुपर्छ, समाधान-कला

जुन सफलता समस्या, चुनौती या सङ्कटको सामना नगरी त्यसै हासिल हुन्छ, त्यसले व्यक्तिलाई अहङ्कारी बनाउँछ । त्यस्तो सफलताको स्वाद खल्लो र रस टर्रो हुन्छ ।

मिठास नदिने सफलता के सफलता ? प्रकृतिको नियम नै के हो भने व्यक्तिलाई सरस, अहङ्कारहीन र विनयी बनाउनकै लागि नियति स्वयम्ले समस्याहरूको परिकल्पना गरेको हुनुपर्छ ।

सफलतासँगै खुसी आउनु स्वाभाविक प्रक्रिया हो । तर सङ्घर्षविहीन सफलताले दिने खुसीले व्यक्तिलाई उन्मादी बनाउँछ । त्यसैले त अचेलका प्रायः नवधनाढ्यहरू उन्मादी छन् । त्यत्तिकै अहङ्कारी पनि ।

आचार्य श्रीराम शर्मा भन्नुहुन्छ, "सज्जन व्यक्ति गरिबीमा धनाढ्य जस्तो उदार र धनाढ्यमा गरिबजस्तो नम्र हुन्छ ।"

सङ्कटले नै सफलता निम्त्याउँछ

सास रहुन्जेल जीवनमा चुनौती र समस्या आइरहन्छन् । घाम लागेका बेला जसरी छायाँ अविच्छिन्न साथ रहन्छ, समस्या पनि त्यस्तै हुन्छ । यो अकाट्य सत्य जान्दाजान्दै धेरैजसो व्यक्ति समस्यै नआओस् भनी समस्या जन्मने प्वाल टाल्ने चेष्टा गर्छन् ।

नयाँ जमानाको नयाँ पुस्ता त जीवनमा समस्यै आउनुहुँदैन भन्ने धारणा राख्छ । समस्यालाई यसरी अभिशाप मान्ने प्रवृत्ति जतिजति प्रबल हुन्छ, समाधान कौशल त्यति नै दुर्बल हुन्छ । त्यसैले यस प्रकरणमा

समस्या समाधान गर्ने कलाकौशल अनावरण गर्दै समस्याहरूबीच पनि जिन्दगीलाई आनन्दपूर्ण बनाउने अभियानतर्फ प्रेरित गर्ने प्रयत्न गरिएको हो ।

सर्वज्ञात तर कटुसत्य यो हो, जसले समस्यालाई स्वीकार गर्छ, उसले मात्रै इच्छित मोती फेला पार्छ । उसका लागि मात्रै अनुकूल प्रतीत हुन्छ, सफलता । प्रगतिको सक्कली पात्र भनेकै ऊ मात्रै हो ।

समाधान-कौशल बढाउनेतर्फ

प्रसिद्ध पुस्तक *सङ्कट सफलताको आधारशीलाका* लेखक विली जलीको शब्द यस सन्दर्भमा अत्यन्तै मननीय छ–

"उत्तरदायित्वबाट कदापि नहट्नुहोस् । जबसम्म तपाईं कर्म गर्न छाड्नुहुन्न, तबसम्म कुनै अनिष्ट हुनेवाला छैन । जुन क्षण तपाईं निर्णय लिनुहुन्छ र काम गर्न सुरू गर्नुहुन्छ, सोही क्षण तपाईंको जिन्दगी बदलिन्छ, समस्याले स्वतः समाधान भेट्टाउँछ ।"

समस्यालाई सम्भावना र यथार्थमा बदल्ने साँचो के हो ? सङ्कटलाई सफलतामा बदल्ने कुँजी के हो ?

जवाफ साह्रै सजिलो छ, "तपाईं निर्णय लिनुहोस्, सङ्कटलाई सफलतामा बदल्ने यात्राको श्रीगणेश भनेकै तपाईंले लिएको निर्णय हो । निर्णय त्यस्तो होस् कि लिइएको निर्णयभित्र सङ्कटलाई सफलतामा बदलेरै छाड्छु भन्ने निश्चय होस् ।"

उत्प्रेरणा गुरू जलीको यसै उद्घोषणालाई आधार मान्ने हो भने अहिले तुरून्तै सुरू हुन्छ समाधान कलाको सिलसिला । के तपाईं समाधान-पारखी व्यक्तित्वको धनी बन्न चाहनुहुन्छ ? चाहनुहुन्छ भने समस्याको छिद्र टाल्ने होइन, समाधानको सामर्थ्य कौशल बढाउने साधनामा अहिले देखि नै लाग्नुहोस् ।

अत्तालिने भवरोग

रवीन्द्रनाथ टैगोरको एक सुभाषित वचन अत्यन्त हृदयस्पर्शी छ, "तिमी सूर्य डुब्न लागेको देखेर रूवाबासी गर्न थाल्यौ भने आँसु भरिएको आँखाले भरे आकाशको तारा कसरी देखौला ?"

यो वचनमा कुनै पनि समस्याको विवेकसम्मत समाधानसूत्र लाक्षणिक रूपमा निहित छ । यसले के भन्न खोजेको छ भने सङ्कट, चुनौती या समस्या खडा हुँदा हुने काम पनि नगरी हामी आत्तिएर रोइकराइ गर्न थाल्यौं भने त्यसले अरू अनेकौं सह-समस्याहरू निम्त्याउँछ । समस्याले थिचिएर रून्ने-कराउनेहरू अक्सर आगामी सम्भावनाहरूबाट वञ्चित रहन्छन् ।

के थाहा ? अहिले समस्या बनेर आएको परिस्थिति केही क्षणपछि अवसर बनेर आउने हो या सफलता बनेर उदाउने हो । शतरञ्ज खेलको अन्त्यमा राजा र प्युसोलाई एउटै बक्सामा बन्द गरेर राखिन्छ । खेल चलुन्जेल मात्रै राजा शक्तिसम्पन्न हुन्छ । खेल सकिनासाथ सबै एकनास । मनुष्य जीवनमा आइपर्ने समस्याको जात पनि यस्तै किसिमको हुन्छ ।

तपाईंले सुन्नुभएको होला, जङ्गलको राजा सिंहले पनि झिंगाभुसुनाबाट आफूलाई बचाएर राख्ने गर्छ । भन्नुको तात्पर्य समस्या ठूला साना सबैको नियति हो । नियति कदापि टार्न सकिँदैन । तर नियतिलाई नियतमा बदलेर सफलताको भऱ्याङ बनाउनचाहिँ अवश्य सकिन्छ । समाधान शैलीको यसै मर्मलाई स्थापित गर्नु नै सफल व्यक्तित्वको विशेषता हो ।

सफलता जननी कि अभिशाप ?

कतिपय व्यक्ति मेहनत गर्न भनेपछि पछि हट्छन् र सफलता प्राप्त गर्न छिटोछरितो उपाय रोज्छन् । पढ्नलेख्न पटक्कै मन नगर्नेहरू नै अरूले विद्वान् भनिदिऊन् भन्ने कामना राख्छन् ।

परिश्रम, पुरूषार्थ पटक्कै नगर्ने तर गरगहनाले चाहिँ झरिझट्ट हुने तृष्णा राख्ने नारीहरूको आजभोलि बहुमत छ । त्यस्तो जागिर पाए हुन्थ्यो, हाजिरबाहेक केही पनि गर्नु नपरोस् । यस्ता व्यक्तिले नै अचेल आम मान्छेलाई समाधानमुखी हुनबाट वञ्चित गराइरहेका छन् ।

सोह्रै आना सत्य कुराचाहिँ के हो भने जो व्यक्ति समस्या, चुनौती, सङ्कट र अभावविरूद्ध जति बढी सङ्घर्ष गर्छ, उसको सफलता र उपलब्धि त्यत्तिकै सानदार हुन्छ । समस्याबाट भयभीत हुनु वास्तवमा कायरता हो । भीरूता हो । समस्याको परिचय नगराई हुर्काइएका छोराछोरी अन्ततः ब्रोइलर कुखुरा जस्ता हुन्छन् ।

सत्य हृदङ्गम गर्नुअघि

कठिन तालिम र कठोर अनुशासन सिकाएपछि मात्रै सैनिक जवान हतियार बोकेर हिँड्न सुयोग्य हुन्छ । फलामतुल्य कच्चा सुनलाई पटकपटक ठोक्ने, पिट्ने, पोल्ने, गाल्ने, पगाल्ने, तताउने, चेप्ट्याउने, तेर्स्याउने गरिसकेपछि मात्रै त्यो आभूषण बन्छ । गिलो माटोको जति बढी पिटाइ हुन्छ, त्यति नै टिकाउ भाँडा निर्मित हुन्छ ।

तेज गतिको पानीको धाराले पङ्खालाई चुटेपछि बल्ल बिजुली निस्कन्छ । नाना प्रकारका कठिनाइ र प्रतिकूलताहरूसँग जुध्दै अघि बढ्ने आरोही मात्रै एक दिन पर्वतको शिखर चुम्न सफल हुन्छ ।

यस्ता उदाहरण असङ्ख्य छन् । तर जति उदाहरण दिए पनि मर्मबिन्दु एउटै छ । र त्यो हो, "समस्या वास्तवमा सफलताको जननी हो, अभिशाप होइन ।"

यस सत्यलाई हृदङ्गम गर्नुअघि एउटा अर्को तथ्य पनि बिर्सनुहुँदैन, "हरेक कठिन काम सुरूमा असम्भव जस्तो लाग्छ ।"

समाधानको तत्त्वदर्शन

हरेक समस्याभित्रै समाधान लुकेको हुन्छ । तर अक्सर हाम्रै मस्तिष्क बाधक बनेर उभिन्छ । भनिन्छ– तर्कबुद्धियुक्त मस्तिष्क समस्याको भनेजस्तो उत्तर खोज्न समर्थ हुँदैन, जब कि प्रश्न सोध्नचाहिँ खप्पीस हुन्छ । प्रकृतिको नैसर्गिक नियम नै के हो भने बिनासमाधान समस्या जन्मिँदै जन्मिँदैन ।

भविष्यको गर्भमा समाधान छ र न वर्तमानको गर्भमा समस्या पनि छ । यस ध्रुवसत्यलाई दर्शनको भाषामा कार्यकारण भवचक्र भनिन्छ । कपिलमुनि विरचित साङ्ख्य सूत्रअनुसार अकारण कुनै पनि घटना घटेको हुँदैन । साथै कुनै पनि कार्यमा नयाँ कारण बन्ने शक्ति निहित हुन्छ ।

जो व्यक्ति तर्क-कुर्तकबाट पर गएर कार्यकारण मान्यताको बोध गर्न सक्षम हुन्छ, ऊ तत्क्षण समस्यालाई समाधानको जन्मदाता र समाधानलाई समस्याको सन्तान मान्न तयार हुन्छ । यो नै समाधानशैलीको मूल मन्त्र हो । यही नै महानताको राजपथ पनि हो ।

"जसले असफलता वा समस्याको सामना गरेकै हुँदैन, ऊ कहिल्यै महान् बन्न सक्दैन," विद्वान् हर्मन मेलविलको यो उक्तिले माथिको साङ्ख्य अभिमतलाई थप पुष्टि गरेको छ ।

अवरोध होइन, अवसर

तर यस्तो विशेषता समस्याको भट्टीमा पाकेर निस्किएको सफलतामा मात्रै उपलब्ध हुन्छ । पसिना नचुहाएको र थाप्लो नखियाएको सफलता रसहीन र दम्भपूर्ण सफलता हो । समाधान कौशल भन्नु नै सफलता सूत्र हो । सफलता हासिल गर्ने कुनै निर्दिष्ट नियम आजसम्म गुप्त छैन, सर्वाङ्ग खुला छ ।

"के तपाईंले आजसम्म कुनै त्यस्तो सफल व्यक्ति फेला पार्नुभएको छ, जसले आफ्नो सफलताको रहस्य अरूलाई नबताएको होस् ?" विद्वान् किन हबार्डको यो उक्तिले पक्कै पनि तपाईंलाई समाधानमुखी बनाउन प्रेरित गरेको हुनुपर्छ ।

समस्या तबसम्म मात्रै समस्या बनेर आउँछ, जबसम्म समाधानको उपाय सम्पूर्ण मनले खोजिँदैन ।

मनोयोग यानि कि मनोनिग्रहलाई प्रत्येक समस्याको समाधान-माध्यम भनिएको छ । "मनले हारे हार, मनले जिते जित" यस समाधान-मन्त्रको सर्वमान्य पृष्ठभूमि नै प्रखर एवम् तीक्ष्ण मन हो ।

एकाग्र मन तीखो काँडा जस्तै हुन्छ, यसले जहाँ छुन्छ, त्यहाँ छेडेरै छाड्छ । काँडाझैं तीक्ष्ण मन आफैंमा एउटा अनमोल उपलब्धि हो । यसको विशेषता के हो भने काँडालाई कहिल्यै ओइलिने डर हुँदैन । सधैं पल्लवित, पुलकित हुन्छ । यस्तो मन क्षणक्षणमा ओइलिन खोज्ने मनको तुलनामा हजारौं गुणा प्रबल रहन्छ ।

कुरा स्पष्ट छ, जो व्यक्ति तीक्ष्ण मनको मालिक हुन्छ, उसका लागि समस्या अवरोध होइन, अवसर बनेर आउँछ । अवरोधलाई चिरेर जब पुनः सफलता हासिल हुन्छ, मनले आफूलाई थप तिखारिएको पाउँछ ।

सामना गर्न नजान्दा

"जो व्यक्ति समस्याको समाधान खोज्नुको सट्टा चिन्तामा डुब्न थाल्छ, ऊ बैंस आउनुअगावै मर्दछ ।" चिकित्सा क्षेत्रका नोबेल बिजेता डा. अलेक्सिस क्यारभको यो अभिव्यक्ति हामी सबैको जीवनसँग सरोकार राख्ने कुरा हो ।

कुनै पनि समस्या आफूसँग आपत्‌विपत्, त्रास-सन्त्रास र भय-चिन्ता साथै बोकेर आउँछ । समस्याले साथमा यी असुर लिएर त आउँछ । तर तपाईं सुर अर्थात् सुरो हुनुहुन्छ भने ती आउँदाआउँदै पराजित हुन्छन् ।

समस्या तबसम्म मात्रै असुर जस्तो भयावह हुन्छ, जबसम्म तपाईंभित्रको "सुर" जाग्दैन । यसै सुरलाई शास्त्रकारहरूले दिव्य शक्ति, दैवी शक्ति तथा शक्तिसम्पन्नता जस्ता पात्रको उपमा दिएका छन् ।

कुण्ठा जसले वैकुण्ठ जानबाट रोक्छ

विडम्बना सिवाय के भन्ने, आजभोलि मान्छे आफूभित्रको सुरभन्दा असुरलाई बढी मलजल गरिरहेको छ । सानैदेखि केटाकेटीलाई भूतको डर देखाइन्छ । यसले कलिलै उमेरमा दिमागलाई दुर्बल बनाउँछ ।

विद्यार्थीका लागि परीक्षा जहिल्यै पनि भयप्रद घटना बनेर आउँछ । परीक्षालाई चुनौती र अवसर भनेर नसिकाउने प्रवृत्ति आज पनि सर्वत्र छ । परीक्षा सामना गर्ने कौशल नहुँदा विद्यार्थी अन्ततः कुण्ठाको सिकार बन्छ ।

परीक्षाको कसौटीद्वारा अरूको तुलनामा म कमजोर, दुर्बल, शक्तिहीन, आत्महीन छु भन्ने भावना बारम्बार मनभित्र गाडिएपछि त्यसले अन्ततः कुण्ठा अर्थात् फ्रस्टेसन जन्माउँछ ।

मनको कुण्ठा नै त्यो बाधक तत्त्व हो, जसले वैकुण्ठ जानबाट रोक्छ । यहाँ वैकुण्ठ शब्दको तात्पर्य आनन्द, सुख या ज्ञान भन्ने हो ।

कि भाग, कि जाग

जीवनको उकालीओरालीमा कुनै पनि बेला कठिनाइ, चुनौती या समस्या आउनु यसको नैसार्गिकता नै हो ।

प्रसिद्ध उद्योगपति रतन टाटाले एक पटक भनेका थिए, "जीवन भनेकै उतारचढावयुक्त यात्रा हो । मुटुको परीक्षण गर्दा इसिजीमा सीधा रेखा मात्रै देखियो भने त्यसलाई मृत्यु भने हुन्छ ।"

यो अकाट्य वास्तविकतालाई जान्दाजान्दै पनि कतिपय व्यक्ति पलायनवादी मानसिकताबाट ग्रसित हुन्छन् । आधुनिक मनोविज्ञानको भनाइमा जीवनमा समस्या आइपर्दा हामी कि त फाइट कि त फ्लाइटको दोसाँधमा रहन्छौं । फ्लाइट मनोवृत्ति नै पलायनवाद हो । फाइटको अभिप्राय चुनौतीसँग लड भन्ने हो भने फ्लाइटको अर्थ चुनौतीदेखि भाग भन्ने हो ।

ब्रोइलर कुखुराको जस्तो जीवनीशक्ति भएका कतिपय आधुनिक भनाउँदाहरूको परिचय भगुवा किसिमको हुने गर्छ । त्यसमध्ये कतिपय व्यक्ति परिस्थितिदेखि भाग्छन् भने कतिपय स्थान या देशै छाडेर भाग्छन् ।

कतिपयले भने चुनौती सामना गर्न प्रयोग हुने यन्त्र अर्थात् मनलाई नै भाग्न बाध्य बनाउँछन् । भाग्ने या पलायनको प्रकृति जस्तोसुकै भए तापनि आखिर यस्तो प्रवृत्तिलाई भगुवा नै भन्नुपर्छ । भगुवा प्रवृत्तिलाई अर्को शब्दमा संशयवाद पनि भनिन्छ ।

त्याग्नैपर्छ भगुवा मनोवृत्ति

स्वामी विवेकानन्द घुम्दै जाँदा उनलाई एक पटक बाँदरले झम्टियो । सुरूमा उनी आत्तिए । दुईचार पाइला भागेपछि मनमा तुरून्त प्रश्न आयो– भागेर कहाँ जाने ?

जति भाग्यो, यसले त्यति खेदाउँछ भन्ठानेर उनी टक्क उभिए । बाँदर पनि अडियो । स्वामीज्यूको निडरता देखेर केही क्षणमा बाँदर स्वयम् पछाडि हट्यो र अर्कोतिर लाग्यो ।

समाधान भाग्नुमा कदापि छैन । बरू मनोरोग छ, आत्मप्रताडन छ, पश्चात्ताप र हीनताबोध छ ।

ध्यान कक्षाका प्रायः शिविरहरूबाट केही व्यक्ति भाग्ने गरेको पाइन्छ । यसरी भाग्नेहरूकै मुखबाट भनेको सुनिन्छ, उनीहरू आफ्नै मनलाई सम्झाउन नसकेर भागेका हुन्, जो दुर्भाग्यको कुरा हो ।

यसरी भाग्नुपर्दा कतिपयमा एक किसिमको आत्महीनता पनि जन्मने गर्छ । सेना, प्रहरी, अर्धसैनिक तालिम अथवा पर्वतारोहण प्रशिक्षणबाट भाग्नेहरूमा गरिएको शोध अध्ययनले पनि यस्ता तथ्य उजागार गरेका छन् । भगुवा मनोवृत्ति हाम्रो आत्मोन्नतिको ठूलो बाधक हो ।

उत्कृष्ट परामर्श

अब्राहम लिङ्कन सत्रौं पटकसम्म अविचलित रहे र राष्ट्रपति बन्ने चुनाव लड्दै समाधान खोज्न निरन्तर लागिरहे । यसलाई इतिहास या उदाहरण मात्रै नठानेर उनको जस्तै साहस जुटाउन अघि बढे हामीभित्र पनि समुचित समाधान कौशल विकसित हुनेछ ।

यश, ऐश्वर्य, शौर्य, वैभव, ख्याति, प्रसिद्धि, लोकसम्मान जस्ता विशेषण समस्याविमुख पलायनवादीहरूले आजन्म प्राप्त गर्दैनन् ।

यही तथ्य महाभारतको युद्धमैदानमा श्रीकृष्णले अर्जुनलाई सम्झाएर युद्ध सामना गर्ने साहस भरेका थिए । श्रीकृष्णको दिव्य परामर्शका बलले पराजयको पसिना काढिसकेको व्यक्ति अर्जुन पछि फेरि विजेताभावमा फर्कन सफल भए । *श्रीमद्भगवद्गीता* विजेता हुने कलाको सविस्तार हो ।

समस्याले सुरूमा विषाद बनेर अर्जुनको आत्मशक्ति क्षीण बनायो । जब योगेश्वर श्रीकृष्णले अर्जुनको आत्मशक्तिलाई जागृत गरे र युद्ध लड्ने हौसला दिए, त्यसले अर्जुनलाई अन्त्यमा सोही प्रसन्नता, हर्षोल्लास, आत्मानन्द र आन्तरिक सुख दिलायो ।

अर्जुनको जीवनमा विषाद प्रसादमा बदलिए जस्तै प्रसादको अधिकारी हुने पात्रता केवल समाधानकलाका पारखीहरूमा मात्रै हुने गर्छ ।

जोखिम नमोल्नु नै सबभन्दा ठूलो जोखिम

भनिन्छ, जोखिम नमोल्ने बानी नै सबैभन्दा ठूलो जोखिम हो । जसले जिन्दगीमा जोखिम मोल्न जान्दैन, ऊ सधैं आफैंमा जोखिमपूर्ण चरित्र भएर बाँच्छ ।

समस्यादेखि डराउनुले अन्ततः पश्चात्ताप पैदा गर्छ, समाधान होइन । समस्याको समाधानबाट नै परिपक्वता जन्मन्छ । अनुभव र सजगता

प्राप्त हुन्छ । समस्यादेखि डराउनु प्रकारान्तरले समस्यालाई परिपुष्ट गर्नु हो । जब कि समस्याको सामना गर्ने सोच र प्रथम पाइला मात्रैले पनि जितको भावनालाई परिपुष्ट गर्छ ।

समस्याको मैदानबाट भाग्न खोज्नेहरूले जित हासिल गर्नु त कता हो कता, जितको कल्पना पनि गर्न सक्दैनन् । सुरूमै सामनाको बाटो रोज्नेहरूले भने कल्पनालाई यथार्थमा परिणत गरिरहेका हुन्छन् । समाधान शैलीको मूल बाटोसम्म पुग्न कोही योग्यता चाहिन्छ । आखिर के हो त्यो योग्यता ?

यस परिप्रेक्ष्यमा विलियम जेम्सको कथन यस्तो छ, "जसले प्रत्येक दिन एकाग्रतायुक्त सावधानी, उत्साहयुक्त सङ्कल्प तथा स्वार्थत्यागको अभ्यास गरेको हुन्छ, उसको वरिपरि जस्तोसुकै हलचल मच्चिए तापनि ऊ अटल स्तम्भझैं अडिग रहन्छ, जब कि ऊसँगैका साथी समस्याको आँधीबेहरीमा धूलो उडेझैं उडिरहेका हुन्छन् ।"

यी चार आग्नेयास्त्र

जिन्दगीको रणभूमिमा आइपर्ने भाँतीभाँतीका समस्याविरूद्ध लड्न यी चार अस्त्र जोकसैका लागि उपयोगी हुन सक्छन्–

१. इच्छाशक्ति

पराजय इन्कार गर्नुहोस् । यो नै इच्छाशक्ति हो । लक्ष्य प्राप्तिमा चाहिने अर्को अपरिहार्य कुरा हो, अविचल निष्ठा अनि सङ्कल्पप्रति परिपूर्ण समर्पण । असल इच्छाशक्तिका अगाडि समस्या नओइलाउने प्रश्नै उठ्दैन ।

उत्प्रेरणावादी लेखक विली जलीको सुझाव यो छ कि, "समस्याको अघिल्तिर एक क्षण रोकिनुहोस्, सोच्नुहोस् र एक कदम पछि हट्नुहोस् । भित्र नियाल्नुहोस्, बाहिरको पनि जाँच गर्नुहोस् । पुनः एक पटक सोच्नुहोस् र अघि बढ्नुहोस् ।"

जली थप्नुहुन्छ, "आस्था राख्नुहोस्, तपाईंमाथि ईश्वरको आशीर्वाद र वरदहस्त छ । हो म सक्छु भन्नुहोस्, सङ्कल्प विकल्परहित हुनेछ ।"

२. दृढ विश्वास

"यो संसारमा आजसम्म जेजति अद्‌भुत, आश्चर्य र महान् कार्य भए, त्यसको पछाडि विश्वास नै प्रमुख प्रेरणा हो ।" मार्टिन लुथर किङ जुनियरको यो उद्‌घोषणा हामीमाथि पनि बराबर लागू हुन्छ ।

विश्वविख्यात मुक्केबाज मोहम्मद अली बक्सिङ रिङभित्र "आई होप आई विन" अर्थात् मलाई आशा छ म जित्नेछु भनेर कहिल्यै प्रवेश गरेनन् । "आई एम द ग्रेटेस्ट, आई क्यान विन" अर्थात् म नै सर्वश्रेष्ठ हुँ म जितेरै छाड्छु भनेर उनी भिडन्त सुरू गर्थे । यसो नगरेका भए उनले ऐतिहासिक विजयी इतिहास बनाउन सक्दैनथे होलान् । यो सबै आत्मविश्वासको कमाल हो । व्यक्तिभित्र विश्वासको पर्खाल जति कमजोर हुन्छ, समस्याको आकार त्यति नै अग्लो हुन्छ ।

दृढ विश्वासको अगाडि समस्याले घुँडा टेकेकै हुन्छ । तर विश्वास सक्कली हुनुपर्छ । तपाईंको तन, मन र आत्मा तीनै अङ्ग विश्वासको तरङ्गले आच्छादित हुनुपर्छ । पानीको स्पर्शले आगो निभेझैं दृढविश्वासका सम्मुख समस्या स्वतः निभ्न सुरू हुन्छ ।

३. शतत अध्यवसाय

महर्षि पतञ्जलिले योगसाधनाको सफलताका निम्ति दीर्घकालसम्म निरन्तर श्रद्धापूर्वक अभ्यास गरिरहेमा दृढभूमि प्राप्त हुन्छ भन्नुभएको छ । योगसाधनको क्षेत्रमा मात्रै होइन, यो नियम भौतिक तथा सांसारिक क्षेत्रमा पनि शतप्रतिशत लागू हुन्छ ।

धेरै ठाउँ खाल्डो बनाएर पानी निस्कँदैन । तर एउटै खाल्डो निरन्तर खन्दै गयो भने एक दिन अवश्य पानी फेला पर्छ । आफ्नो कार्यमा दत्तचित्त भई अनवरत उद्यमशील हुनुलाई अध्यवसाय भनिन्छ ।

अटुट अध्यवसायका अगाडि जस्तोसुकै समस्या पनि घुँडा टेक्न विवश हुन्छ । आचार्य चाणक्यको मतानुसार समझदार व्यक्ति देश, काल, परिस्थितिलाई दृष्टिगत गर्दै आफ्नो क्षमताको पहिचान गर्छ र सम्पूर्ण मनोयोग जुटाएर समाधान मार्गमा निरन्तर लागिपर्छ । उसका लागि सफलता अकाट्य जस्तै हुन्छ ।

४. ईश्वर प्रणिधान

"जो व्यक्ति ईश्वरमा विश्वास गर्छ, उसका लागि सबथोक सम्भव छ । वास्तवमा उसका लागि केही पनि असम्भव रहँदैन ।" मार्क ९:२३ को यो ज्ञानोपदेश समस्या तथा चुनौतीविरूद्ध सर्वसम्मत समाधान-सूत्र हो ।

तात्त्विक रूपले हेर्ने हो भने ईश्वर प्रणिधान कुनै अमूर्त सत्तामाथि विश्वास होइन, आफूभित्रको परमचेतना एवम् परमशक्तिमाथिको विश्वास हो ।

विद्वान् चार्ल्स उडाल भन्नुहुन्छ, "जीवनमा हामीलाई ईश्वरले हरपल अवसर दिइरहेका हुन्छन्, त्यसैको नाम चुनौती हो ।" ईश्वर विश्वासको प्रतिफल आस्था हो । आस्थाले आशा जगाउँछ । आशाले साहस । साहसले समाधान । समाधानको परिष्कृत स्वरूप नै सफलता हो ।

अमेरिकी पूर्वराष्ट्रपति बाराक ओबामा हनुमानप्रति अगाध आस्था राख्छन् । उनको यो आस्था उनको सङ्घर्ष मैदानमा आइपरेका अनेकौं समस्याको अचुक समाधान बन्ने गरेको तथ्य समयसमयमा आइरहने उनकै अभिव्यक्तिहरूबाट स्पष्ट हुन्छ ।

हातमै छ समाधानको साँचो

आचार्य चाणक्यका नीति श्लोकहरूलाई आधार मानी तयार गरिएका यी महामन्त्रहरू एक पटक ध्यानपूर्वक अध्ययन गरौं, त्यसपछि मनन गरौं र जीवनमा प्रयोग गर्ने प्रयत्न गरौं–

- मौरीलाई मह सङ्कलन गर्न लगाउने कुनै हाकिम या आदेशकर्ता हुँदैन । ऊ आफैं स्वअभिप्रेरित भएर सुगन्धित पुष्पवाटिकाको अन्वेषणमा लाग्छ । प्राण रहुन्जेल मौरी मधुरताको खोजीमा रहन्छ । घामपानी, आँधीबेहरी, रातदिन, अनकूलता-प्रतिकूलता कुनै पनि परिस्थिति उसको उद्देश्यमा बाधक बन्दैन । किन नसिक्ने मौरीबाट ?
- कुकुरले जब खाने कुरा भेट्टाउँछ पेटभरि खान्छ र जब कुनै खाने कुरा पाउँदैन, त्यो बेला पनि सन्तुष्ट रहन्छ । कुकुर खुब गहिरो निद्रा सुत्छ । तर छिस्रिक्क सङ्केत पाउनेबित्तिकै तुरून्त ब्यूँझिहाल्छ । ऊ स्वामीभक्त हुन्छ । मालिकप्रति बफादार हुन्छ र परेको खण्डमा झट्टै

दौडिहाल्छ । निकृष्ट दृष्टिले हेरिने गरे तापनि कुकुरबाट सिक्ने कुरा धेरै छन् । किन नसिक्ने यसबाट ?

- गुप्तस्थानमा मात्रै सम्भोग गर्नु, हठी हुनु, समयसमयमा चाहिने कुरा सङ्ग्रहित गर्नु, निरन्तर सावधान रहनु र अरूसँग पूर्ण रूपले विश्वस्त नहुनु । यी पाँच कुरा कागबाट किन नसिक्ने ?
- सिंह त्यस्तो जनावर हो, जसले सिकार सानो होस् या ठूलो त्यसलाई उत्तिकै पराक्रम एवम् मनोयोगपूर्वक आक्रमण गर्छ । शक्तिशाली होस् या शक्तिहीन शत्रुमा ऊ कहिल्यै फरक देख्दैन । कुनै पनि समस्यालाई ठूलो होस् या सानो, त्यसलाई सामना गर्ने शैली सिंहबाट किन नसिक्ने ?
- सूर्योदयअगावै उठ्नु, युद्ध (सङ्घर्ष)का लागि सदैव तत्पर रहनु, आफ्नो आहार आफैं जुटाउनु र भाइबन्धुलाई एकजुट गर्नु– यी चार विशेषता कुखुराबाट सिक्नुपर्छ । कुखुरा खाने मात्रै कि त्यसबाट केही सिक्ने पनि ?
- बलवान् शत्रु (समस्या)लाई उसैको अनुकूल व्यवहार गरेर, दुर्बल शत्रु (समस्या)लाई आफ्नो सामर्थ्यद्वारा र समान बल भएको शत्रु (समस्या)लाई विनयपूर्वक या बल प्रयोगद्वारा वशमा ल्याउनुपर्छ ।
- हात्ती विशालकाय हुन्छ । तर सानो अङ्कुशले नै उसलाई तह लगाउँछ । हात्तीको शरीरका अगाडि अङ्कुशको आकार कत्रो नै हुन्छ र ! हतौडाका चोटले बडेबडे पर्वत ढल्छन् । के पर्वतको आकार हतौडा जत्रो हुन्छ र ? अर्थात् प्रत्येक वस्तु आफ्नो तेजका कारण बलवान् हुन्छन् । शरीरको आकारले केही फरक पार्दैन । यस परम सत्यलाई आत्मसात गरी समाधानको बाटो खोज्दै सुखशान्तिको पथ किन नरोज्ने ?

"भट्का हुआ देवता" बनिएला नि ?

मानवको स्थान देवताभन्दा एक तह मुनि र पशुभन्दा एक तह माथि हो भनिन्छ । देवता हुनुपर्ने उद्देश्य बिर्सिएर जब पशु बन्ने मार्गमा भड्किन थाल्छ मान्छे, उसले "भट्का हुआ देवता" भन्ने परिचय पाउँछ । देवत्वको

ऊर्ध्वयात्रामा समस्या, चुनौती र कठिनाइ अवश्य आउँछन् नै । किनकि दिव्यत्वको राजपथ स्वभावैले जटिल हुन्छ । तत्त्वज्ञानीहरूले यसलाई प्रकृतिको प्रपञ्च भने ।

आफ्नो ज्येष्ठ रचना भएको नाताले प्रकृति चाहन्छ कि मनुष्य उच्च, श्रेष्ठ र तीक्ष्ण बनोस् । अनेक जन्जाल र प्रपञ्चमा ठक्कर खाएर ऊ देवतुल्य बनोस् । झमेला, उद्विग्नता, खिन्नता, विपन्नता र निकृष्टता उसको परिचय कहिल्यै नबनोस् । यसै परमपावन उद्देश्य राखी प्रकृति आमाले तपाईंलाई समस्याको दहमा हुऱ्याइरहने गर्नुहुन्छ ।

यस तथ्यलाई बेवास्ता गरी तपाईं पथच्यूत या ध्येयच्यूत हुनुहुन्छ भने तपाईं स्वतः "भट्का हुआ देवता"ले विभूषित हुनुहुन्छ ।

एक मुट्ठीमा स्वर्ग, अर्को मुट्ठीमा नर्क

गीताकारले यस मानवीय चरित्रलाई बिम्बात्मक रूपमा यसो भनेका छन्, "मनुष्य स्वयम् आफ्नो शत्रु र स्वयम् आफ्नो मित्र हो ।"

वैदिक ग्रन्थमा भनिएको छ, "मन नै बन्धन र मोक्षको एक मात्र कारण हो ।"

बाटो बिराएको व्यक्ति वा समस्याको भुमरीमा रूमल्लिएको व्यक्तिको मन आफैं बाधक बन्दछ । समाज धेरैजसो भड्किएका आत्माहरूले भरिएको हुनाले आजभोलि "भट्का हुआ देवता"को मन्दिर पनि देख्न पाइन्छ । यस्तो मन्दिरमा मूर्तिको सट्टा ऐना जडान गरिएको हुन्छ ।

तपाईंले बुझिहाल्नुभयो होला, "भट्का हुआ देवता"को दर्शन गर्न खोज्नेले ऐनामा के देख्छ ? आफ्नै अनुहार ।

कुनै सूक्ष्मद्रष्टा महापुरूषले भन्नुभएको छ, "मान्छेका दुईमध्ये एक मुट्ठीभित्र स्वर्ग र अर्को मुट्ठीभित्र नर्क छ । दुईमध्ये आफ्ना लागि ऊ जुन मुट्ठी खोल्न पनि स्वतन्त्र छ ।"

आफूलाई दीनहीन, बेसहारा, दयनीय, दरिद्र, अभागी, असफल, तन्नम या खोटी मान्नेहरूको एउटा ठूलो भीड चारैतिर व्याप्त छ ।

समाधान महामन्त्र

"तिमीभित्र दिव्यत्व छ, अपार सम्भावना छ, उठ, जाग, अघि बढ" भनेर ब्यूँझाउन खोज्यो भने त्यस्ता धेरैजसो व्यक्ति ब्यूँझाउनेलाई नै डस्न तयार हुन्छन् । मान्छे आत्महत्या गर्न तयार छ, ब्यूँझन तयार छैन । भट्कन तयार छ, ज्ञान, प्रकाश तथा समाधानको बाटो समात्न तयार छैन । "भट्का हुआ देवता"मध्ये पनि यस्ताचाहिँ निम्न कोटिका चरित्रभित्र पर्छन् । खबरदार ! कतै हामी यस्तै चरित्रधारीको वर्गमा त पर्दै छैनौं ?

हजारौंमा एकदुई व्यक्ति मात्रै सच्चा सुरवीर हुन्छन्, सक्कली मनुष्य हुन्छन् । समस्यासँग जुध्ने, चुनौतीसँग सिँगौरी खेल्ने साहस यस्तैले गर्छन् । बाँकी मनुवाको हालत वास्तवमा पिशाच, नरकीटक, नरपशु, नरपामर जस्तो बनिरहन्छ । जसले हरपल, हरक्षण समाधान पथमा हिँड्ने सत्सङ्कल्प लिएको हुन्छ, अन्ततः उसले मात्रै नरदेवताको उपाधि प्राप्त गर्छ ।

आफूभित्रको नरपशु वा नरपिशाचलाई मारेर नरदेवता उत्पन्न गर्न स्वामी विवेकानन्दले प्रत्येक व्यक्तिलाई घचघच्याइरहनुभएको छ, "उठ ! साहसी बन, बलवान् बन । सबै जिम्मेवारी आफ्नो काँधमा बोक र जानिराख कि तिमी आफ्नो भाग्यको निर्माता आफैं हौ ।"

"तिमीलाई जेजति बल या सहायता चाहिन्छ, त्यो सबै तिमीभित्रै विद्यमान छ । अतः आफ्नो भविष्य आफ्नै हातले रच्ने पुरूषार्थ गर ।" अझै पनि तपाईं समस्यासँग त्रसित हुनुहुन्छ भने अन्त्यमा एक पटक यो कथन मनन गरेर हेर्नुहोस्, "प्रकृति, समय र धैर्य यी तीन हरेक समस्याका समाधान हुन् ।"

आखिर रोज्ने के ?

वाह ! यस्तो पो निर्णय कौशल

जीवनको अविच्छिन्न ऊर्जा यदि कुनै भङ्खालोमा सबैभन्दा बढी पतन हुने गर्छ भने त्यो हो अनिर्णय । अनिर्णयको बन्दी सक्कली झ्यालखानाको बन्दीभन्दा अधिक दण्डभागी हुन्छ । निर्णयशक्ति त्यस्तो वस्तु हो, जुन सबै सुखदायक कारकतत्त्वहरूमध्ये अग्रस्थानको कारकतत्त्व हो ।

सही समयमा सही निर्णय गर्न सक्ने क्षमताले व्यक्तिलाई कुनै पनि दिन महापुरूष बनाउन सक्छ । निर्णयशैली मनोगत एवम् आत्मगत सामर्थ्य हो ।

जीवनवेत्ता महापुरूषहरू भन्ने गर्छन्, "अरूको सल्लाह, सुझाव र मार्गदर्शन सुन्नु कर्तव्य हो । अन्तिम निर्णय लिँदा अन्तरात्माको आदेशअनुरूप गर्नु परमकर्तव्य हो ।"

उठ, जाग र अघि बढ

अनिर्णयलाई जननी मान्ने हो भने अविश्वास, अस्थिरता, असमञ्जस, असमर्थता, अज्ञानता, अविवेकशीलता यसका सन्तान हुन् । यसैगरी निर्णयलाई जननी मान्ने हो भने निर्माण, नियन्त्रण, निर्विकारिता, निरासक्ति, निराकरण, निदान, निःसन्देहता यसका सन्तान हुन् ।

अनिर्णय सर्वदा अधोगमनको द्योतक हो । ठीक विपरीत निर्णय जति सशक्त हुन्छ, आत्मोत्थान त्यति नै छिटो हुन्छ ।

मानिसहरू मर्ने दिन नजिक आइसक्दा पनि सही निर्णय लिन सकिरहेका हुँदैनन् । सेवा, परोपकार, दानधर्म, पुण्यकर्म गर्छु भन्दाभन्दै दिन सकिएको थाहै हुन्न ।

कुन विषय छान्ने भनेर समयमा निर्णय गर्न नसक्दा विद्यार्थी भविष्यभरि पश्चात्ताप गरिरहन्छ । जागिर खानेहरूमध्ये धेरैजसो के भन्ने गर्छन् भने समयमा निर्णय गर्न जानिएनछ, आज पछुताउनुपर्‍यो । निर्णयशक्ति दुर्बल भइदिँदा व्यापार-व्यवसायमा लागेकाहरू पनि पश्चात्ताप गर्ने गर्छन् । सोच्दै नसोची निर्णय लिइएछ भनेको सुन्नु उद्योग-व्यापार जगत्मा अति सामान्य भइसकेको छ ।

फेरि पनि यो प्रसङ्ग

यो प्रसङ्ग अगाडि पनि आएकै छ, स्वामी विवेकानन्द एक पटक आरण्य नजिक हिँड्दै हुनुहुन्थ्यो । एउटा जङ्गली बाँदरले उहाँलाई झम्टियो र लखेट्न थाल्यो ।

सुरूमा केही बेर स्वामीज्यू भागेझैं गर्नुभयो । तर उहाँको मनमा तुरून्तै के विचार आयो, "म जति भाग्छु, यसले त्यति नै खेदो गर्छ । त्यसलै म अडिन्छु र भयको सामना गर्छु ।"

स्वामीज्यू टक्क अडिनुभयो । बाँदर केही बेरमा आफ्नो बाटो लाग्यो । सही समयमा सही निर्णय स्वामीज्यूले नलिनुभएको थियो भने त्यो बाँदरले सायद अन्तिमसम्म खेदिरहन्थ्यो ।

उक्त घटनाबाट अभिप्रेरित हुँदै स्वामीज्यू भन्नुहुन्छ, "उठ, जाग र अघि बढ, जबसम्म तिमी लक्ष्य हासिल गर्दैनौ ।"

अविराम शृङ्खला

अनिर्णयको शृङ्खला जिन्दगीभर चलिरहन्छ । छोराछोरी जन्मन्छन्, के नाम राख्ने ? अनिर्णय सुरू । अलि ठूला हुन्छन् कुन स्कुल पढाउने ? अनिर्णय । छोरो एसएलसी पास हुन्छ, कुन विषय पढाउने ? अनिर्णय । विश्वविद्यालयमा नाम लेखाउने बेला भएपछि, कुन क्याम्पस, कुन विश्वविद्यालय ? पुनः अनिर्णय ।

अब विवाह गर्ने बेला हुन्छ, वर या वधू छान्न फेरि जटिल अनिर्णय । जागिर या व्यापारमा हात हाल्ने समय आउँछ, के गर्ने ? अनिर्णय त्यहाँ पनि । पैसा कमाउन थालिन्छ, कुन बैङ्कमा राख्ने ? अर्कै खाले अनिर्णय ।

घरघडेरी जोड्ने बनाउने कुरा आउँछ, पुनः अनिर्णय । छोराछोरीका पनि छोराछोरी जन्मन्छन्, हुर्कन्छन् । पुनः अनिर्णयको शृङ्खला पहिलेकै जस्तो पुनरावृत्ति हुन्छ र भइरहन्छ ।

सही समय, सही निर्णय

जो, जति बढी संसारमा फस्छ, उसलाई अनिर्णयले त्यति नै बढी गाँज्छ । भनिन्छ, लोभी र कामी (कामुक)हरूलाई यसले अझ बढी सताउँछ । पराधीन मानसिकता हुनेहरू यस रोगबाट झन् अधिक मात्रामा पीडित हुन्छन् । परतन्त्रता भनेकै आफ्नो हातमा निर्णय क्षमता नहुनु हो ।

निर्णय क्षमता राजनीति या कानुनी शब्दकोशमा मात्रै प्रयोग हुने भाषा होइन । वैयक्तिक, पारिवारिक र सामाजिक परिप्रेक्ष्यमा पनि यसको महत्त्वपूर्ण स्थान छ । अनिर्णय अथवा निर्णयहीनताको भवरोगले बाहिरी मनलाई त खान्छ खान्छ, यसले भित्री चित्तलाई समेत खाने गर्छ, जसरी धमिराले पलास काठ खान्छ ।

साँढे गोरू आफैं सही बाटो र सही गतिमा हिँड्दैन, कि त उसलाई पछाडिबाट धपाउनुपर्छ, कि अगाडिबाट दाम्लो लाएर डोऱ्याउनुपर्छ । निर्णय क्षमता दुर्बल हुनेहरूको पनि ठीक यस्तै हालत हुन्छ । सही समयमा सही निर्णय लिन सक्ने व्यक्ति सही गन्तव्यमा सही उद्देश्यका साथ सजिलैसँग पुग्छ ।

निर्णय अविलम्ब चाहिन्छ ?

उद्देश्यपूर्ण जीवनमा निर्णय गर्न विलम्ब गरिँदैन । किनभने निर्णयकर्तालाई स्पष्ट थाहा हुन्छ कि निर्णय जीवनको एउटा अविराम शृङ्खला हो । यो तथ्य जान्दाजान्दै पनि अनिर्णयका बन्दीहरू निर्णयको सवालमा सधैंजसो विलम्ब गर्ने गर्छन् । तिनको मनभित्र दुई कट्टर विरोधी तर्कासुर लडिरहन्छन् ।

मन त आफ्नै हो । तर निर्णय लिने बेलामा यो मन प्रतिपक्षी नेताजस्तो आचरण गर्न थाल्छ । मनको यो प्रतिपक्षी नेता बन्ने बानीकै कारण कतिपय व्यक्ति अनिर्णयको अग्निमा जलिरहेका हुन्छन् ।

"वास्तवमा तपाईंको जिन्दगीको अन्तिम परिणाम यो जुनीमा तपाईंले गरेका निर्णयहरूको कुल योग हुनेछ ।"

एक प्रकृतिवादी लेखकको प्रस्तुत भनाइले जिन्दगी र जिन्दगीमा गरिने निर्णयहरूको योगलाई प्रतीकात्मक रूपमा अभिव्यक्त गरेको छ ।

अरूलाई खुसी बनाउन यदि कोही आफ्नो निर्णय बदल्छ भने त्यो एक दिन भयानक दुर्गतिमा जानेछ । हाम्रा प्रत्येक निर्णय स्वयम्को जिन्दगीलाई सजिलो बनाउने प्रेरणाप्रेरित हुनुपर्छ ।

यसो भन्दैमा आफूलाई बेवास्ता गर्ने या कर्तव्यविमुख हुने मनसाय प्रकट गर्न पनि खोजिएको होइन । यसो भनेर निर्णय र आत्मोन्नतिको मनोआध्यात्मिक सम्बन्धलाई प्रमाणित गर्न मात्रै खोजिएको हो ।

भन्ने गरिन्छ कि "सुन सबैको, गर आफ्नो ।" यो नै निर्णयशैलीको सर्वोपरि मन्त्र हो । तर यो तब मात्रै मन्त्र बन्नेछ, जब व्यक्ति सही निर्णय लिन योग्य बन्छ । निर्णयशीलता एक महान् योग्यता हो । र यो आत्माको योग्यता हो, जुन शरीर, मन र बुद्धिदेखि पनि पर छ ।

मेरो जिन्दगी मेरो निर्णय

अन्तरात्माको आवाज सुनेर गरिएको निर्णय सर्वदा विवेकसम्मत हुन्छ । भित्री आवाज मन र तर्कको तहबाट पनि निस्कन्छ । अधिकांश व्यक्ति त्यसैलाई अन्तरात्माको आवाज भन्ठान्छन् । सोहीअनुरूप निर्णय लिन्छन् । फलस्वरूप ढिलोछिटो धोका खान बाध्य हुन्छन् ।

आत्माको आवाज कुन, तर्कको आवाज कुन, यो छुट्याउन नसकेर आफैं प्रताडित हुने या धोकाग्रस्त हुनेहरू आज घरघरमा छन् ।

*श्रीमद्भगवद्गीता*को उद्घोष सुन्ने हो भने थाहा हुनेछ कि निर्णय लिनुपूर्व आत्माको आवाज कुन हो, तर्कको आवाज कुन हो, छुट्याउने कौशल सबैभित्र छ । गीताको परामर्शअनुसार जुन आवाजमा स्वधर्म, स्वकर्तव्य र सर्वजनहितायको स्फुरणा हुन्छ, त्यो नै आत्माको आवाज हो ।

जुन निर्णय लिइरहँदा आत्मामा भय, आसक्ति र विषादको स्फुरण हुन्छ, त्यो तर्कप्रेरित निर्णय हो । युद्धमैदानमा धर्मयुद्ध लड्नुअघि धनुर्धारी अर्जुन तर्कप्रेरित र आत्माप्रेरित निर्णयको द्वन्द्वमा फसेको कथा सबैलाई

थाहा छ । तब श्रीकृष्णले गुरूरूप धरेर अर्जुनलाई स्वकर्तव्य निर्वाह गर्न प्रेरित गरे । तर्क परास्त भयो, आत्मनिर्णयको जित भयो । अर्जुन युद्धमा होमिए । अन्ततः विजय आत्माको भयो ।

सही निर्णय लिने प्रेरणा

हामी सबैको जिन्दगी एक किसिमले "लघु रणभूमि" हो । यहाँ हरपल, हरक्षण बुद्धि र आत्मा युद्ध गरिरहेका हुन्छन् । यो द्वन्द्वयुद्ध जिन्दगीभरि चलिरहन्छ । चाहिँदो कुरामा त द्वन्द्वयुद्ध चलिरहन्छ नै, अनावश्यक र नचाहिँदो कुरामा समेत तर्क र आत्मा भिडिरहेका हुन्छन् । विरलै सौभाग्यशाली मानिसको जिन्दगीमा मात्रै श्रीकृष्ण सत्परामर्शसहित उपस्थित हुनुहुन्छ । र सही निर्णय लिने प्रेरणा दिनुहुन्छ ।

गीताले जस्तै आधुनिक मनोविज्ञानले पनि निर्णय क्षमता सिकाउने प्रयत्न गरेको छ । सकारात्मक मनोविज्ञान तथा मनोपरामर्श विद्या के भन्छ भने सही समयमा सही निर्णय लिन नसक्नु नै मनोरोगको सुरूवात हो ?

कुनै व्यक्ति डिप्रेसनको अवस्थामा पुगेको छ भने उसको निर्णयक्षमता शून्यप्रायः भएको बुझ्नुपर्छ । यसर्थ निर्णय गर्ने क्षमता बेलैदेखि अभ्यासमा ल्याउनुपर्छ । निर्णय क्षमता सबै मनोवैज्ञानिक शीलगुणमध्ये शीर्षस्थ शीलगुण हो ।

पेसागत निर्णयको सवाल

मनोविज्ञानले जीवन व्यवहारको क्षेत्रभन्दा केही पर प्रबन्धकीय क्षेत्रमा लिइने निर्णयको महत्त्व र व्याख्या विशेष किसिमले गरेको छ ।

निर्णयशीलतालाई परिभाषित गर्दै भनिएको छ, "लक्ष्य प्राप्तिका निमित्त उपलब्ध विकल्पमध्ये सर्वश्रेष्ठ विकल्पको चयन गर्नु नै निर्णय हो ।"

मनोविज्ञ जिएल उस सेकलको भनाइमा "निर्णय लिनु रचनात्मक मानसिक प्रक्रियाको त्यस्तो केन्द्रबिन्दु हो, जहाँ कार्यसम्पन्नताका लागि ज्ञान, विचार, भावना तथा कल्पनाको संयोग हुने गर्दछ ।"

निर्णयशीलतालाई सहज रूपमा परिभाषित गर्दै जर्ज आर हेरी भन्नुहुन्छ, "कुनै एउटा कसौटीमा उभिएर दुई वा सोभन्दा अधिक सम्भावित विकल्पमध्ये एक उत्तम विकल्पको चुनाव नै निर्णय हो ।"

माथिका परिभाषामा विषयगतभन्दा पनि वस्तुगत पहुँच अधिक मात्रामा देखिएका छन् । सहजै अनुमान हुन्छ कि अध्ययन-अध्यापन एवम् प्रयोगका दृष्टिले निर्णयलाई यसरी व्याख्या गरिएको हुनुपर्छ । व्यवस्थापन, प्रशासन तथा सङ्गठनात्मक संरचनामा निर्णय-संस्कृतिको महत्त्वपूर्ण र अपरिहार्य भूमिका रहन्छ ।

यसो भन्दै गर्दा व्यक्तिगत तथा पारिवारिक जीवनमा निर्णयको भूमिका रहँदैन भन्न खोजिएको होइन । तुलना गरेर हेर्दा निजी जीवनको निर्णयको सीमा सीमित हुन्छ । तर प्रशासनिक निर्णयको सीमा विस्तृत हुने गर्छ । वैयक्तिक निर्णयले एकदुई या केहीलाई प्रभावित गर्छ भने प्रशासनिक निर्णयले सिङ्गो समाज र यदाकदा देश मात्रै नभएर समग्र धर्तीलाई समेत प्रभावित गर्छ ।

कुनै एक देश अथवा देशभित्रको एक निकायले गरेको वातावरणजन्य निर्णयले सिङ्गो पृथ्वीको पर्यावरणलाई प्रभावित गर्दछ । यसर्थ मनोविज्ञानले निर्णयशीलतालाई प्रबन्धकीय या प्रशासकीय विषयवस्तुका रूपमा जोड दिनु स्वाभाविक कुरा हो ।

निर्णय प्रक्रियाको रूपरेखा

विशेषगरी प्रबन्धन अथवा सार्वजनिक क्षेत्रमा लिइने निर्णय प्रक्रियाका तीन चरण हुन्छन्–

१. लक्ष्य– निर्णय जुनसुकै होस्, त्यसको सीधा सम्बन्ध निर्धारित लक्ष्यसँग रहने गर्छ । लक्ष्य स्पष्ट नहुँदा निर्णय प्रक्रिया अलमलिन्छ । लक्ष्य या उद्देश्य पूरा गर्न नै निर्णय प्रक्रिया आरम्भ हुन्छ ।
२. क्रमिक शृङ्खला– निर्णयशीलता एउटा त्यस्तो शृङ्खलाबाट अगाडि बढ्छ, जसको सम्बन्ध भूत, भविष्य र वर्तमान तीनै कालसँग जोडिएको हुन्छ । विषयवस्तुलाई तार्किक निष्कर्षमा पुऱ्याउन विगतको अनुभव, भविष्यको सम्भाव्यता र वर्तमानको वस्तुस्थितिको तथ्यपरक विश्लेषण गरेपछि मात्रै निर्णय अर्थपूर्ण हुन्छ ।
३. आवधिक– अधिकांश निर्णय समयको निर्दिष्ट कालखण्डका लागि लिइने गरिन्छ । व्यावहारिक एवम् प्रबन्धकीय जीवनका निर्णयहरू

प्रायः आवधिक हुन्छन् । समय, परिवेश, उमेर, सामाजिक-आर्थिक परिस्थिति तथा राजनीतिक-सांस्कृतिक कारकहरूले हाम्रा निर्णयलाई प्रभावित गर्ने गर्छन् ।

निर्णयशीलताका चार चरण सँगसँगै

- निर्णय लिनु कुनै यान्त्रिक प्रक्रिया होइन, एक मानवीय प्रक्रिया हो । अतः यसमा संवेदना एवम् मानवताको पनि स्थान हुन्छ ।
- निर्णयको प्रभावकारिता बौद्धिकता तथा मानसिक दक्षताबाट सर्वाधिक मात्रामा प्रभावित हुने गर्दछ ।
- निर्णय गर्नु मात्रै निर्णयशीलता होइन । कहिलेकाहीँ निर्णय नगर्नु या मौन रहनु पनि निर्णयको अङ्ग हुने गर्छ ।
- सर्वोत्तम विकल्प चयन गर्ने क्रममा स्वतन्त्रताको उपयोग गर्न पाउनु उत्तम निर्णयको विशेषता हो । यहाँ स्वतन्त्रताको तात्पर्य कानुनी स्वतन्त्रता होइन, नैसर्गिक स्वतन्त्रता हो ।
- निर्णय क्षमतालाई मापन गर्ने पहिलो कसौटी सामूहिक कल्याण हो भने दोस्रो कसौटी निर्णय लिइएको विषयवस्तुको दिगोपना हो ।

निर्णय सामर्थ्यको अग्निपरीक्षा

विशाल जमघटमा धर्म र न्यायको चरम अवमूल्यन हुँदा पनि भीष्मपितामहले केही बोल्ने निर्णय लिएनन् । समयमा निर्णय लिन नसक्दाको दोषभावनाले उनलाई आजन्म डसिरह्यो । परम सामर्थ्यशाली पितामहको चरित्र एउटा मात्रै निर्णयहीनताका कारण सदियौँका लागि कालो इतिहास बनिरह्यो । यसको ठीक विपरीत एक उदाहरण–

"मैले त्यो मार्ग रोजें, जुन मार्गमा अत्यन्त थोरै मान्छे मात्रै हिँड्ने गर्छन् । र, त्यही मार्गले आज मलाई सबैभन्दा अलग बनायो ।"

प्रसिद्ध अङ्ग्रेजी काव्यकार रोबर्ट फ्रस्ट कविताद्वारा जे भन्दै छन्, त्यसले निर्णय सामर्थ्य एक असाधारण क्षमता हो भन्ने दर्साउँछ । कवि फ्रस्टको जीवनमा कुनै बेला आफ्नै कविता सत्यतामा चरितार्थ हुन गयो ।

माथिका दुई उद्धरणले निर्णय सामर्थ्यका दुई विपरीत पाठ सिकाएका छन् । निर्णय सामर्थ्यको विकास गर्ने एउटै तरिका यही हो । पाठ सिक्ने, त्यसलाई याद राख्ने र परेका बेला विचार पुऱ्याएर निर्णय लिने ।

भनिन्छ, मानिसको प्रत्येक भूल उसको निकटस्थ गुरू हो । वर्तमानमा निर्णय लिँदै गर्दा विगतका भूलत्रुटिलाई गुरू मानेर निर्णय गरेको खण्डमा भविष्य त्यसै उज्ज्वल हुनेछ ।

अटो पाइलट मोडको प्रश्न

निर्णय गर्दा जोखिम उठाउन नचाहनु एक आम स्वभाव हो । सम्भावित झन्झट किन निम्त्याउने भनेर निर्णय नलिने या निर्णय नदिने गर्दा मन कहिलेकाहीँ अटो पाइलट मोडमा पुग्छ । मेसिन उपकरणहरूमा अटो पाइलट मोड एक किसिमको उन्नत तर असंवेदनशीलताको परिचायक हो ।

सामान्य मानिसभन्दा अलग्गै योगी र सन्तमहात्माहरू शतत अटो पाइलट मोडमै रहने गर्छन् । कारण के हो भने तिनमा कामना पनि हुँदैन, प्रतिक्रिया पनि हुँदैन । ती सफलता र असफलतामा सम रहन्छन् । एक प्रकारले ती असुख-अदुःख अवस्थामा रहन्छन् । त्यसैले योगी र सन्तमहापुरूष आफू निर्णय लिँदैनन् । हरेक निर्णयको जिम्मा परमसत्ता परमेश्वरलाई छाडिदिन्छन् ।

यसैलाई योगग्रन्थमा समतावस्था, स्थितिप्रज्ञता वा मुक्तावस्था भनिएको छ । अटो पाइलट मोडका प्रयोक्ता सन्तमहात्माहरूभन्दा भिन्न हामी आम मानिस हरहमेसा कामना, वासना र तृष्णाले ग्रसित हुन्छौं । छिनछिनमा हाम्रो मन बदलिइरहन्छ । यस्तो मनोदशामा निर्णय स्वभावैले जटिल हुन्छ ।

त्यसकारण धेरैजसो व्यक्ति आफ्नो मनलाई अटो पाइलट मोडमा छाडिदिन्छन् । निर्णयशीलताको परिप्रेक्ष्यमा यो अटो पाइलट मोड निरोधात्मक दशा हो, निदानात्मक होइन । उपलब्ध विकल्पहरूमध्ये उत्तम विकल्पको यथाशीघ्र चयन अर्थात् उचित निर्णय नै निदानात्मक उपाय हो ।

कुनै पनि निर्णय एक विशेष प्रसव पीडाबाट जन्मन्छ । निर्णय एक बौद्धिक एवम् मानसिक प्रक्रिया हो । दिमागलाई अटो पाइलट मोडबाट

हटाएर दबाब, खिचातान तथा हलचलद्वारा जाग्रत नगरी बौद्धिक वा मानसिक प्रक्रिया सम्पादन हुँदैन । यसो गर्नु भनेको दिमागमा जोड लगाउनु हो ।

हतारमा निर्णय, फुर्सदमा पछुतो

सामान्यतया दिमागमाथि जोड या दबाब दिन धेरैलाई इच्छा हुँदैन । इच्छाविपरीत दबाब या जोडलाई यहाँ प्रसवपीडा सम्झने हो भने प्रत्येक निर्णय या फैसला मानसिक प्रसवपीडाबाटै जन्मने गर्छ । अटो पाइलट मोडको दिमाग डेलिभरी मोडमा जान नचाहनु खासै आश्चर्यको कुरा होइन ।

"हतारमा निर्णय, फुर्सदमा पछुतो" एउटा लोक प्रचलित भनाइ हो ।

यो उक्तिको तात्पर्य "हतारमा निर्णय लिनेहरू फुर्सदमा पछुताउँछन्" भन्नु हो । यो उक्ति पढ्दै गर्दा माथि भनिएका भनाइ पनि बिर्सनुहुँदैन ।

खेलको मैदान खेलाडीले ठीक समयमा ठीक निर्णय लिएन भने के हुन्छ ? हार हुन्छ । अनि उसले गलत निर्णय लियो भने के हुन्छ ? यसको पनि उत्तर उही हो, हार हुन्छ । खेलाडी समर्थ र कुशल छ । तर खेलका नियम मान्दैन भने के हुन्छ ? यसको उत्तर हो, फेरि पनि हार हुन्छ । यो तेस्रो त झन् यस्तो हुनेछ कि मैदान छिर्नुअगावै झेल्नुपर्ने हुन्छ ।

जिन्दगी एक रङ्गशाला

जिन्दगी विकल्प र सम्भावनाहरूको विशाल रङ्गशाला हो । यसमा हरदिन, हरदात खेल चलिरहन्छ । सानाठूला अनेकौं भिडन्त र प्रतिस्पर्धा चलिरहन्छन् । पाइला पाइलामा निर्णय लिनुपर्ने हुन्छ ।

जिन्दगीको र रङ्गशालाको खेलमा खासै अन्तर हुँदैन । एउटा मात्रै अन्तर हुन्छ, त्यो हो, रङ्गशालामा खेल्ने खेलाडी र निर्णय दिने रेफ्री बेग्लै हुन्छन् । जब कि जिन्दगीको खेलमा खेल्ने पनि आफैं र रेफ्री पनि आफैं । यसै कारणले गर्दा जिन्दगीका दैनिकीहरूमा लिइएका फैसलाहरू अक्सर "हतारमा निर्णय र फुर्सदमा पछुतो"का पर्याय हुने गर्छन् ।

रङ्गशालाको खेलबाट सिक्नैपर्ने एउटा अत्यन्तै महत्त्वपूर्ण शिक्षा छ । त्यो के हो भने खेलका प्रतिस्पर्धीहरू केवल मैदानभित्र मात्रै हुन्छन् ।

खेल चलुन्जेलको पक्ष-प्रतिपक्ष भावना खेल सकिनेबित्तिकै मित्रतामा बदलिन्छ । तर जिन्दगीको खेलमा त्यस्तो हुँदैन । खेल मैदानको जस्तै जिन्दगी पनि खेल भावनाले जिउने हो भने कति सुन्दर हुन्थ्यो होला । कल्पना मात्रैले पनि रोमाञ्चित बनाउँछ ।

खेल भावनाले ओतप्रोत

स्मरण रहोस्, खेल भावनाले ओतप्रोत भएर जिउनेहरू निर्णयशैलीमा कुशाग्र हुन्छन् । यसो किन हुन्छ भने, केही बेरअघिको सघन प्रतिशोधलाई केही बेरपछि नै प्रगाढ मित्रतामा परिवर्तित गर्ने खेल भावनाले तिनीहरू भरिपूर्ण हुन्छन् । तिनमा पराजय र विजय दुवैलाई क्षणभङ्गुर मान्ने अन्तरदृष्टि हुन्छ । आग्रह, पूर्वाग्रह र दुराग्रह तिनको शब्दकोशमा हुँदैन । तिनमा खेल जित्ने प्रबल सङ्कल्प हुन्छ । खेलपूर्व पराजयको कुनै आशङ्का हुँदैन । आशङ्का र संशयरहित व्यक्ति नै सही समयमा, सही तरिकाले सही निर्णय गर्न अभ्यस्त हुन्छ ।

खेल खेल्ने व्यक्तिमा हुने अर्को एउटा महत्त्वपूर्ण विशेषता हो, रेफ्रीको निर्णय मान्ने तत्परता । खेलाडीमा जस्तै जिन्दगीमा पनि जोसँग परमसत्ता, परमपिताको निर्णय मान्ने तत्परता हुन्छ, ऊ कहिल्यै पछुताउँदैन । जीवनरूपी खेलको निर्णयकर्ता अर्थात् रेफ्री परमन्यायकारी ईश्वर हो । ईश्वरीय सत्ताको काइदा कानुन र नियम मान्न तत्पर व्यक्ति कहिल्यै पराजित हुँदैन । यो अकाट्य सत्य हो ।

श्रीकृष्ण भगवान् गीतामा भन्नुहुछ, "सर्वकर्मफलत्यागं ततः कुरू यतात्मवान् ।" (१२/११) अर्थात् सम्पूर्ण कर्मको फललाई त्यागेर लाभहानिको चिन्ता छाडी मेरो आश्रित भई कर्म गर । यसो गरे तिम्रा सबै कर्म स्वतः हुन थाल्नेछन् ।

तपाईंको विवेक, तपाईंको निर्णयसिन्धु

सनातन ग्रन्थहरूमा *निर्णयसिन्धु*को श्रेष्ठ स्थान छ । विशिष्ट ग्रन्थ *निर्णयसिन्धु*मा धर्म, संस्कार, संस्कृति, व्रत-उपवास, जुठो-सूतक र गोत्रप्रबरका विषयवस्तुमा गरिने निर्णयावलीको सुविस्तृत विवेचना छ । समय बदलिएको छ । त्यसैले दैनिक जीवनका सम्पूर्ण गतिविधिमा

*निर्णयसिन्धु*को मान्यता लागू गर्न गाह्रो छ । यस परिप्रेक्ष्यमा हाम्रो जीवनको निर्णयसिन्धु भनेको हाम्रो विवेक हो । आचार्य श्रीराम शर्माले पनि भन्नुभएको छ, "परम्पराको तुलनामा विवेकलाई महत्त्व दिनुपर्छ ।"

विवेकशीलता परम्पराको तुलनामा निश्चय नै महत्त्वपूर्ण हुन्छ । संविधान, संहिता र शस्त्रअस्त्रभन्दा पनि यो नै महत्त्वपूर्ण हुन्छ । सन्त कवीरको अभिमत पनि स्मरणीय छ, "जब लग नही विवेक मन, तब लग लगै न तीर ।"

आदरणीय पाठकवृन्द ! यो लेखकले प्रस्तुत लेखद्वारा यही प्रयत्न गर्न खोजेको हो कि विवेकशील बनेर निर्णय क्षमतामा सानदार बढोत्तरी गर्ने प्रेरणा सबैलाई प्राप्त होस् । यो नै तपाईंहाम्रो जीवनको निर्णयसिन्धु हुनेछ । र यसले नै हामीलाई उन्नतिशील हुन सहयोग गर्नेछ ।

सन्त कबिरको दोहा फेरि एक पटक मनन गरौं–

गुरू पशु नर पशु नारी पशु, वेद पशु संसार ।
मानुष ताको जानिये, जाही विवेक विचार ॥

गुरूको पक्ष लिने– गुरूपशु; ठुलाठालुको पक्ष लिने– नरपशु; स्त्रीमा आसक्त रहने– नारीपशु; विवेक छाडेर कुनै शास्त्रको पक्ष लिने– वेदपशु । संसारमा यी सबै पशु हुन् । मनुष्य उसैलाई सम्झ, जो कसैको पशु (पक्षपाती) नबनेर स्वविवेक-स्वविचारद्वारा परिचालित हुन्छ ।

रइस र सइस दुई किसिमका मानिस हुन्छन् । घोडामाथि चढेर आफ्नो बाटो आफैं तय गर्ने रइस हो । सइस त्यो हो, जो केवल घोडाको पालनपोषण र नुहाइधुवाइ गर्छ, बाटोको निर्णय गर्दैन । निर्णय लिने परिप्रेक्ष्यमा रइस बन्नु उत्तम हुन्छ । रइसको मार्गदर्शक भनेकै विवेकको लगाम हो । जोसँग विवेकरूपी लगाम हुँदैन, ऊ सधैं सइस बनेर खुम्चिन बाध्य हुन्छ ।

कसरी बढाउने निर्णय शक्ति ?

- धैर्य र सहिष्णुताको अभ्यास गर्ने व्यक्तिको निर्णयशक्ति प्रबल हुन्छ । अधीर र असहिष्णु सधैं हतार र अस्तव्यस्तताको सिकार हुन्छन् । यसर्थ माथिका दुई क्षमताको निरन्तर विकास गरौं ।

- केही शोधअध्ययनले देखाएअनुसार प्राणायाम, ध्यान एवम् योगासनको अभ्यासले निर्णयक्षमता वृद्धि गर्न सकिन्छ । यी सर्वसुलभ विधि तपाईं जहिलेसुकै प्रयोगमा ल्याउन सक्नुहुन्छ ।
- स्वाध्यायद्वारा र असल साहित्य अध्ययनद्वारा महापुरूषहरूको आत्मकथा वा जीवनी पढेर पनि निर्णय लिने कलाकौशल बढाउन सकिन्छ ।
- कसैमा आन्तरिक द्वन्द्व, मानसिक तनाव तथा मनोवैज्ञानिक विकार छन् भने असाध्य रोग बन्नुअगावै निराकरण गर्नुपर्दछ । यी विकृति निर्णयशैलीका बाधक हुन् ।
- एउटा सानो सङ्कल्प (प्रतिज्ञा) लिने र त्यसलाई पूरा गर्ने । फेरि त्योभन्दा केही ठूलो सङ्कल्प लिने र त्यसलाई पनि पूरा गर्ने । यसरी क्रमशः सानोबाट ठूलो सङ्कल्पतर्फ अघि बढ्दै जाने हो भने निर्णयक्षमतामा जादुमय विकास हुन्छ ।
- "सङ्कल्पमा विकल्प हुँदैन", "एक पटक निर्णय लिइसकेपछि पछाडि फर्किएर हेर्नु कायरता हो", "उठ, जाग र अघि बढ, तबसम्म नरोकिऊ, जबसम्म लक्ष्य हासिल हुँदैन" यी र यस्तै सद्वाक्य तपाईंको आँखा गइरहने ठाउँमा टाँस्नुहोस् र बारम्बार मनन गर्नुहोस् ।
- विवेकशील, सदाचारी, सत्यवादी, इमानदार र निष्ठावान् मानिसको सङ्गत गरौं । कुसङ्गतको सिकार कहिल्यै नबनौं ।
- प्रकृति, निःसर्ग, धर्म, न्याय र ईश्वरमा विश्वास राखौं । यसले व्यक्तिलाई अनिर्णय र अन्योलताबाट मुक्त हुन प्रेरित गर्छ । कठिन र जटिल परिस्थितिमा धैर्यवान् बनाउँछ । परमसत्तामाथिको आस्थाले विवेकवान् बन्नेसमेत प्रेरणा मिल्छ । यी नै निर्णयशैलीका साधक तत्त्व हुन् ।
- अति डरपोक र अति लोभी नबनौं । निर्भय र लोभमुक्तहरू नै निर्णयक्षमताका धनी हुन्छन् । डर र लोभको सन्दर्भमा विवेकको प्रयोग गरौं ।
- सही निर्णयका लागि आवश्यक भएमा अनुभवी र विज्ञसँग रायपरामर्श लिन नभुलौं । तर यसैलाई अन्तिम अस्त्रका रूपमा भने नलिऔं ।

- आफूले गरेको निर्णयप्रति विश्वास राखौं, भरोसा गरौं । आफ्नै निर्णयमाथि संशय नगरौं । यसो गर्दा आगामी निर्णयहरू शक्तिहीन हुन्छन् ।
- प्रसिद्ध *फोर्ब्स* पत्रिकाले "उत्कृष्ट निर्णयका लागि पाँच सहज पाइला" नाम दिँदै उपयोगी सुझाव प्रस्तुत गरेको छ–

  १) ढिला नगुर्नहोस्

  २) अहं र भावनाको वशीभूत नहुनुहोस्

  ३) विशेषज्ञहरूको परामर्श लिनुहोस्

  ४) सत्यतथ्यको आकलन गर्नुहोस्

  ५) खतराबाट जोगिने योजनासहित निर्णय लिनुहोस् ।

आखिर के हो मन ?

मनको ज्ञान, मनको विज्ञान

अधिकांश मानिस यसरी जिउने गर्छन् कि आफुभित्र मन छ भन्ने बोधसमेत हुँदैन । एक यान्त्रिक मांसपिण्ड, एक रक्तमांसयुक्त रोबोट र एक चल्ताफिर्ता मेसिन बन्ने अवस्थामा छ आधुनिक मानव । यो "विरूद्ध-अवस्था" जबसम्म रहिरन्छ, तबसम्म हामी शिखरगामी हुनेछैनौं ।

सकल-साधनहरूले सम्पन्न मनुष्य चोला, यसरी आफ्नै मनको दास, नोकर र बँधुवा मजदुरजस्तो दीन-हीन, असहाय, निन्दित, असफल अनि तिरस्कृत बनी हिँड्दा अस्तित्व पनि भित्रभित्रै रून्छ होला ।

दयनीय, दुर्दशाग्रस्त र विग्रहकारी मन बोकेर हिँड्ने आधुनिक मनुष्य जमातलाई के भिखारीभन्दा कम भन्न मिल्ला ? मनुष्यले जन्मसँगै लिएर आएको "मनःसम्पत्ति" जब सदुपयोग गर्न जान्दैन, त्यसलाई दुर्भाग्य नभनेर के भन्ने ?

महानताको मार्ग, श्रेयको मार्ग, सुखको मार्ग, कल्याणको मार्ग, आत्मोन्नतिको मार्गमा हिँड्ने आकाङ्क्षा राख्नेले स्वयम्को मन, मनको अन्वेषण र मनलाई सदुपयोग गर्ने कला सिक्नैपर्ने हुन्छ ।

हाम्रो केन्द्रीय परिचायक

जीवनको केन्द्रबिन्दु "मन" हो । त्यसैले हामीलाई मनुष्य भनिन्छ । मानव, मानिस, मनीषि, मान्छे यी शब्दमा मन समाहित छ । अङ्ग्रेजीको ह्युमन, म्यान, वुमन आदि शब्दमा पनि मन प्रतिभाषित छ । हाम्रो केन्द्रीय परिचायक नै मन हो । तसर्थ नामकरणमै यो मन शब्द प्रयोग भएको पाइन्छ ।

र यो तत्त्वद्रष्टा ऋषिमुनिहरूको ज्ञानशक्तिको कमाल हो । स्वयम्को मनलाई चलाउन जान्नु मनुष्यको आधारभूत योग्यता हो । तर यो सामान्य

योग्यताको अभावका कारण मान्छेले मनलाई चलाउन नजानेर चौपट्ट छ आज ।

बेमन, अमन, वमन, दोमन, दमन, मनका निम्नगामी वृत्ति हुन् । यसविपरीत नमन, मनन, सुमन, शमन, एकमन, वामन, दामन (हिन्दी शब्द), ऋषिमन आदि मनका ऊर्ध्वगामी वृत्ति हुन् ।

मन यिनै दुई वृत्तिहरूको दोसाँधमा बग्ने गर्छ । जिउन नजान्नेहरू अधोगामी मनोवृत्तिबाट परिचालित हुन्छन् र जिन्दगीलाई क्रमशः दमन र अधोगमनतर्फ हिँडाउँछन् । जिउन जान्नेहरूको शैली नै बेग्लै । यिनीहरू मनमाथि नियन्त्रण स्थापित गर्छन् र ऊर्ध्वगमनतर्फ लम्कन्छन् ।

उत्थान पनि मन, पतन पनि मन

"मन एव मनुष्याणां कारणं बन्धमोक्षयोः ।" यसको तात्पर्य हो कि मन नै मनुष्यको मुक्तिको कारण हो र यही मन बन्धनको पनि कारण हो । यो शास्त्रवचनले पनि सायद यसै रहस्यको सङ्केत गर्दै छ ।

मनको सत्ताका अगाडि सबै कुरा गौण छन् । परिस्थितिको तुलनामा मनस्थिति कैयौं गुणा शक्तिशाली हुन्छ । यद्यपि परिस्थितिको सत्ता पनि कमजोरचाहिँ हुँदैन । तर मनस्थितिको सत्ताले प्रलयसमेत ल्याउन सक्छ । भनिन्छ– वीरहरू मनस्थितिद्वारा परिस्थिति बदल्छन् र महावीर कहलाउँछन् । कायरहरू परिस्थितिको अगाडि मनस्थितिलाई घुँडा टेक्न बाध्य बनाउँछन् र कायर कहलाउँछन् ।

जिन्दगीको वर्तमान स्वरूपको रचनाकार स्वयम्को मन हो । भोलि जिन्दगी उत्थानमा गयो भने त्यो पनि आफ्नै मनको उपज हुनेछ । यसविपरीत पतन पराभवमा गि‍र्‍यो भने त्यो पनि मनकै परिणाम हुनेछ ।

सुख-दुःख, प्रगति-दुर्गति, ज्ञान-अज्ञानको अवस्था पनि अन्ततः मनद्वारा नै निर्धारित हुन्छ । मनको यही विलक्षण, अद्‌भुत एवम् अपरिमेय क्षमताका कारण ऋषि-महर्षिहरूले मनलाई महामायाको संज्ञा दिएका हुन् ।

केके गर्दैन मनले ?

योग वाशिष्ठ नामक ज्ञानग्रन्थमा उल्लेख छ–

मनो हि जगतां कर्तृ मनो हि पुरूषः स्मृतः ।
स्वरूपं सर्वकृत्वं... ।

यो संसार रच्ने पुरूष स्वयम् मन नै हो । मनमा सबै प्रकारका शक्ति निहित छन् । मन भित्रबाट जस्तो गर्छ, क्षणभरमा परिणाम त्यस्तै हुन्छ । देश-कालको विस्तार र क्रम-उपक्रम पनि मनकै अधीन छ । मनले नै कल्पलाई क्षण र क्षणलाई कल्प बनाउन सक्छ ।

प्राण र मन

सामान्यतया शरीर, लोग्नेस्वास्नी, आमाबाबु, छोराछोरी, दाजुभाइ, घरजग्गा, सुनचाँदी, हीरामोती आदिलाई नै आफ्नो र अभिन्न मान्ने गरिन्छ । यथार्थमा यी वस्तु र यीभन्दा पनि अति निकटतम चीज हाम्रो मन हो । यो नै शरीरको अधिपति हो । आत्माको उपकरण र चेतनाको महायन्त्र हो ।

तत्त्वतः हाम्रो जीवनको अस्तित्व प्राणशक्तिले धानेको हुन्छ । प्राणको आवागमन रोकिएको केही क्षणमै शरीर मृत्युलाई प्राप्त हुन्छ । जीवनको प्राणपखेरू कायम राख्ने प्राणशक्तिको सूक्ष्म आयाम सोही मन हो । मन प्राणकै उपस्थितिमा क्रियाशील हुन्छ भने प्राण मनकै सान्निध्य पाएर देहस्थ रही आवागमन गर्छ ।

शरीर भनेकै प्राण र मनको संयुक्त क्रीडाभूमि हो । तात्त्विक रूपले भन्नुपर्दा मन प्रमुख र शरीर गौण इकाइ हो । यसर्थ मनलाई सूक्ष्म शरीर पनि भनिन्छ । यो सूक्ष्म शरीर नामक मन तत्त्वले गर्ने काम अनेकौं छन्–

चिन्त्यं विचारमुह्यं च ध्येयं सङ्कल्पमेव च ।
यत्किंचित्मनसो ज्ञेऽयं तत्सर्वंह्यार्थ संज्ञकम् ॥
इन्द्रियाभिग्रहः कर्म... ।

-चरकसंहिता, शरीरस्थान १/२०-२१

चिन्तनयोग्य, विचार गर्न योग्य, तर्क-वितर्क गर्न योग्य, ध्यानको योग्य र सङ्कल्प (इच्छा) गर्न योग्य भाव या पदार्थ तथा मनले अनुभव गर्ने अन्य सुखदुःख आदि भाव, यी सबै मनका विषयक्षेत्र हुन् । समस्त इन्द्रियलाई आआफ्नो विषयमा प्रेरित गर्नु, इन्द्रियहरूको प्रवृत्ति र विषयलाई नियन्त्रण एवम् नियमन गर्नु, कुनै पनि विषयमा तर्क गर्नु, हित-अहितको विचार गर्नु, यी सबै मनका कर्म हुन् ।

मनको निवासस्थान

मन सर्वत्र छ । तर देखिँदैन । कहिलेकाहीँ प्रश्न उठाउन मन लाग्छ; सर्वत्र व्याप्त मन, यसको निवासस्थल कहाँ होला ? जुन बेला चिन्ता वा तनाव हुन्छ, त्यो बेला हामी टाउको समात्छौं ।

यसविपरीत प्रेम वा खुसीको क्षणमा छाती (हृदयस्थल)तर्फ हात जान्छ । गहन सोचविचार गर्नुपर्दा कन्सिरी या तालु छुने गरिन्छ । अधिक मात्रामा सक्रिय गराउनुपर्दा हातले जहाँ छुन्छ या समातिन्छ, मन पक्कै पनि त्यतैकतै बस्ने गरेको हुनुपर्छ ।

मानिस कोठाभित्र छ भनेर जानेपछि ढोका ढकढक्याइन्छ । यो तर्कशास्त्रको कुरा भयो । प्राच्य शास्त्रहरूको प्रमाण खोज्यो भने पनि मिल्दाजुल्दा अवधारणा भेटिन्छन् ।

भेलसंहिता नामक ग्रन्थमा भनिएको छ– *शिस्ताल्वन्तरगतं सर्वेन्द्रियपरं मनः... ।*

अर्थात् समस्त इन्द्रियहरूमा श्रेष्ठ मन शिर (तालु)मा स्थित छ । उक्त स्थानमा रहेर मनले इन्द्रियद्वारा सम्प्रेषित ज्ञान प्राप्त गर्दछ र तीन प्रकारका भावलाई नियन्त्रण गर्दछ । मन इन्द्रिय सदृश, प्रभावशाली र बलयुक्त छ । सबै प्रकारका बुद्धिको शीर्ष भएका कारण चित्त हृदयमा स्थित छ । यो समस्त क्रियाहरूको कारण पनि हो ।

मनभित्र सिङ्गो ब्रह्माण्ड छ

माथिको *भेलसंहिता*बाट उद्धृत श्लोकको अर्थ पढ्ने क्रममा यदाकदा भ्रमित हुने सम्भावना पनि रहन्छ । श्लोकले भन्न खोजेको यथार्थ के हो भने मनको निवासस्थल शिर (मस्तिष्क) हो । वक्षकेन्द्रको हृदय मनको कार्यालय हो । सम्पूर्ण ज्ञानेन्द्रियहरूको प्रतिष्ठान शिरमै छ । जहाँ ज्ञानेन्द्रियहरूको मिलन केन्द्र हुन्छ, ज्ञानेन्द्रियहरूको राजा अर्थात् मन पनि पक्कै सँगसँगै निवास गर्छ भन्नु तर्कहीन नहोला ।

मनको निवासस्थल शिर र कार्यस्थल हृदय भए तापनि यसको कार्यक्षेत्र र सीमा भने असीमित छ । व्यक्ति एक इकाइ हो, ब्रह्माण्डको । त्यसैगरी भित्रको मन एक इकाइ हो, ब्रह्माण्डीय मनको ।

यो नैसर्गिक सम्बन्धले के स्पष्ट पार्छ भने मनको कार्यक्षेत्र व्यक्तिको शरीरदेखि लिएर समस्त ब्रह्माण्डसम्म सुविस्तृत छ । त्यसैले त शास्त्रकारहरूले भनेका छन्, "यत् पिण्डे तत् ब्रह्माण्डे" अर्थात् जस्तो ब्रह्माण्ड, त्यस्तै पिण्ड ।

मन एक "चेतन विद्युत्"

चेतन विद्युत् सामान्यतया तीन प्रकारको हुन्छ । पदार्थपरक चेतन, ऊर्जापरक चेतन र स्वप्रकाशित चेतन । पदार्थ तथा पञ्चमहाभूतमा विद्यमान चेतना पदार्थपरक चेतन हो । यसले तत्तत् पदार्थ या वस्तुलाई अस्तित्ववान् बनाउन भूमिका खेल्छ । दोस्रो ऊर्जापरक चेतन जुन विद्युतीय गतितुल्य हुन्छ र क्रियाशील वस्तु या उपकरणमा दृष्टिगोचर हुन्छ ।

उदाहरणका रूपमा बिजुलीको शक्ति, इन्टरनेट, दूरभाष (टेलिफोन), डाइनामो, मोटर इन्जिन आदि । यसमा चेतना त क्रियाशील हुन्छ । तर त्यो जडप्रधान चेतना हो ।

तेस्रो चेतन विद्युत् स्वप्रकाशित चेतना हो । स्वप्रकाशित भन्नाले आफ्नै चेतन विद्युत् या स्वऊर्जाद्वारा अस्तित्ववान् रहने क्षमतायुक्त बुझ्नुपर्छ । यसलाई बाहिरी विद्युत् स्रोत चाहिँदैन । जस्तो कि सूर्य, मानव मन, चित्त, बुद्धि, अहङ्कार । आकाशको सूर्य अविराम प्रज्वलित छ, जाज्वल्यमान छ । यसका लागि कुनै पावर हाउससँग जोडिनुपर्दैन । स्वयम्को चेतन-प्रकाशले सूर्य स्वप्रकाशवान् छ । तर बिजुली पावर हाउसबाट विच्छेद हुनेबित्तिकै प्राणहीन हुन्छ ।

सौर्यमण्डलको सूर्यझैं

सौर्यमण्डलको सूर्यझैं स्वजीव-मण्डलमा स्वप्रकाशित तत्त्व आत्मा हो । आत्मालाई प्रकाश एवम् चेतन विद्युत् प्राप्त गर्न कुनै दृश्यमान पावर हाउसमा जोडिरहनुपर्दैन । स्वायत्त प्रकाशद्वारा यो सनातन कालसम्म प्रज्वलित भइरहन्छ । आत्माको यसै स्वप्रकाशित चेतन विद्युत्को प्रकटीकरण नै हाम्रो मन हो । यसर्थ मनोवेत्ताहरूले मनलाई "चेतन विद्युत्" भनेका छन् ।

हामी जुन विद्युत् शक्ति घरधन्दामा प्रयोग गर्छौं, त्यो जडविद्युत् हो । तर पनि त्यसमा अथाह सामर्थ्य हुन्छ । कत्राकत्रा दुष्कर र जटिल काम क्षणभरमै गर्न सक्छ । जडविद्युत्को तुलनामा चेतन विद्युत् कति सामर्थ्यवान् होला, सामान्य बुद्धिले कल्पनासम्म गर्न नसक्ने कुरा हो ।

"चेतन विद्युत्" त्यस्तो परमस्रोत हो, जसमा चेतन क्षमता पनि विद्यमान हुन्छ र विद्युतीय क्षमताले पनि युक्त हुन्छ । चेतना त्यो हो, जसको कुनै सीमा हुँदैन र जसको सम्बन्ध अनन्त ज्ञान, अनन्त शक्ति, अनन्त आनन्द र अनन्त प्रेमसित गाँसिएको हुन्छ ।

सूर्य जस्तो स्वप्रकाशित

यो त्यस्तो विद्युत् शक्ति हो, जसले क्षणभरमा अकल्पनीय सामर्थ्य तीव्र वेगका साथ प्रस्तुत गर्दछ । मन यी दुवै शक्तिको सङ्गम हो । यति भनिसकेपछि अब एउटा मध्यम बुद्धिले पनि सजिलै बुझ्न सक्नेछ कि आखिर मन के हो ।

आकाशको सूर्य स्वप्रकाशित भए तापनि यसको अन्तरङ्ग सम्बन्ध समग्र विश्वब्रह्माण्डसँग हुन्छ । हामीले देख्ने आकाशको सूर्य "व्यष्टि सूर्य"हो भने ब्रह्माण्डव्यापी शौर्यसत्ता समष्टि सूर्य हो ।

ठीक यसैगरी हाम्रो वैयक्तिक मन व्यष्टि (जीवबद्ध) मन हो र यसको अन्तरङ्ग सम्बन्ध समष्टि मनसँग छ । समष्टि मनलाई ब्रह्माण्डीय मन, कलेक्टिभ माइन्ड, सुपर माइन्ड, विभु मन, विराट् मन जस्ता शब्दावलीले प्रस्ट्याउने गरिन्छ । जुन तत्त्वले परमतत्त्व या समष्टि तत्त्वसँग सम्बन्ध राख्छ, त्यसमा परमतत्त्व वा समष्टि तत्त्वको स्वयमेव योग हुन्छ ।

समुद्रको पानीमा जुन गुण-विशेषता हुन्छ, त्यसको एक थोपा पानीमा पनि सोही गुण-विशेषता हुन्छ । भिन्नता केवल मात्रात्मक हो, गुणात्मक होइन ।

जबसम्म व्यक्ति आफ्नो व्यष्टि मनलाई समष्टि मनसँग जोडेर राख्छ, मालामाल हुन्छ । समष्टि मनरूपी परम स्रोतबाट शक्ति, सामर्थ्य, ज्ञान र आनन्द प्राप्त गरेर महामना घोषित हुन्छ । जसले आफ्नो मनलाई समष्टि

मनको धाराबाट विच्छेद गर्छ, क्रमशः शक्तिहीनतातर्फ झर्छ । त्यसरी नै, जसरी मूल प्रवाहको विद्युत् धाराबाट अलग हुनेबित्तिकै हाम्रो घरको बिजुली टुट्ने गर्छ ।

भिखारीको हालतजस्तो आधुनिक मन

घरघर चहारेर दुईचार पैसा भिख मागेर पेट पाल्ने एक भिखारी एक दिन मरेछ ।

गाउँलेहरूले उसैको छाप्रोभित्र उसको लास बेवारिसे भएको थाहा पाए । दुईचार गाउँले त्यहाँ पुगे । एक्लो, असहाय भिखारीको लास कसले लैजाने ? कहाँ लैजाने ? ऊ सुत्ने गरेकै ओछ्यानमुनि खाल्डो खनेर गाड्ने निधो भयो । गाउँलेहरू खाल्डो खन्न थाले ।

दुईतीन बित्ता मात्रै के खनेका थिए, किसिम किसिमका घडा भेटिन थाले । कुनै घडा सुनचाँदीले भरिएका थिए भने कुनै हीरामोतीले भरिपूर्ण । जति खन्यो, त्यति नै महँगा खरखजाना निस्कँदै गए ।

गाउँलेहरू छक्क परे । बिचरा भिखारी ! जीवनभरि भिख मागेर खायो, फुटेको कौडीका लागि घरघर भड्कियो । तर उसले कहिल्यै भित्र हेर्ने प्रयास गरेन ।

वर्षौं वर्ष भिखारी सुतेको ओछ्यानै मुनि यत्तिका अमूल्य खजाना भएर पनि मागेर खानुपऱ्यो । कुनै दिन, भित्र के छ भनेर दुई बित्ता खोस्रेर मात्रै हेरेको भए दुनियाँको दुत्कार र तिरस्कार त खानुपर्दैनथ्यो ।

ऊ भिखारी, म भिखारी, सबै भिखारी ।

यो कथा त्यो भिखारीको मात्रै होइन, हरेक मानिसको कथा हो । हाम्रो मन अगणित खरखजाना र अनमोल रत्न-माणिक्यहरूले भरिएको छ । यसै मनभित्र अखण्ड, अक्षय, असीम र अनन्त सामर्थ्य छ ।

तर के गर्ने, आजको मानव एक क्षणका लागि पनि अन्तर्मुख भएर बस्ने धृष्टता गर्दैन । रातदिन बहिर्मुखी, अहोरात्र बहिर्मुखी । अन्तर्मुखताबाट यसरी टाढिएको छ, वर्तमान मानव कि जसरी मृत शरीरबाट प्राण टाढिने गर्छ ।

मन शासक कि सेवक ?

हे मानव ! म तेरो मन हुँ । तेरो जीवनका प्रत्येक गतिविधि मेरै इसारामा चल्छन् । म नै तेरो शत्रु हुँ र म नै तेरो मित्र पनि हुँ । मलाई मेरो स्वच्छन्द इच्छामा विहार गर्न छाडिदिइस् भने म तेरो शासक हुनेछु । र मलाई कुमार्गगामी एवम् कुसंस्कारी हुनबाट रोकेर ममाथि नियन्त्रण राख्ने प्रयत्न गरिस् भने म नै तेरो सेवक हुँ ।

म तेरो शासक हुँ– हे मनुष्य ! तँ केवल शरीरको भोग र सुखको आकाङ्क्षामा भौंतारिरहिस् । अन्तरात्माको पुकारलाई बेवास्ता गर्दै छस् । तँलाई केवल विषयवासना, क्षणिक सौन्दर्य र तडकभडक नै प्रिय छ । मलाई अनुकूल र सहयात्री बनाउनुको सट्टा उल्टै बेवास्ता गर्छस् । त्यसैले म बाध्य भएर तेरो शासक बनेको छु ।

सन्त, ऋषि, सहिद, सुधारक, त्यागी, महावीर, बुद्ध र देवत्व तँभित्रै बसेका छन् । तर तैंले कहिल्यै अन्तर्मुखी भएर हेरिनस् । बरू भित्रको दैत्य, असुर, पशु, जनावर र पिशाचलाई पालनपोषण गरेको गर्‍यै छस् । म कसरी हिक्मत गरौं, तेरो सेवक हुनलाई ?

हे मनोपति मनुष्य ! तँलाई दास, नोकर, बँधुवा, चौकीदार र सेवक बन्नमै रस आउँछ । तर तँ न कहिल्यै स्वामी बन्ने सपना देख्छस्, न शासक बन्ने सत्प्रयास नै गर्छस् ।

तेरा अन्त्यहीन कामना, अगणित लिप्सा, अखण्ड तृष्णा अनि बेहिसाब आकाङ्क्षाले म सधैं प्रताडित हुने गर्छु । एक निमेष बितेको हुँदैन, मलाई तँ हजारौं दिशामा दौडन बाध्य बनाउँछस् । मलाई उत्तेजित गर्ने, उद्विग्न बनाउने, व्याकुल र बेचैन बनाउने पनि तँ आफैं होस् । आखिर दोष जति किन ममाथि थुपार्छस् ?

आत्मसत्तारूपी मानव जीवनभित्र विद्यमान अजस्र कोश, खजाना र सम्भावनाहरूको म कुञ्जी हुँ । तर तैंलै यो कुरा कहिल्यै बुझिनस् । कुञ्जी खोलेर तिनको मालिक हुनु त कता हो कता अवाञ्छनीय, निकृष्ट अनि पशुवत् हर्कत गरेर किन मलाई प्राणहीन बनाउने कृत्य गर्दै छस् ?

सेवक मनको अपील

हे मनुष्य महोदय ! म हजुरको सेवक हुँ– म हजुरको सबैभन्दा उत्तम सेवक हुँ । हजुरले मलाई प्रेम र संयमपूर्वक परिष्कृत गरिदिनुभयो भने म सदैव हजुरप्रति कृतज्ञ रहनेछु र सदा सेवामा तल्लीन रहनेछु । मलाई हमेसा स्वाधीन हुन दिनुहोस् । मलाई शरीरमुखी होइन, आत्मामुखी बन्ने प्रेरणा दिनुहोस् । अजस्र मनोरथको होइन, मलाई मनोनिग्रहको विद्या सिकाउने गर्नुहोस् । मलाई विषयवासना होइन, अभ्युदयतर्फ प्रेरित गुर्नहोस् । यसो गर्नुभयो भने म हजुरको विनम्र सेवक बन्नेछु ।

म वायुको वेगभन्दा पनि शक्तिशाली छु । बिजुलीको करेन्टभन्दा पनि वेगवान् छु । जङ्गली घोडाभन्दा पनि बेलगाम छु । ईश्वरले मभित्र प्रचण्ड शक्तिसामर्थ्य भरिदिनुभएको छ । मभित्र समग्र ब्रह्माण्डको प्रतिरूप छ । मैले चाहें भने क्षणभरमा सृष्टिको सन्दोह गर्न सक्छु ।

हे मानवदेव ! यी मेरा शक्ति-सामर्थ्यले हजुर सुसम्पन्न हुन चाहनुहुन्छ भने मलाई सुसंस्कारी बनाउने साधना गर्नुहोस् । मलाई सैनिक तालिम होइन, संयमताको प्रशिक्षण दिनुहोस् ।

स्मरण रहोस्, जसले मनलाई वशमा राख्छ, सेवक बनाउँछ, स्वाधीन गराउँछ, मानिलिऊँ कि सम्पूर्ण त्रयलोकको सुख-सम्पत्ति उसको मुठीभित्र बाँधिन्छ । जसले मलाई निरोध, प्रशमन र प्रशिक्षित गर्ने योगपुरूषार्थ गर्छ, उसले समाधिलाभ प्राप्त गर्छ । बुद्ध बन्नेहरू मेरै साधनाद्वारा बनेका हुन्छन् ।

निर्वाण, मुक्ति, मोक्ष, तुरीय, प्रज्ञा, ऋतम्भरा यी पदवी पनि मद्वारा नै प्राप्त हुने आत्म-उपाधि हुन् । मेरो अधिपति परमस्वामी हजुरले मलाई सेवक बन्ने अवसर दिनुभयो भने म सबै सफलता, उच्चता, दिव्यता, उत्कृष्टता, श्रेष्ठता र अन्ततः महानताको शिखरसम्म हजुरलाई उचाल्न सक्षम हुनेछु ।

अण्डकोष होइन, मनोमय कोश

प्रजनन प्रक्रियामा अण्डकोषको भूमिका हुन्छ, यो सबैलाई थाहा छ । तर अति थोरैलाई मात्र थाहा छ, विचारको प्रजनन प्रक्रियामा मनोमय

कोशको भूमिका हुन्छ । मानवीय अस्तित्वको अन्तरतम इकाइ आत्मा हो, जुन शाश्वत, प्रकाशमय, प्रेममय, ज्ञानमय र आनन्दमय छ । समग्र जीवन-अस्तित्वको कारणसत्ता यही आत्मा हो ।

योग विज्ञानमा आधारित गवेषणाअनुसार जीवनको कारणसत्ता यही आत्मा हो । यही कारणसत्ता आत्माको आन्तरिक सतहदेखि क्रमशः बाहिरी भौतिक शरीरसम्मको सतहमा जुन चेतनामय आवरणहरू छन्, त्यसैलाई पञ्चकोश भनिन्छ ।

१. अन्नमय कोश

२. प्राणमय कोश

३. मनोमय कोश

४. विज्ञानमय कोश

५. आनन्दमय कोश

यी पाँच कोश हुन् । पाँच कोशमध्ये मनोमय कोश चेतनामय अस्तित्वको सबैभन्दा बीचमा छ । यसर्थ यसको भूमिका अमूल्य र अपरिहार्य छ ।

कोशको अर्थ हो भण्डार, खजाना, ढुकुटी, भकारी । जीवनरूपी चैतन्य-पिण्डभित्र जेजति खजाना छन्, तिनको जागरण गर्ने साँचो यिनै कोश हुन् । पाँच कोश पाँच भिन्न शक्ति, सामर्थ्य र क्षमतासँग सम्बन्धित छन् । मनोमय कोश वैश्विक तथा समष्टि मनको लोकसम्म पुग्ने प्रवेशद्वार हो ।

मनभित्र विद्यमान अनन्त सामर्थ्य

जसरी एउटा सानो र सही चाबीले अनन्त सम्पत्ति भण्डारण गरिएको कक्षको दर्शन गराउन सक्छ, त्यसरी नै यस कोशलाई खोल्ने चाबी पत्ता लगाउने पुरूषार्थ गर्नेहरू अनन्त-अजस्र मानस-सम्पत्तिको स्वामी बन्छन् ।

मनोमय कोशको साँचो उघारेर उच्च मानसलोकमा पुगेको व्यक्तिलाई महामनीषि, तत्त्वदर्शी, महामुनि, महर्षि जस्ता प्रतिष्ठा प्राप्त हुन्छ । विज्ञान र आविष्कारको क्षेत्रमा महारथ हासिल गर्नेहरूको पनि मनोमय कोश जाग्रत भएको हुन्छ ।

महारहस्यमयी मनोमय कोशलाई जागरण गर्ने अनेकौं साधना पद्धति प्राच्य ग्रन्थहरूमा वर्णित छन् । योग, तप, ज्ञानसाधना, साङ्ख्य, समाधि, निदिध्यासन, संयमसाधना, चान्द्रायण, पञ्चकोश अनुष्ठान, सूक्ष्मीकरण साधना, तत्त्वचिन्तन, अभ्यास-वैराग्य जस्ता वैविध्यपूर्ण साधना प्रणाली यसै प्रयोजनका निम्ति प्रचलित भएका हुन् ।

के यो दार्शनिक बकवास हो ?

बिजुलीको करेन्ट पानी, हावा या परमाणुभित्रबाट निकालिन्छ । तर सीधै पानी बालेर बिजुली बल्दैन । पानी या हावाभित्र विद्यमान परोक्ष विद्युत्-शक्तिलाई विशेष प्रक्रियाद्वारा जाग्रत गरेपछि मात्रै त्यो उपभोग्य बन्दछ । ठीक यस्तै प्रक्रियाद्वारा नै मनोमय कोशभित्र विद्यमान चेतन विद्युत्लाई दैनिक जीवनमा उपभोग्य स्वरूपमा प्रकट गर्न सकिन्छ ।

प्रस्तुत विश्लेषण पढिरहँदा तपाईंलाई यो दार्शनिक बकवास जस्तो लाग्न सक्छ । कृपया त्यस्तो नठान्नुहोला, यो तपाईंका लागि नै भनिएको हो । किनकि तपाईं पनि मनोमय कोशको नैसर्गिक स्वामी हुनुहुन्छ । रत्नाकर डाँकु भनेर कुख्याति कमाएको व्यक्ति कुनै दिन वाल्मीकि बन्न सक्छ । खुङ्खार हत्यारा अङ्गुलिमाल कुनै बखत भिक्षु बन्न सक्छ भने तपाईंहामी किन सक्दैनौं ? त्यसमाथि हामी ऋषिमुनिकै सन्तान । हामी सबैको निर्दिष्ट गोत्र-प्रवर छ । मनोमय कोश जागरणको यो प्रणाली उनै हाम्रा पूर्वज ऋषिमुनिद्वारा प्रतिपादित प्रणाली हो । हाम्रो रगतमा उनकै चेतना र प्राण बग्ने गर्छ । अब कसरी भन्ने असम्भव ?

अद्‌भुत कार्य प्रणाली

आधुनिक स्नायु तथा जीवन विज्ञानअनुसार वैयक्तिक मनको केन्द्रस्थान व्यक्तिको शिरोभाग अर्थात् मस्तिष्क हो । केही ग्रामको मस्तिष्कमा निवास गरे तापनि मनको कार्यक्षेत्र समग्र ब्रह्माण्ड हो । मनोसत्ताको पहुँच नभएको कुनै स्थानै हुँदैन । वैयक्तिक शरीर मनको कार्यालय हो । कार्यालयमा अनेक कक्ष-कार्यकक्ष, फाँट, विभाग र निकाय भए जस्तै शरीरको स्नायुमण्डल, अन्तस्रावी ग्रन्थी, नसनाडी, मस्तिष्कीय अवयव मनका भिन्नभिन्न निकाय हुन् ।

शरीरस्थ स्नायु सञ्जाल तथा नलिकाविहीन अन्तस्रावी ग्रन्थीहरूको माध्यमद्वारा मन क्रियाशील हुने गर्छ । सम्पूर्ण शरीरभरि स्नायु सञ्जाल फैलिएको हुन्छ । शरीरको सम्पूर्ण तन्तु एवम् कोषिकासम्म यो स्नायु सञ्जालको पहुँच हुन्छ ।

प्रत्येक मांसपेसी तथा अङ्गअवयवको क्रियाविधि सञ्चालन एवम् नियन्त्रणका लागि मनले यिनै स्नायु सञ्जालको प्रयोग गर्छ । यस्तो स्नायु प्रणालीको कार्यविधि मुख्य दुई प्रभागद्वारा सञ्चालित हुन्छ– ऐच्छिक र अनैच्छिक ।

आधुनिक शरीर विज्ञानअनुसार अनैच्छिक स्नायु प्रणालीको केन्द्रबिन्दु केन्द्रीय मस्तिष्कको एउटा सानो भाग हाइपोथेलेमस हो । यसले लिङ्ग ग्रन्थी, पिट्युटरी ग्रन्थीलगायत अन्य महत्त्वपूर्ण ग्रन्थीमाथि नियन्त्रण राख्छ ।

यस केन्द्रबाट निष्कासन हुने मोनोएमाइन अक्सिडेज (एमएओ) नामक इन्जाइम सम्पूर्ण शरीरमा प्रसारित भई केन्द्रीय स्नायु प्रणालीमा विशेष रूपले केन्द्रित हुने गर्छ ।

मनको विज्ञानसम्मत विश्लेषण

शरीरमा स्थित स्नायु, ग्रन्थी एवम् मनोकायिक चक्रहरूमा हलचल ल्याई मनको प्रतिक्रिया र आदेशअनुरूप कार्य गर्ने प्रणाली सोही तन्त्रद्वारा हुने गर्छ । स्नायु प्रणाली, नलीविहीन अन्तस्रावी ग्रन्थी तथा सूक्ष्म मनोकायिक चक्रहरूको आपसी सम्बन्धकै कारण मन शरीरमा निवास गर्ने योग्यता प्राप्त गर्दछ । यस मानेमा मन र शरीर कुनै भिन्न इकाइ होइनन्, एकै चेतन विद्युत्का स्थूल र सूक्ष्म रूप हुन् ।

हिजोआज चिकित्सकहरू मनोकायिक रोगव्याधिलाई सर्वाधिक प्रचलित र जटिल समस्या मान्छन् । मनोवैज्ञानिक तथा चिकित्साविज्ञहरूको भनाइमा शरीरमा देखापर्ने कुनै पनि रोग-विकृतिको जड मनभित्र हुने गर्छ ।

भियनाका प्रसिद्ध मनोचिकित्सक डा. फेन्कल भन्नुहुन्छ, "मानसिक धरातल नै शारीरिक स्वास्थ्यको आधार हो । मानसिक असन्तुलनको कारण जीवनको सार्थकतालाई नबुझ्नु हो ।"

विगतका वर्षहरूमा मन एवम् स्नायु विज्ञानमाथि भएका असङ्ख्य अध्ययनलाई उद्धृत गरेर भन्ने हो भने हाम्रो आन्तरिक भावनाले मस्तिष्कलाई

अनेक किसिमले प्रभावित गर्छ । यस प्रक्रियाअन्तर्गत मस्तिष्कमा विषाक्त एवम् अमृत रसतुल्य दुई किसिमको रसायन उत्पन्न हुन्छ ।

सकारात्मक एवम् शुभ भावना र विचारद्वारा अमृततुल्य रसायन उत्पन्न हुन्छ भने नकारात्मक एवम् अशुभ भावना र विचारद्वारा विषाक्त रसायन उत्पन्न हुन्छ । व्यक्तिलाई सुख र दुःख अनुभव गराउने मनोप्रपञ्चको कारण यही विपरीत चरित्रका दुई रस हुन् ।

मनले हारे हार, मनले जिते जित

"म सक्छु" भनेर जब मनले आँट्छ, उसलाई हराउन परमबहादुरले पनि सक्दैन । सक्कली पाराले मन आँटले भरिनुचाहिँ पर्छ, उसको शब्दकोशमा असम्भव शब्दै हुँदैन । यसको विपरीत मन जब "म सक्दिनँ होला" "मैले कहाँ सक्छु र", "मबाट सम्भव होला र" जस्ता संशयको फन्दामा पर्छ, उसको हार सुनिश्चित जस्तै हुन्छ ।

यो उद्धरण तपाईंले सुनिसक्नुभएको हुन सक्छ–

दुई जना बालक खेल्दै थिए । दुर्भाग्यवश एउटा बालक खाल्डोमा झऱ्यो । खाल्डो निकै गहिरो थियो ।

घटना एकान्त स्थानको थियो, वरपर कोही थिएन । आफ्नो साथी खाल्डोभित्र जीवनमरणको दोसाँधमा छ । उसलाई जसरी पनि बचाउनु छ, नभए अनर्थै-अनर्थ हुन्छ । साथीलाई खाल्डोबाट निकाल्ने उपाय खोज्दै जाँदा उसले एउटा डोरी भेट्टायो । डोरी निकै लामो थियो । ऊ डराइरहेको थियो । तर आत्तिएको थिएन । उसले डोरीको एक छेउ खाल्डोभित्र फ्याँकिदियो । साथीले समात्यो ।

आठ-दस वर्षको भर्खरको केटो उसले एक्लै कसरी तान्न सक्ला गहिरो खाल्डोबाट साथीलाई ? स्थिति सन्देहास्पद थियो । निकै बेरको मेहनतपछि उसले आफूभन्दा मोटो जीउको साथीलाई आखिर तानेर बाहिर निकालिछाड्यो । असम्भव जस्तै लाग्ने काम एउटा बच्चाले गरेर देखायो ।

भरे घर पुगेपछि घटना उनीहरूले अभिभावकलाई सुनाए । कसैले पत्याएनन्, बरू उल्टो धम्की र गाली मिल्यो । आखिर एउटा बच्चाले आफूभन्दा मोटो जीउ भएको साथीलाई त्यत्रो गहिरो भड्खालोबाट कसरी तान्न सफल भयो होला ?

यसको उत्तर हो, "त्यहाँ उसलाई तँ सक्दैनस् भन्ने कोही थिएन ।"

उसको मनले ठान्यो कि "म सक्छु", "म सक्छु", र "म निकालेरै छाड्छु ।"

परिणाम आयो, सोहीअनुरूप । किनकि यो अकाट्य नियम हो, "मनले जिते जित, मनले हारे हार ।"

कठोर मन भर्सेस नरम मन

मानिस दुई प्रकारका हुन्छन्– कठोर मन भएका र नरम मन भएका ।

प्रसिद्ध विचारक विलियम जेम्सको शब्दमा कठोर मन भएकालाई "टफ माइन्डेड" र नरम मन भएकालाई "टेन्डर माइन्डेड" भनिन्छ । टेन्डर माइन्डेड व्यक्तिको स्वभाव सानोतिनो प्रतिकूलतामा पनि विचलित हुने हुन्छ । यस्तो व्यक्ति चाहिनेभन्दा बढी नै संवेदनशील हुन्छ । समस्या तथा चुनौतीका बेला यस्ता व्यक्ति बढी नै हल्लाखल्ला गर्ने गर्छन् र अरूबाट सहानुभूतिको भिक्षा माग्छन् । यस्ता व्यक्तिको मन प्रायः हार अर्थात् पराजयको सिकार बन्छ ।

उपर्युक्त कारण स्पष्ट पार्दै जेम्स सबैलाई आग्रह गर्नुहुन्छ– मनलाई कठोर राख्नुपर्छ । सँगसँगै भावनालाई भने नरम राख्नुपर्छ । मन र भावना दुवै नरम भयो भने अक्सर हार बेहोर्ने नियति बन्छ ।

जेम्स महोदय भन्नुहुन्छ, "टफ माइन्डेड भनेको खेलाडीको जस्तो मनोदशा हो ।" असली खेलाडी हरहमेसा "म जित्न सक्छु" अथवा "म जित्नका लागि जन्मिएको हुँ" भन्ने मनोभावले प्रेरित हुन्छ । जब आन्तरिक मनोरचना विजयले ढकमक्क हुन्छ, त्यसको बाह्य अभिव्यक्ति जित बनेर प्रकट हुन्छ । यसर्थ हामी हाम्रो मनलाई कठोर र सङ्कल्पवान् राखौं, नरम र पराजयमुखी होइन ।

चेतन, अवचेतन, सुपर चेतन

सामान्य मानिसको मन प्रायः तीन अवस्थामा विचरण गर्दछ– चेतन, अवचेतन र अचेतन । खाने कमाउने र दैनिक व्यवहारको कार्यमा सक्रिय हुने मन चेतन मन हो । निद्रामा बेहोसतुल्य हुने मन अचेतन मन हो । सपना तथा अर्धजागृतिमा सक्रिय हुने मन अवचेतन मन हो । यी तीन

अवस्थादेखि माथि उन्नत र विशिष्ट अर्को तह पनि छ, त्यसलाई सुपर चेतन भनिन्छ ।

चेतन मन : मन धेरैजसो चेतन अवस्थामा क्रियाशील रहन्छ । बाहिरी जगत्का सबै गतिविधिको जानकारी लिने र संज्ञानार्थ भित्र प्रेषण गर्ने कार्य यसैको क्रियापद्धति हो । पाँच इन्द्रिय एवम् पाँच कर्मोन्द्रियहरू यसै चेतन मनका अवयव हुन् । यसर्थ चेतन मनलाई एघारौं इन्द्रिय पनि भनिन्छ ।

समग्र मनोप्रणालीलाई एक सय प्रतिशत गणना गर्ने हो भने चेतन मनको हिस्सा केवल १० देखि १५ प्रतिशत हुन्छ । बाँकी भाग अवचेतन र अचेतन मनको क्षेत्र हो । तपाईं अहिले पुस्तक पढ्दै हुनुहुन्छ । यस कार्यमा तपाईंको हात र आँखा मुख्य रूपले सक्रिय छन् । यस कार्यमा हातले पुस्तक समातेको छ भने आँखाले पढेर मस्तिष्कलाई प्रेसित गरिरहेको छ ।

यसरी सूचना, जानकारी, सङ्केत, भाषा तथा ज्ञानलाई ग्रहण गरेर अन्तर्चेतनातर्फ पठाउने प्रक्रिया निर्वाह गर्ने मनलाई चेतन मन भनिन्छ ।

अवचेतन मन : आधा होस र आधा बेहोस अवस्थालाई अवचेतन भनिन्छ । सपना देख्नु, ध्यानस्थ हुनु, अवचेतन मनको उदाहरण हो । अवचेतनका संस्कार, आनिबानी, स्मृति तथा संवेगहरू बाहिरी व्यवहारमा जस्ताको तस्तै प्रकट भयो भने त्यो अशिष्ट र अशोभनीय हुन्छ ।

कुनै स्त्रीलाई देखेर भित्र उत्पन्न हुने कामवासना जस्ताको तस्तै बाहिर प्रकट भयो भने त्यो कामासुरभन्दा कम हुँदैन । कसैप्रति भित्री मनमा उब्जिएको द्वेष भावना हुबहु बाहिर निस्कियो भने त्यो राक्षसतुल्य हुन्छ । भित्री मनमा भएका संस्कार तथा संवेगहरूलाई छानेर उचित एवम् शिष्टलाई बाहिर प्रकट गर्ने मनको हिस्सालाई अवचेतन मन भनिन्छ ।

बाहिरको प्रत्यक्ष र चेतन संसार अनि भित्रको अविज्ञात र प्रसुप्त संसारबीच साँघुको काम गर्नु यसको मुख्य विशेषता हो । भित्रभित्रै पशुताको संस्कारले भरिएको मानवलाई पशु रूपमा प्रस्तुत हुनबाट रोकेर सामाजिक मर्यादा र आचरणहरू प्रकट गराउने काम अवचेतन मनको हो ।

जतिजति व्यक्ति भित्री मनले सफा हुन्छ, त्यतित्यति यो अवचेतन मन पनि परिष्कृत र परिशुद्ध हुँदै जान्छ । अवचेतन मनको अनावरण गरिसकेपछि मात्रै व्यक्तिको आन्तरिक क्षमता प्रस्फुटित हुन्छ । सामान्य

स्मृति, व्यावहारिक अनुभव, कला, कौशलजस्ता कुराको यो भण्डारगृह हो ।

अचेतन मन : प्रसिद्ध मनोवैज्ञानिक सिग्मन्ड फ्रायडले हाम्रो मनको ९० प्रतिशत भाग अचेतन मनअन्तर्गत पर्ने तथ्य मनोविश्लेषण सिद्धान्तद्वारा प्रतिपादित गरेका छन् । मनको वास्तविक क्षमता यसैमा निहित हुन्छ । पुराना संस्कार, आनिबानी, प्रतिक्रिया गर्ने शैली, आन्तरिक स्वभाव एवम् क्षमताहरू अचेतन मनभित्र लुकेर बसेका हुन्छन् ।

जबजब जरूरत हुन्छ, ती आफैं प्रकट हुँदै जान्छन् । शरीर, मन र इन्द्रियका स्वसञ्चालित गतिविधिको नियन्त्रण मनको यसै खण्डबाट हुने गर्छ ।

सिग्मन्ड फ्रायडले मनको यो ९० प्रतिशत भागमध्ये अवेचतनमा ५० देखि ६० प्रतिशत र अचेतनमा ३० देखि ४० प्रतिशत बाँडेका छन् । उनको मनोविश्लेषणात्मक सिद्धान्तद्वारा विवेचना गरिएको मनको स्वरूप जानेपछि मनोवैज्ञानिक समस्याको निराकरण गर्न सजिलो हुन्छ ।

सुपर चेतन मन : आधुनिक मनोविज्ञानको पहुँचभन्दा माथि मनको उच्चतम तह पनि छ, जसलाई अध्यात्म-वैज्ञानिक शब्दावलीमा सुपर चेतन भनिन्छ । मनको सुपर चेतन आयामका बारेमा अध्येता ऋषिमनीषिहरूले प्रशस्त अध्ययन गरेका छन् । प्राच्य ग्रन्थहरूमा भनिएको पाइन्छ कि मानव आफ्नै मनको प्रयोग र निरूद्धताद्वारा बुद्धत्व, देवत्व र ऋषित्व प्राप्त गर्न सक्छ ।

मानव मनभित्र अनन्त शक्ति, अनन्त ज्ञान, अनन्त आनन्द र अनन्त चेतना विद्यमान छ । यही विज्ञानलाई खोजमेल गर्न सुपर चेतन मनको अवधारणा विकसित भएको हो ।

महामानव, महापुरूष, परमपुरूष, देवपुरूष, सन्तपुरूष, तत्त्वज्ञानी, निर्वाणी, महात्मा, बुद्ध, महावीर, परमहंस, ब्रह्मर्षि, देवर्षि, महर्षि, स्थितिप्रज्ञ... यी शब्दहरू सुपर चेतन मन जाग्रत भएका व्यक्तिलाई सम्बोधन गर्न प्रयोग गरिन्छ । अनेकौं रिद्धि, सिद्धि, विभूति र पराभौतिक क्षमता यसै सुपर चेतन मनका विभूषण हुन् ।

सुपर चेतन मन सबैसँग हुन्छ । तर सबैको सुपर चेतन मन जागेको वा उद्घाटित भएको हुँदैन । ध्यान, योग, तप, संयम, साधना, तन्त्र तथा विभिन्न आध्यात्मिक प्रयोगद्वारा मात्रै यसको अनावरण हुन्छ । सामान्य मान्छेले त यसको छेउटुप्पो नै थाहा पाउँदैन ।

विरूद्ध होइन, निरूद्ध मनको मालिक

आफ्नै मन जहिलेसम्म विरोधी भूमिका खेलिरहन्छ, शान्ति र चैन टाढाको टाढै रहन्छ । धेरैजसो व्यक्ति आफ्नै मनको विरोध सहेर बाँचिरहेका हुन्छन् । मन स्वभावैले चञ्चल, स्वार्थी र विषयगामी छ ।

मनको यसै स्वभावले गर्दा यो विरूद्ध चरित्रवाला छ । आफूले चाहेको अर्कै, भइदिन्छ अर्कै । अनुकूल हुनुपर्ने मन प्रतिकूल हुन्छ । प्रतिक्रिया गर्न थाल्छ । प्रतिक्रियापछि पुनः प्रतिक्रिया । फेरि त्यसले प्रतिक्रियै जन्माउँछ । यो क्रम कहिल्यै सकिन्न । मन झन्-झन् विरूद्ध उभिँदै जान्छ । यसैलाई दुःख भनिन्छ ।

मन विरूद्ध चलिरहेसम्म दुःखको उत्थान-पतन चलिरहन्छ । महात्मा बुद्धले "सर्वं दुःखम्" भन्नुको तत्त्वदर्शन यही नै हो । यथार्थमा हरेकको जीवन दुःखमय छ । कारण एउटै हो, सबैभन्दा अन्तरङ्ग मानिने स्वयम्को मन विरूद्ध चरित्रको हुनु । यसै मायाजाललाई बुझेर मनोवेत्ता मनस्वीहरूले मनलाई विरूद्धबाट निरूद्धतर्फ लैजान प्रेरित गरेका छन् । महात्मा बुद्धले अष्टाङ्गयोग उपदिष्ट गरे ।

*श्रीमद्भगवद्गीता*मा ज्ञानमार्ग, कर्ममार्ग र भक्तिमार्ग योगत्रयको प्रतिपादन गरियो । अन्य प्रचलित धर्म र सम्प्रदायमा आआफ्नै दुःखमुक्तिपथहरू छन् । शिक्षा मात्रै लिएर हुँदैन, विद्या पनि चाहिन्छ । यसो भन्नुको उद्देश्य पनि दुःखमुक्तिका लागि मनलाई निरोधमार्गमा चलाउने कला सिक्नु हो ।

मनलाई सुल्टो पार्ने कला

समग्र अध्यात्मपथ मनलाई निरूद्ध गर्न सिकाउने महाविज्ञान हो । सबैजसो पन्थ एवम् धर्ममा वर्णित मन्त्रविज्ञानको ध्येय भनेकै सीधै मनमाथि प्रहार गरी त्यसलाई सुल्ट्याएर विरूद्धबाट निरूद्धतर्फ

हिँडाउनु हो । सम्पूर्ण ध्यान-धारणाको उद्देश्य मनलाई तटस्थ, समतावान् एवम् निरूद्ध बनाउनु हो । ज्ञानयोग एवम् भक्तियोगको अन्तिम उद्देश्य पनि यही हो ।

कर्म गर्दा निमित्त भावले फलको कामनारहित भएर गर्नुपर्छ । कुनै पनि काम गरिरहँदा मैले गरिरहेको छु भन्ने कर्तापन हाबी हुन दिनुहुँदैन । सर्वदा मध्यमार्गी भएर तटस्थ मनले गर्नुपर्छ । यसो भएन भने कर्मको बहानामा आफ्नै मनले मोहजाल र आसक्तिमा फसाउँछ । थाहै नपाई महत्त्वाकाङ्क्षी र अहङ्कारी बनाउँछ । यसले अन्ततः विरूद्ध चरित्रलाई पृष्ठपोषण गर्छ ।

अतः कर्म या काम गर्दा सदैव मनलाई निरूद्धतातर्फ लैजाने मनसायले गर्नुपर्छ । यसैलाई कर्मयोग भनिन्छ । यसो नगर्नेहरू थोरै काम गरेर धेरै प्रतिफल, उच्च सम्मान र जस पाउने दाउमा हुन्छन् । यसै कारणले गर्दा "कर्मण्येवाधिकारस्ते माफलेषु कदाचन" यो श्लोकलाई सर्वश्रेष्ठ श्लोक मानिन्छ ।

मनोरोग प्रतिरोधक जीवनशैली

- मन, मनोविज्ञान तथा मानसशास्त्रका बारेमा आधारभूत ज्ञान राख्ने गरौं, जसरी शरीरका बारेमा राख्ने गरिन्छ । यसका लागि पुस्तक, पाठ्यसामग्री, इन्टरनेट तथा सम्बन्धित विज्ञहरूको सम्पर्क व्यावहारिक माध्यम हुन् ।
- तनाव स्वाभाविक कुरा हो । तर तनाव लामो समय तन्कियो भने डिप्रेसन (दिक्दारीपन) वा अन्य गम्भीर मनोरोगमा रूपान्तरित हुन सक्छ । अतः तनाव घटाउने उपायबारे तालिम लिने, जानकारी राख्ने, सचेत रहने गर्नु उत्तम मनोशैलीका लागि प्रतिरोधात्मक कदम हो ।
- दिनमा केही बेर मौन बस्ने, एकान्तमा रहने, आत्मसमीक्षा गर्ने, स्वसङ्केतबोध (अटोसजेसन)को अभ्यास गर्ने, अन्तर्मुखताको अभ्यास गर्ने आदि प्रयोग मनलाई सबल बनाउन सहायक हुन्छन् ।
- मनमा उब्जिएका विचार, कल्पना, स्फुरणा तथा सोचलाई मनोवाद, काव्य-कविता, सिर्जना, रचना, कला, संस्मरण या अन्य कुनै विधिद्वारा

अभिव्यक्त गर्न सङ्कोच नगरौं, ढिला नगरौं । भित्रभित्रै दबाएर नराखौं ।

- मनभित्र उत्पन्न प्रतिशोध, प्रतिक्रिया, पूर्वाग्रह, दुराग्रह, घृणा, आसक्ति, आकर्षणजस्ता कुरा मनभित्रै कुपित गरेर नराखौं । विनम्रता, शिष्टता र शालीनतापूर्वक तत्तत् व्यक्तिसामु प्रकट गरौं । प्रकट गर्न नसकेको खण्डमा मनोवैज्ञानिक निष्कासन (केथार्सिस) तथा प्रायश्चित् विधिबाट त्यसलाई बाहिर निकालौं ।
- ध्यान, प्राणायाम, मन्त्रजप, उपासना, साधना, स्वाध्याय, आस्तिकता, ईश्वर विश्वास, प्रत्याहार (इन्द्रियहरूलाई अन्तर्मुखी बनाउने), उपवास, योगाभ्यास, ज्ञानयोग, कर्मयोग, भक्तियोग जस्ता प्रक्रिया मनलाई उत्कृष्ट र सशक्त बनाउने विधि हुन् ।

सपना सच्चा कि झूटा ?

बुझिनसक्नु रहस्य सपनाको

आजसम्म पनि रहस्यवादमै रहेको विषय हो, स्वप्न । स्वप्न अर्थात् सपना । सपना एउटा अमूर्त विषय हो, यद्यपि यो प्रत्येक व्यक्तिको जीवनसँग जोडिएको हुन्छ । सपना देख्नु सामान्य कुरा होइन ।

मानव मनका मर्मज्ञहरू भन्छन्– सपना तपाईंको व्यक्तित्वको अव्यक्त परिचय हो । तपाईंको भूत र भविष्यबारे वर्तमानको अभिव्यक्ति हो । तपाईंको अन्तर्मनका सुषुप्त वृत्तिहरूको बाहिरी बमन हो । त्यसैले सपना देख्न जान्नु एउटा ठूलो कौशल हो ।

यहाँ सपनाका विविध पक्षमाथि अनुशीलन गरिनेछ । यसको ध्येय आत्मीय पाठकवृन्दलाई इच्छित स्वप्नकलामा रमाउन सिकाउनु र यसद्वारा आनन्दित वा लाभान्वित हुन प्रेरित गर्नु हो ।

बुद्धत्वको सुरूवात स्वप्नबाटै

किशोरावस्थाका राजकुमार सिद्धार्थको जीवनको घटना हो । कुनै रात उनी जब निद्रामा थिए, उनले एउटा सपना देखे । सपनामा उनले देखे कि एक जना श्वेतवस्त्रधारी वयोवृद्ध दिव्य पुरूष प्रकट भए ।

उनको हात समातेर श्मशानतर्फ लिएर गए ।

त्यहाँ उनले एक मृतशरीरतर्फ सङ्केत गर्दै भने, "हेर । यो तिम्रो लास हो ।"

केही क्षणपछि सपना टुट्यो, निद्रा खुल्यो । उनी भावविह्वल थिए । तत्क्षण उनले निश्चय गरे कि अब यो अद्‌भुत सपनाले देखाएको रहस्यलाई बोध गर्नु मेरो भावी जीवनको ध्येय हुनेछ ।

उक्त घटनाको केही समयपछि उनी सम्पूर्ण राजकाज त्यागेर बुद्धत्वको यात्रामा अग्रसर भए । महात्मा बुद्धको जीवनको यो प्रसङ्गले मानव जीवनमा सपनाको मूल्य र रहस्य कस्तो हुन्छ भन्ने तथ्य राम्ररी उजागर गरेको छ ।

हामीमध्ये धेरैजसो व्यक्ति सपना त देख्छौं । तर हामीले देख्ने सपनामा अर्थहीन, रसहीन र दिशाहीन दृश्यको मात्रा बढी हुन्छ । यदाकदा अर्थपूर्ण सपना आइहाले तापनि त्यसको अभिप्राय र सन्देशलाई बुझ्न नसकेका कारण त्यसको सङ्केतलाई हामी बेवास्ता गर्न पुग्छौं ।

कदापि निरर्थक हुन्न सपना

जीवनका जेजति पाटा छन्, तिनको कुनै न कुनै अर्थ र गरिमा अवश्य छ । अवश्य नै सपना कुनै निरर्थक वस्तु होइन । यथार्थ नबुझेसम्म श्रीखण्डको टुक्रा पनि खुर्पाको बिंड मात्रै त हो ।

स्वप्नवेत्ताहरू भन्छन्, "कुनैकुनै बेला स्वप्न प्रेरक र मार्गदर्शक बनेर आउँछ । त्यस्तो सपनाले जीवनको स्वरूप र दिशासमेत बदल्न सक्छ ।"

अध्यात्म विज्ञानका अध्येताहरूको भनाइअनुसार कहिलेकाहीँ सपना भविष्यमा हुने अनिष्टको पूर्वसङ्केतका रूपमा पनि आउने गर्छन् । अन्तर्मुखी र एकाग्र चित्त हुनेहरू भनौं कि आध्यात्मिक प्रवृत्ति भएकाहरूले त्यस्तो सङ्केतलाई सजिलै बुझ्छन् र आगतका जोखिमहरूबाट जोगिन्छन् ।

यस दृष्टिले मनन गर्दा स्वप्न पूर्वाभास विज्ञानको एउटा महत्त्वपूर्ण माध्यम पनि हो । कतै तपाईंहामी पनि स्वप्नलाई बेवास्ता गरेर आफूलाई बुद्ध बन्ने सम्भावनाबाट वञ्चित गरिरहेका त छैनौं ?

सपना कि कल्पना ?

ब्यूँझिएका बेला देखिने सपनालाई कल्पना भनिन्छ । र, निदाएको बेला गरिने कल्पनालाई सपना भनिन्छ । सपना होस् या कल्पना यिनको माध्यमबाट हाम्रो मन अभिव्यक्त हुन्छ । सपना कहिले सही हुन्छ, कहिले झूटा । त्यस्तै कल्पना कहिले यथार्थपरक हुन्छ, कहिले अयथार्थ ।

मनले गर्ने कल्पना नियन्त्रण या संयम गर्न सकिने कुरा हो । तर सामान्यतया सपना के देख्ने या फलानो दृश्य नदेख्ने भनेर नियन्त्रण गर्न

सकिँदैन । वैज्ञानिक तथा मनोवैज्ञानिकहरू आजसम्म पनि सपनाको अर्थ र रहस्यलाई लिएर अध्ययन गरिरहेका छन् ।

सपना वास्तवमा के हो ? यो कुरा सपनाको द्रष्टालाई जेजति अनुभूति हुन्छ, त्यो नै सपनाको यथार्थ अभिप्रायः हो । स्वप्नविज्ञानको व्याख्या गरिरहँदा के भन्न मन लाग्छ भने सपनाको विषयलाई लिएर तपाईं पनि एउटा मनोवैज्ञानिक बन्नुहोस् । यसको रहस्य र विज्ञानबारे तपाईं पनि निरन्तर आफ्नो स्तरको खोज गरिरहनुहोस् ।

यसबारे प्रकाशित हुने लेखरचना तथा बेलाबेलामा उद्घाटित हुने शोध निष्कर्षहरूको अध्ययन विश्लेषण गर्दै रहनुहोस् । यो नै तपाईंको स्वप्नशैली हुनेछ ।

सपनाको मनोविज्ञान

प्रसिद्ध अमेरिकी अन्वेषक एडबिन डायमन्डले सपनाको रहस्यमयी विज्ञानका क्षेत्रमा अनेकौं अनुभव बटुलेका छन् ।

उनी आफ्नो शोधनिष्कर्षलाई एक ठाउँ समेटेर भन्छन्, "औसत व्यक्ति राति निद्रामा पाँच या छ पटक सपना देख्ने गर्छन् । सपना नदेख्ने व्यक्ति फाट्टफुट्ट अपवादका रूपमा मात्र भेट्टाइन्छ ।"

स्वप्नविशेषज्ञ डायमन्डको कथनबाट के स्पष्ट हुन्छ भने आहार, श्वासप्रश्वास, यौन जस्तै सपना देख्नु पनि मनुष्यको मनोवैज्ञानिक आवश्यकता हो । कसैले सपनै देख्दैन या निद्रामा सपनै आउँदैन भन्छ भने त्योचाहिँ कुनै रोग हुन सक्छ ।

"सपना देख्ने गर्नाले नै मानसिक रूपले स्वस्थ र प्रसन्न हुने प्रेरणा मिल्दछ," डायमन्डको यो अर्को भनाइले सपनाको मनोविज्ञानलाई अझ प्रस्ट्याएको छ ।

शोध अनुसन्धानकै आधारमा उनले भनेका छन्, "जो व्यक्ति सपना पटक्कै नआओस् भनेर सपना नदेख्ने प्रयास गर्छ, उसको मानसिक सन्तुलन बिग्रन जान्छ र मतिभ्रमको सिकार हुन्छ ।"

अध्ययनकर्ताहरूले एक सामान्य सपनाको लम्बाइ लगभग २० मिनेट हुने तर्क दिएका छन् । थाहा भएकै कुरा हो, निद्राका बेला जब "रेम स्लिप" हुन्छ, स्वप्न तब मात्रै देखिन्छ ।

सपनाको लम्बाइ, सपनाको गहिराइ

निद्रा दुई प्रकारका हुन्छन्, "रेम स्लिप" अर्थात् क्रियाशील निद्रा र "स्लिप" अर्थात् शान्त निद्रा ।

सपना सदैव क्रियाशील निद्राका बखत मात्रै देखिने गर्छ । क्रियाशील निद्रामा व्यक्तिको आँखाको गतिविधि तीव्र हुन्छ । आँखाका दाना, परेला तथा आँखीभौं परैबाट हल्लिएको चाल पाइन्छ ।

सिनेमा हेर्दा अथवा टेलिभिजन हेर्दा आँखाको नानीको जस्तो अवस्था हुन्छ, सपना देख्दा पनि ठीक त्यस्तै गतिविधि हुन्छ । मनशास्त्रीहरूको अभिमतअनुसार निदाएपछि एक घण्टा बित्दा नबित्दै पहिलो सपना देखिन्छ । सपना देखिरहेको बेला कोल्टे फेर्ने या दायाँबायाँ पल्टिने चेष्टा कसैले गर्दैन । यो सपनाको विशेषता हो ।

सपना दुई प्रकारको

आधुनिक मनोवैज्ञानिक स्वप्नवेत्ताहरूले मानवीय सपना दुई प्रकारको हुन्छ भनेका छन् । पहिलो, सक्रिय र दोस्रो निष्क्रिय । सक्रिय सपनाअन्तर्गत व्यक्ति आफू स्वयम् सपनाको दृश्यमा संलग्न हुन्छ । निष्क्रिय किसिमको सपना त्यो हो, जसमा व्यक्ति कुनै दृश्यको दर्शक या द्रष्टा बनेर सपना देखिरहेको हुन्छ । तर आफू कुनै भूमिका निभाइरहेको हुँदैन । दोस्रो प्रकारको सपना बढी सङ्केतात्मक र प्रेरक प्रकृतिको हुने गर्छ ।

मस्तिष्कमा मनोदशा र अवस्थाअनुरूप विभिन्न किसिमका ऊर्जातरङ्गहरू निस्किरहेका हुन्छन् । जाग्रत या अर्धजाग्रत अवस्थामा मस्तिष्कमा "अल्फा" तरङ्ग फैलिएको हुन्छ । जाग्रतमा जस्तै स्वप्नावस्थामा पनि मस्तिष्कमा अल्फा तरङ्ग निस्कने गर्छ ।

शास्त्रीय मान्यतामा

स्वप्नप्रकाशिका नामक शास्त्रीय ग्रन्थअनुसार स्वप्न सात प्रकारका हुन्छन्–

दृष्टःश्रुतोऽअनुभूतश्च प्रार्थितः कल्पितस्तथा ।
भाविको दोषजश्चैव स्वप्नः सप्तविधो विधुः ॥

१) दृष्ट– दिनमा देखेको कुनै दृश्य रातमा देख्नु
२) श्रुत– पहिले सुनेको कुरा स्वप्नमा देख्नु
३) अनुभूत– जाग्रत अवस्थामा अनुभूति गरेको कुरा सपनामा देख्नु
४) प्रार्थित– मनमा कुनै बेला उत्पन्न भएको कामना स्वप्नमा आउनु
५) कल्पित– मनले कल्पना गरेको कुरा सपनामा आउनु
६) भावित– सोचेको सुनेको या देखेको कुराको प्रतिफलका रूपमा स्वप्न आउनु
७) दोषज– वात, पित्त, कफ यी त्रिदोषका आधारमा स्वप्न देख्नु

ऊर्जातरङ्गको खेल

मस्तिष्कमा उब्जने तरङ्ग विज्ञानले के स्पष्ट पार्छ भने जाग्रत र स्वप्नमा खासै अन्तर हुँदैन । तर स्वप्नरहित निद्रामा भने अल्फा तरङ्ग ननिस्किएर डेल्टा तरङ्ग निस्किएको हुन्छ । जाग्रत र स्वप्न अवस्थामा एउटै ऊर्जातरङ्ग निष्पन्न हुने आधारमा मनोविज्ञहरूले सपनालाई पनि जाग्रत मन जस्तै शक्तिशाली अवस्था मानेका छन् ।

यस आधारमा भन्ने गरिन्छ कि सपना देख्नलाई जेजति ऊर्जा खपत हुन्छ, सपनाले दिने फाइदा त्यो ऊर्जाको तुलनामा निकै नै बढी हुन्छ । सामान्यतया के बुझ्नुपर्छ भने निन्द्राले शरीर र इन्द्रियलाई विश्रान्ति दिए जस्तै सपनाले अवचेतन मनलाई हलुका बनाउने विधि व्यवस्थाको काम गर्छ ।

स्वप्नका माध्यमबाट अवचेतन मन सक्रिय हुने हुनाले नै चेतन मनले फुर्सद पाउँछ र विश्राममा प्रवेश गर्छ । रात्रिकालमा विश्राम गरेकै कारण भोलि बिहान ब्यूँझिपछि उसमा जाग्रत भएर क्रियाशील हुने सामर्थ्य प्राप्त हुन्छ । यस कारणले गर्दा निद्रा र निद्रासँगै सपना देख्नु मनोशारीरिक स्वास्थ्यका लागि नितान्त जरूरी छ ।

विश्वप्रसिद्ध मनोवैज्ञानिक सिग्मन्ड फ्रायडको भनाइमा चेतन अवस्थामा दमित इच्छा र वासना सपनाद्वारा प्रकट हुने गर्छन् । फ्रायडको यो मान्यताभन्दा माथि उठेर पूर्वीय दर्शनका ऋषिमनस्वीहरूले स्वप्नलाई "अचेतन मानसको अगणित खजाना" मानेका छन् ।

सपनाको चमत्कार

- सन् १९३६ मा जीव विज्ञानको क्षेत्रमा डा. अट्टो लोबीले नोबेल पुरस्कार प्राप्त गरेका थिए । उनले आफूले प्राप्त गरेको पुरस्कारको श्रेय आफ्नै सपनालाई दिएका छन् । कुरा सन् १९२० को कुनै रातको हो । उनले १७ वर्षदेखि खोज जारी राखेको विषयको समाधान सपनाका माध्यमबाट प्राप्त गरेका थिए ।

  डा. लोबी भ्रूणावस्थामा शारीरिक तन्तुको क्रियाविधि केकस्तो हुन्छ भनेर निरन्तर खोजमा थिए । १७ वर्ष लामो खोजमा पनि उनले कुनै समाधान पाएका थिएनन् । तर अचानक एक रात सपनाको गहिराइमा उनले भ्रूणावस्थाको क्रियाविधिबारे यथार्थ ज्ञानको सङ्केत प्राप्त गरे । ब्यूँझिनेबित्तिकै सपना नोट गरे । तर उनलाई सपनाको सबै रहस्य सम्झन गाह्रो पऱ्यो । दिमागमा अनेकौं तर्कवितर्क गर्दै भोजनपछि उनलाई पुनः निद्रा लागेझैं भयो ।

  भोजनलगत्तै उनी फेरि सुते । उनले पुनः सोही सपना देखे । ब्यूँझिनेबित्तिकै सबै सपना फेरि नोट गरे । यस पटक भने चाहिएको सूत्र उनले पूरै लेख्न भ्याए । प्रयोगशालामा गएर प्रयोगलाई निरन्तरता दिए । उनले आफ्नो प्रयोग भ्यागुतामाथि गरेका थिए । पहिलो प्रयासमै उनको प्रयोग सफल भयो । नोबेल पुरस्कार दिलाउनेसम्मको यो सबै कमाल सपनाकै हो ।
- तत्कालीन बेलायती वायुसेनाका प्रमुख भिक्टर गोगार्डले सन् १९५५ को कुनै रात एउटा भयानक सपना देखे । सपनामा उनले देखे कि उनको सानो वायुयान दुर्घटनाग्रस्त भयो । तर त्यसमा यात्रारत सात जना सैनिकको ज्यान भने जोगियो । सपना देखेको चार दिनपछिको कुरा हो, सङ्घाईबाट टोकियोका लागि उडान गर्दै गर्दा एउटा सानो जहाज दुर्घटनामा पऱ्यो । अचम्मको कुरा त के भने त्यसमा रहेका सातै जना यात्रु सकुशल थिए ।
- फ्रान्सका विख्यात गणितज्ञ हेनरी फौराले विश्वभरि फैलिएका आफ्ना अनेकौं गणितज्ञ साथीसँग सम्पर्क स्थापित गरे । जेजति गणितज्ञसँग

उनले सम्पर्क गरे, उनले सबैसँग सोधे कि गणितको जटिल र गम्भीर समस्या समाधान गर्न कुन विधि अपनाउने गर्नुहुन्छ ?

मनन, चिन्तन, अभ्यास या अरूसँग विचारविमर्श ? उनको यो जिज्ञासामा ७७ मध्ये ५१ जना मित्र गणितज्ञले जवाफमा गणितको समाधान खोज्न अवचेतन मनको सङ्केत र स्वप्नलाई आधार मान्ने गरेको विचित्र उत्तर दिएका थिए ।

- महान् वैज्ञानिक एवम् गणितज्ञ अल्बर्ट आइन्स्टाइनलाई एक पटक यस्तो प्रश्न सोधियो, "तपाईंको यो अद्‌भुत सिर्जनात्मक क्षमताको कारण के हो ?" उनको उत्तर थियो, "सुतेको बेला स्वप्नमा एउटा त्यस्तो स्थिति उत्पन्न हुन्छ, जब बुद्धि एउटा लामो फड्को मारेर बोधको उच्चतम स्तरमा पुग्छ । संसारका अधिकांश वैज्ञानिक क्षेत्रका आविष्कार यस्तै स्थितिमा सम्भव भएका हुन् ।"
- दक्षिणी इटलीमा एक जना प्रतिष्ठित फादर पिआओ रहने गर्थे । सिसली भन्ने स्थानमा उनकी एउटी चेली थिइन् । उनको नाम एन्ज-ला-टोना थियो । एक दिन उनलाई सपनामा आफ्ना गुरू पिआओको दर्शन भयो । पिआओका दुवै हात र छातीमा घाउ भएको उनले सपना देखिन् । सपनामा देखेको गुरूको जस्तै यथार्थमा उनका पनि दुवै हात र छातीमा ठीक त्यही स्थानमा गुरूको जस्तै घाउ थियो । पछि गुरूसँग भेट हुँदा थाहा भयो कि गुरू पिआओको पनि असली रूपमा सोही स्थानमा घाउ थियो । यो सपना गुरूशिष्यको आध्यात्मिक अन्तर्सम्बन्धको द्योतक हो । गुरू आफ्ना शिष्यको कष्टहरणका लागि अनेक कष्टपीडा आफूमा ग्रहण गर्न तत्पर हुन्छन् ।
- प्रस्तुत पुस्तकको रचनाकारलाई पनि कुनै बेला एउटा आश्चर्यजनक सपनाको दर्शन भएको थियो । कुरा देवसंस्कृति विश्वविद्यालय, हरिद्वार भारतमा अध्ययन गर्दाको हो । एमए योगको वार्षिक परीक्षाको तयारीमा म रातदिन लागेको थिएँ । योग विज्ञानको दोस्रो सेमेस्टरको प्रथम पत्रको परीक्षाको तयारी गर्दै थिएँ । कारणवश एक महत्त्वपूर्ण पाठको तयारी गर्न छुटेको रहेछ । परीक्षाकै दिन थियो । केही घण्टा मात्रै बाँकी थियो, परीक्षाको समय आउन ।

मलाई निकै थाकेको महसुस भयो । थकान मेटाउन भनेर एकैछिन ढल्किन मन लाग्यो । ढल्केको मात्र के थिएँ, छोटो निद्रा परिहाल्यो । निद्रामा स्वप्न आयो । स्वप्नमा के देखें भने त्यही छुटेको पाठबाटै महत्त्वपूर्ण प्रश्न सोधिँदै छ, अबको परीक्षामा । सपनामा देखेको प्रश्नपत्रमा अरू याद रहेन, केवल त्यही प्रश्न मात्रै स्पष्ट सम्झना रह्यो । ढुङ्गा खोज्दा देउता मिलेझैं भयो ।

पूज्य गुरूदेवलाई कृतज्ञता अर्पित गर्दै बाँकी केही घण्टा पाठको तयारीमा लागिहालें । अन्ततः त्यही प्रश्नले थपेको नम्बरले म कक्षामा प्रथम बन्न पुगें । भविष्यमा स्वर्णपदक दिलायो । जय स्वप्नविज्ञानम् !

सपना शब्दको अर्को रूप

जीवनको लक्ष्यलाई इङ्गित गर्नुपर्दा पनि सपना शब्दको प्रयोग गरिन्छ । कसैलाई उत्प्रेरित गर्नुपरे भन्ने गरिन्छ– सपना त्यो हो, जसले निदाउन दिँदैन । सपना त्यो होइन, जुन ओछ्यानमा सिरकभित्र सुतेर देख्ने गरिन्छ ।

समयको कालक्रममा इतिहास रच्नेहरूको जीवनी हेर्‍यो भने यस्तै सपना देख्नेहरूको प्रसिद्धि छ । हर सफलताको बीजारोपण यस्तै दिवास्वप्नबाट हुने गरेका असङ्ख्य प्रेरक प्रसङ्ग उपलब्ध छन् । महामानव बन्ने महायात्राको आरम्भ बिन्दु भन्नु नै निद हराम गर्ने र निर्दिष्ट उद्देश्यमा अविराम लम्कने उत्प्रेरणा दिने सपना हुन् ।

डा. एपिजे अब्दुल कलामको एक स्वकथन– स्वप्न पूर्ण हुनुअगावै तिमी अर्को स्वप्न देख्न तयार बन । साधारणलाई असाधारण बनाउने यो नै महामन्त्र हो । महानताको मार्गमा हिँड्नेहरूले यसै गरे । एक स्वप्न पूरा हुँदा नहुँदै अर्को स्वप्न देख्ने पराक्रम गरे ।

भुक्तभोगीहरू चेतावनी दिँदै भन्छन्, "जो आफू सपना देख्न सक्दैन, उसलाई अरू कसैले आफ्नो सपनाको कठपुतली बनाउने चेष्टा गर्छन् ।"

ज्ञात रहोस् कि आफ्नो निजी सपना नभएकाहरू साच्चिँकै अरू कसैको सपनाको खेलौना हुन बाध्य हुन्छन् । तथापि यहाँ यस्तैहरूको भीड ठूलो छ । यसलाई कि त विडम्बना भन्नुपर्छ कि चाहिँ स्वप्न देख्ने कलाको अभाव ।

साधन रोज्ने कि साधना ?

आखिर रोज्नैपर्छ "जीवन-साधना"

जीवन नामक महासम्पदाको मालिक सबै हुन्छन् । तर जीवन-साधनाको अभावमा यो अनमोल सम्पदा खुर्पाको बिंड बनेरै समाप्त हुन्छ । जीवन सम्पदा त्यसैत्यसै खेर जान्छ ।

जीवनको सीमा के हो, भित्र कति प्रतिभा छ, शक्तिभण्डार कति व्यापक छ, सफलताको कुन उचाइसम्म पुग्न सकिन्छ, यथार्थमा जीवनको सामर्थ्य के हो ? यी र यस्ता प्रश्न मान्छेको अन्तरमा उठिरहनुपर्छ । तर यी त्राणदायी प्रश्न सामान्य मानिसको मनमा सायदै जन्मिएलान् ।

मनोकामना र तृष्णा पूर्तिका लागि देवीदेवताको शरणमा पुग्छ मान्छे । तर विडम्बना, स्वयम् आत्मदेव तिरस्कृतको तिरस्कृतै रहन्छ ।

यी र यस्ता शिखर प्रश्नहरू अन्तरमनमा जन्मनु र जीवनको मुख्य लक्ष्य तिनै प्रश्नको जवाफ खोज्ने कार्यमा उत्सर्जित गर्नु नै जीवन साधना हो ।

जीवन साधनाको शिशु कक्षा

"हाम्रो शरीर अति विचित्रको यन्त्र हो । भित्र असङ्ख्य अगणित शक्ति भरिएको छ । तर हामी बेखबर छौं । हामी आफ्नै हातले आफ्नै आँखा थुनेर अँध्यारोको गुनासो गर्दै छौं ।"

जीवन साधनाका महान् साधक स्वामी जगदात्मानन्दको यो आत्मकथनले जोकसै जिज्ञासुलाई झकझक्याउँछ र ब्यूँझन प्रेरित गर्छ ।

स्वामी विवेकानन्द भन्ने गर्नुहुन्थ्यो, "हामीमध्ये एकदुईबाहेक सबैको आँखा तमसग्रस्त छ । हाम्रा आँखा त्यति बेला मात्रै खुल्छन्, जब मृत्यु भेट्न केही घण्टा मात्रै बाँकी हुन्छ ।"

मानव जीवनका शिखरपुरूषहरू एक स्वरमा भनिरहेका छन्, "जीवन देवताको साधना-आराधनामै मानव जीवनको परम सार्थकता छ ।"

काय-संरचना अर्थात् यो देह मनुष्यको स्वनिर्मित वस्तु होइन । अन्न र भूमिको देन हो । पानी प्रकृतिप्रदत्त बादलले बर्साउँछ । हावा आकाशमण्डलमा भरिएको छ । पदार्थहरू प्रकृतिले आविर्भाव गरेका हुन् । मनुष्य यी कुनै कुरा बनाउन सक्दैन, केवल उपयोग गर्छ ।

असली प्रश्नको असली उत्तर

"व्यक्तित्वको उत्कृष्टता" मात्रै त्यो सम्पदा हो, जसलाई मानिस स्वयम्ले निर्माण गर्न सक्छ । श्रद्धा, व्रतशीलता एवम् संयम साधनाको माध्यमबाट नै यो विनिर्मित गरिन्छ । को कति सौभाग्यशाली ? को कति वैभवशाली ? को कति दीर्घायु ?

यी प्रश्नहरू व्यक्तिको स्तर पहिचानका लागि सोधिने गरिन्छ । जब कि महत्त्व यस्ता प्रश्नको भन्दा पनि को कति गुणवान्, कर्मवान्, चरित्रवान् र आत्मवान् भन्ने प्रश्न अहम् हुन्छ । यो अहम् प्रश्नको उत्तर भेटिने मार्ग नै जीवन-साधना हो ।

आचार्य श्रीराम शर्माको भनाइमा "जीवन-साधनाको पथमा दुई राजमार्ग हुन्छन् । जसमध्ये बाहिरी जीवनको साधना-आराधनाद्वारा सुसंस्कारिताको प्राप्ति हुन्छ । दोस्रो राजमार्गको गन्तव्य सुसभ्यता हो ।"

यी दुई महासिद्धिको प्राप्ति नै जीवनको आदर्श लक्ष्य हुनुपर्थ्यो । यसका लागि जीवन साधिनुपर्ने थियो । तर मान्छेहरू जीवनको बाहिरी छाला रङ्ग्याउनमै व्यस्त छन् । जीवनलाई साध्ने, चम्काउने, परिष्कृत गर्ने र आत्मसाक्षात् गराउने उद्देश्यले नै प्रकृतिले मनुष्यको परिकल्पना गरेको हो ।

यस मार्गमा न उमेर बाधा हुन्छ, न जातपात । यस मार्गमा धनी, गरिब, सानो, ठूलो, पढेको, नपढेको हरेक व्यक्ति आमन्त्रित छ । जीवनको रहस्य र सामर्थ्य जसले बुझ्छ, ऊ कहाँबाट कहाँ पुग्छ ।

३२ वर्षको ठिटो आद्यशङ्कराचार्य युगसर्जक बने । ३९ वर्षमै देह त्यागेका स्वामी विवेकानन्द अटल महापुरूष बने । यो सबै जीवन साधनाको कमाल हो । यी रहस्यहरू नबुझेसम्म जिन्दगी कसरी बन्छ सार्थक ?

साधिनुको सत्प्रयोजन

दुई कौडीको माटो साधिएपछि अमूल्य मूर्ति बन्छ । भाउ नै नभएको कोइला साधिएपछि हीरा बन्छ । असङ्ख्य पटक अग्नि-साधना पार गरेपछि दुई पैसाको फलाम सुन र अन्ततः कुन्दन बन्छ ।

दुईचार रूपैयाँ दाम नपर्ने रङ कलापुरूषको हातमा परेपछि अनमोल कलाचित्र बन्छ । कठिन तालिम र प्रशिक्षणले साधिएको सैनिक जवान भविष्यमा सफल सेनापति बन्छ ।

शिक्षा र विद्याका अनेकौं प्रयोगबाट साधिएको विद्यार्थी एक दिन विद्याविषारद् बन्छ । साधनाको महत्त्वगान जति गाए पनि सकिँदैन । बरू यसो भन्नु गलत नहोला कि जहाँ साधना त्यहाँ सिद्धि, जहाँ साधना त्यहाँ सुसंस्कृति । पात्रता, योग्यता, दिव्यता, श्रेष्ठता र उत्कृष्टता दिने विकल्परहित उपाय यही साधना हो ।

साधना एउटा नगदे बाली

तत्त्वदर्शीहरू भन्छन्– जीवन साधना एउटा नगदे बाली हो । यसमा एक हातले दिने र अर्को हातले लिने क्रिया-व्यापार चल्छ । त्यति मात्र होइन, जीवनलाई साध्ने खेती कहिल्यै अनिश्चय या भाग्यभरोसामा आधारित हुँदैन । यस पथमा जसले जति लगानी गर्छ, बिना विघ्नबाधा निःसन्देह र आधिकारिक रूपमा त्यति नै प्रतिफल हासिल गर्छ ।

यति हुँदाहुँदै पनि वर्तमान जीवनलाई अवहेलना गर्दै अमूर्त भविष्यको कपोलकल्पनामा रमाउनु आजका मान्छेको सामूहिक रोग हो । जीवन-साधनाको पथमा जो जति छिटो गरी लागिपर्छ, उसको व्यक्तित्व र कर्तृत्व त्यति नै शीघ्र ओजस्वी हुन्छ । मलाई लाग्छ, तपाईं पनि यस रोगले धेरैथोरै ग्रस्त हुनुहुन्छ नै ।

यो आलेख पढ्दापढ्दै तपाईंलाई विद्वान् कार्लाइल यसरी ब्यूँझाउन चाहनुहुन्छ, "टाढाको अस्पष्ट वस्तुलाई छोडी हामी नजिकको स्पष्ट वस्तुलाई हेर्ने गरौं ।"

उमर खैयाम कस्तो मीठोसँग भन्नुहुन्छ, "अतीत मृत भइसक्यो, भविष्यको जन्मै भएको छैन । वर्तमान सुखद हुँदाहुँदै पनि हे मनुवा किन रून्छौ तिमी ?"

एक पटक त सोचेर हेरौं

"ईश्वर उसको मात्रै सहायता गर्छ, जो आफ्नो सहायता स्वयम् गर्छ ।" भाग्य, प्रपञ्च, अकर्मण्यता र छोटो बाटोबाट जीवनमा अघि बढ्ने प्रवृत्ति आजको आमप्रवृत्ति हो । राम्रो हुन्जेल आफ्नो, नराम्रो भएपछि भाग्यको दोष । सुखसयलमा रहुन्जेल विस्मृति, दुःख आउन थालेपछि बल्ल ईश्वर स्मृति ।

उमेर र बल हुन्जेल धर्म बिर्सने अनि उपेक्षित, अशक्त र निवृत्त भएपछि बल्ल धर्मकर्म । ठक्कर र हन्डर नखाउन्जेल नास्तिक या अर्धआस्तिक, ठक्कर र हन्डरले गलेपछि मात्रै आस्तिकता अवलम्बन । यी र यस्तैयस्तै अज्ञानजनित अपवृत्तिले हामीलाई जीवन देवताको साधनाबाट विमुख गराएको हुन्छ ।

जीवन साधनाप्रति आकर्षित नभएसम्म अनिश्चितता र असमञ्जस कहिल्यै सकिन्न । फलानो जिम्मेवारी पन्छिएपछि धर्मकर्मतर्फ लागौंला, दान-तप गरौंला, आफ्ना लागि समय दिउँला ।

यस्ता शब्दमा हराउनेहरूलाई के थाहा कि जीवन केवल एक पटकको अवसर हो ।

"मनुष्यता" नामक दुर्दन्य रोग

एक जना व्यङ्ग्यकारको ठट्यौली साह्रै चाखलाग्दो छ यस विषयमा–

"धन गाडिएको खजाना भेटिएको छ, खन्न जाने हो भन्यो भने ओछ्यान परेको वृद्ध पनि जुरूक्क उठ्छ रे । फलानो ठाउँ ज्ञान पाइन्छ रे जाऊँ है भन्यो भने तन्नेरी पनि भाग्छ रे ।"

यहाँ व्याख्या गरिँदै गरेको अर्थात् "जीवन साधना" मार्ग जे चाह्यो, त्यही पाउने राजमार्ग हो । तथापि स्पष्ट रूपले जान्नुचाहिँ पर्ने नै हुन्छ कि आखिर चाहिएको के हो, अन्यथा केही पनि पाइँदैन । साधनाविहीन जीवन र लक्ष्यहीन चोला निराशा, अपमान, हीन-भावना, असन्तोष तथा दुःखैदुःखको बियाँलो हो ।

डा. एलेक्सिल केरल लेख्नुहुन्छ, "सत्यको अनन्त महासागरभित्र मनुष्य जेजति चाहन्छ, त्यति मात्रै प्राप्त गर्छ ।"

"मनुष्यता" मनुष्य नामक आधुनिक जन्तुलाई लाग्ने गरेको एक दुर्दन्य रोग हो रे । एक त ऊ उत्कट चाहना राख्नै जान्दैन, त्यसमध्ये के चाहने हो त्यो पनि स्पष्ट हुँदैन । थोरबहुत जे चाहन्छ, त्यो पाएपछि त्यतिमै खुम्चिएर बिदा हुन्छ । अधिकांश मानिसको चाहना त्यस्तो दुर्बल हुन्छ कि त्यसले कहिल्यै इच्छाशक्तिमा स्तरोन्नति पाउँदैन । चाहना इच्छाशक्तिमा नबदलिएसम्म व्यक्ति जीवन-साधनामा उत्तीर्ण हुनै सक्दैन ।

भित्रको झिल्को बाल

स्वामी विवेकानन्दको शब्दमा भन्नुपर्दा "मनुष्यको हृदयमा तीव्र इच्छा र उत्कट व्याकुलता नहुने हो भने उच्च लक्ष्य कदापि हासिल हुँदैन । यदि मनमा तीव्र इच्छा छ भने त्यसलाई कसैले रोक्न सक्दैन ।" यो अपरिमेय तथ्यलाई आत्मसात् गर्ने विज्ञान नै साधनाशैली हो ।

मैले के कमाएँ होइन, म के कमाउन आएको हुँ ? म के हुँ होइन, म को हुँ ? त्यस्तै मेरो जन्मनुको उद्देश्य के हो ? मेरो गन्तव्य के हो ? पेट र प्रजननमा व्यस्त रहेर पनि तपाईंको मनमा यी प्रश्नहरू जीवित छन् र त्यसले तपाईंलाई पटकपटक आन्दोलित गर्छ भने धन्य कि तपाईं आत्मदेवताको साधना-आराधनामा यात्रारत हुनुहुन्छ । गुजारा र जिजीविषाका खातिर संसारमा भौतारिए पनि तपाईंभित्रको झिल्को निभेको रहेनछ । जीवन साधना भन्नु नै त्यस्तो पुरूषार्थ हो, जहाँ भित्रको झिल्कोलाई उत्तरोत्तर प्रकाशित गर्दै लगिन्छ । कालान्तरमा त्यही प्रकाशको आलोकद्वारा भित्र र बाहिर दुवै क्षेत्रलाई आलोकित गरिन्छ । बुद्धवाणी "अप्प दीपो भव"को अभिप्रायः पनि आखिर यही त हो ।

हर श्वासमा साधना

साधनाको अर्थ सुगठित गर्नु, सुसंस्कृत गर्नु, सुपरिष्कृत गर्नु, सुविकसित गर्नु हो । साधना जीवनपर्यन्त चल्ने सतत प्रक्रिया हो, जसरी श्वासप्रश्वास पलपल स्वयमेव चल्ने गर्छ । त्यस्तो श्वासप्रश्वास जसद्वारा दीर्घायु, हितायु र सुखायु हासिल होस्, साधनाद्वारा मात्रै सम्भव छ ।

श्वासप्रश्वास प्रक्रियालाई साधना मानिएन भने सोही श्वास रोग, प्राणहीनता र मृतप्रायः जीवनको कारण बन्छ । श्वासप्रश्वासको क्षेत्रमा

जस्तै जीवन-साधना दिनचर्याका प्रत्येक क्षेत्रमा सतत चलिरहनुपर्छ । यो नै वैयक्तिक जीवनको शाश्वत संविधान बन्नुपर्छ । संविधानमा मौलिक सिद्धान्त लेखिए जस्तै साधनामा संयम, अनुशासन, नियमितता, निरन्तरता, आस्थाविश्वास जस्ता कुरा मौलिक सिद्धान्त मानिन्छन् ।

मानवीय गरिमाअनुरूप सुव्यवस्थित एवम् उत्कर्षशील जीवन बाँच्ने प्रयास कसलाई मन नपर्ला ? दीनहीन हुँदै केवल उदरपूर्ति गरेर दिन काट्नुमा मात्रै को सन्तुष्ट होला र ? अवश्य पनि यसैमा मात्रै सीमित रहन कसैको चाहना हुन्न । जीवन भनेकै सतत प्रगतिशील हुनुपर्छ । निरन्तर आत्मिक पथमा उत्थानगामी हुनुपर्छ । तल गिर्नु कसैलाई प्रिय लाग्दैन । माथि उठ्नुलाई प्रत्येक व्यक्ति अहोभागी ठान्छ ।

हिजोभन्दा आज र आजभन्दा भोलि क्रमशः आत्मिक उत्थानको निरन्तर यात्रा नै जीवन साधना हो । प्रतिपल, प्रतिक्षण उत्थानपरक भएका कारण नै यसलाई हर श्वासको साधना भनिएको हो ।

साधना त गर्ने तर कसरी ?

जीवन देवताको साधनामाथि चर्चा गरिरहँदा तपाईं जिज्ञासु पाठकको मनमा सहज जिज्ञासा उठ्यो होला । आखिर कसरी गर्ने जीवन साधना ? के हुन् यसका विधि र उपाय ? कहिलेदेखि सुरू गर्ने ? के मैले पनि गर्न सकुँला ? चिन्ता नलिनुहोस्, अब हामी जीवन साधनाका स्वर्णित सूत्रहरूमाथि चर्चा गर्नेछौं ।

अनेकौं सन्तमहात्मा, जीवनवेत्ता मनस्वी तथा अध्यात्मज्ञाताहरूले जीवन साधनाका थरीथरीका विधिविधानको निरूपण गरेका छन् । सबैभन्दा ग्राह्य, बुझ्न सजिलो र समयसापेक्ष साधना-सूत्रको सर्वश्रेष्ठ मार्गदर्शन युगऋषि महायोगी आचार्य श्रीराम शर्माले "युग निर्माण योजना"मार्फत गर्नुभएको छ । उहाँद्वारा रचित *जीवन देवताको साधना-आराधना* नामक कृतिलाई आधार बनाई आदरणीय पाठकवृन्दका लागि प्रस्तुत छ जीवन साधना सूत्र–

संयम साधना

कुनै पनि साधना सफलीभूत पार्न सर्वप्रथम व्यक्तिले संयम-साधना गर्नुपर्छ । संयम साधनाका चार विधि छन्–

१) विचार संयम
२) समय संयम
३) इन्द्रिय संयम
४) अर्थ संयम

१) विचार संयम– बिनाविचार एकक्षण पनि बस्न सकिँदैन । श्वासप्रश्वास निरन्तर चले जस्तै मस्तिष्कमा विचार आउनेजाने क्रम पनि अविरल, अविराम चलिहरन्छ । सोही विचार व्यक्तिको गुण, कर्म, स्वभाव, चरित्र र परिचयको उद्‌गम हो । निकृष्ट विचारले सदैव निकृष्टतातर्फ घचेट्‌छ । उत्कृष्ट विचारले व्यक्तिको व्यक्तित्व, प्रतिभा, कर्म र स्वभाव सबैलाई उच्चस्तरीय बनाउँछ । अतः विचारलाई कदापि नकारात्मक, निकृष्ट तथा पशुतापूर्ण बन्न दिनुहुँदैन । यसका लागि नियमित अध्ययन, योग-ध्यान-प्राणायाम, असल सङ्‌गत, नैतिक आचरणको अभ्यास गरिरहनुपर्छ ।

२) समय संयम– अल्छी, आलस्य, प्रमाद (अध्ययनमा अल्छी), दीर्घसूत्रता (भोलि गरौंला भन्ने वृत्ति), निराशा, लक्ष्यहीनता यी कुरा समय संयमका बाधक हुन् । यिनको उचित निराकरण गर्दै जीवन नै समय हो र समय नै जीवन हो भन्ने तथ्यलाई चरितार्थ गर्नु समय संयम हो । नचाहिँदो गफबाजी, परनिन्दा, आवारागर्दी, अनावश्यक इन्टरनेट प्रयोग, सामाजिक सञ्जालको व्यसन, अति निद्रा, रात्रि जागरण, बन्द-हडताल-आन्दोलनमा समय बर्बादी जस्ता दुर्गुणबाट बच्ने व्यक्ति समय संयममा सफल मानिन्छ ।

३) इन्द्रिय संयम– हाम्रा पाँच इन्द्रियलाई अनुशासित र सन्तुलित राख्ने कला इन्द्रिय संयम हो । इन्द्रिय संयमले व्यक्तिलाई स्वस्थ, सुखी र प्रगतिशील राख्छ । जिब्रोको असंयम सबैभन्दा खतरनाक हुन्छ । स्वाद र वाणीमाथि नियन्त्रण बढाउने कला सिक्न कहिल्यै पछि नपरौं । आँखामा सुदृष्टि, कानमा सुशब्द श्रवण र नाकको संयमपूर्ण उपयोग अपरिहार्य मानिन्छ जीवन साधनामा । मनलाई दिग्भ्रमित बनाउने एउटा चीज विपरीत लिङ्‌गीको छालाको रङ हो ।

मै हुँ भन्नेहरू पनि चिल्लो र गोरो छालामा मोहित हुन्छन् । यस्तो प्रवृत्तिमाथि नियन्त्रण नै इन्द्रिय संयम हो ।

४) अर्थ संयम– सदाचारपूर्वक उपार्जित धनसम्पत्तिले सदैव सुखशान्ति दिन्छ । बेइमानी गरेर कमाएको पैसाले निश्चय नै अनर्थ गर्छ । अर्थ संयममा इमानको कमाइसँगसँगै आफूसँग भएको अर्थशक्तिको सदुपयोग गर्ने तरिका सिकाइन्छ । पैसा हातमा हुन्जेल शक्ति (पावर) हुन्छ रे, जब दिमागमा चढ्छ, त्यो पतनको कारण बन्छ । पैसाको सदुपयोग नजान्नाले आज अधिकांश सम्भ्रान्त वर्ग दम्भ र प्रदर्शनमै हराएका छन् । नचाहिँदो रीतिरिवाज, अभद्र खानपान, मादक पदार्थ सेवन र फेसनबाजीमा पैसा सक्नु अर्थको ठूलो अपमान हो । स्थायी समृद्धि र विकासका लागि अर्थ संयम मूल मन्त्र हो ।

आरोग्य साधना

आत्म साधनाको मार्गमा हिँड्नेहरू शारीरिक, मानसिक एवम् आध्यात्मिक रूपले स्वस्थ हुनु अत्यावश्यक मानिन्छ । "सन्तुलित आरोग्य" सबै सुखको आधारशीला हो । केही लाख या करोड पर्ने घर तथा मोटरको अहोरात्र ख्याल राख्छ मान्छे । तर पैसामै नपाइने शरीरको अवहेलना गर्न उद्यत हुन्छ । यसको प्रमुख कारण आरोग्य साधनामा तत्परताको कमी हो । सन्त इमर्सनले भनेका छन्– "प्रथम महान् सम्पत्ति हो, सुन्दर स्वास्थ्य ।" यसको समग्र संरक्षण-संवर्द्धन नै आरोग्य साधना हो । आरोग्य साधनाका सूत्रहरू अनेक छन्-

१) थोरै खाने, धेरै हिँड्ने

२) सात्त्विक, प्राकृतिक, जैविक, सन्तुलित र शाकाहारी भोजन गर्ने

३) बेलाबेलामा उपवास गर्ने

४) गरिष्ठ, विषादीयुक्त, जङ्कफुड, फास्टफुड, डिब्बाबन्द खाद्यवस्तु, प्रशोधित, रङमिश्रित, बासी, सडेगलेका खाने कुरा नखाने

५) इमान तथा श्रमपूर्वक आर्जित भोजन मात्रै सेवन गर्ने

६) योग-व्यायाम, प्राणायामको नियमित अभ्यास गर्ने

७) आशावादी, सकारात्मक तथा रचनात्मक सोच राख्ने

८) प्रकृतिको नजिक रहने

९) तनाव, क्रोध, चिन्ता, अवसाद, निराशा तथा अनिद्राबाट टाढा रहने
१०) आवश्यक पर्दा आयुर्वेद तथा प्राकृतिक चिकित्सा वा अन्य विषादीमुक्त चिकित्सा पद्धतिको अनुसरण गर्ने ।

प्राण साधना

जीवन, जीवन्तता, सक्रियता र गत्यात्मकता प्राणशक्तिकै कारण सम्भव भएको हो । प्राणशक्ति जतिजति विस्तृत एवम् ऊर्ध्वगामी हुँदै जान्छ, जीवनका हरेक क्षेत्र सोही अनुपातमा सुविकसित हुँदै जान्छन् । शरीरमा तेजस्विता, मनमा ओजस्विता, भावनामा रेतास्विता र अन्तरआत्मामा वर्चस्विताको अक्षय स्रोत नै प्राण हो । जीवन साधनाको पथिक भएपछि प्राणशक्तिको अपव्यय रोक्नुपर्छ र प्राणलाई सतत ऊर्ध्वगामितातर्फ प्रेषित गर्नुपर्छ । यसका केही उपायहरू छन्–

१) शरीरको आन्तरिक मलविकार बेलाबेलामा बाहिर निकालौं । यसका निम्ति कायाकल्प, पञ्चकर्म, प्राकृतिक चिकित्सा, मल-प्रक्ष्यालन प्रविधि आदि विधि प्रयुक्त गरौं
२) बोली र दृष्टिलाई संयमित राख्ने, दिनमा न्यूनतम एकदेखि दुई घण्टा मौन रहने
३) कामवासना या कामेच्छालाई कुण्ठित हुन नदिने, यथाशक्य ब्रह्मचर्य व्रत पालन गर्ने
४) श्वासप्रश्वास अनुत्तेजित राख्ने
५) योग, प्राणायाम, ध्यान तथा मुद्रा बन्धको नियमित अभ्यास गर्ने ।

चरित्र साधना

कन्फ्युसियसले भन्नुभएको छ, "जो व्यक्ति आफूलाई काबुमा राख्न सक्दैन, उसको चरित्र दुर्बल हुन्छ ।"

चरित्र साधना युगको सर्वोपरि आवश्यकता हो । जतिजति उमेर बढ्छ, व्यवहारले छोप्छ र पैसासँग खेल्ने उमेर आउँछ, त्यतित्यति व्यक्तिको चरित्र दुर्बल हुँदै जान्छ । चरित्रहीनता आज ठूलो रोग हो । असल चरित्रलाई जीवनपथको साधना मान्न सके यस किसिमको भ्रष्टता

नआउने पक्का छ । चरित्र साधनालाई परिपक्व र सुदृढ बनाउने केही उपाय यस्ता छन्–

१) मन, वचन र कर्मले कसैको पनि अहित नगर्ने
२) सत्य, धर्म र इमानलाई आत्मसात् गर्ने
३) हिंसा, भ्रष्टाचार, दुराचार, दुर्वचनबाट टाढा रहने
४) स्वकर्तव्यको राम्रोसँग पालना गर्ने
५) सरलता, निष्कपटता र पवित्रताको अभ्यासी बन्ने
६) धनसम्पत्तिको अमर्यादित उपार्जन र सञ्चय नगर्ने
७) चरित्रवान्, सज्जन एवम् शालीन व्यक्तिसँग मात्रै मित्रता गर्ने
८) सकेसम्म क्षमाशील हुने
९) देश, जन्मभूमि र संस्कृतिप्रति श्रद्धा राख्ने ।

इच्छाशक्ति साधना

क्षणिक सुख र इन्द्रियतृप्तिका लागि मनोकामना राख्नु आत्मोन्नतिको बाधक हो । कामना, तृष्णाले मान्छेलाई उचाल्दैन, बरू डुबाउँछ । उच्च, श्रेष्ठ र आदर्शवान् विषयप्रतिको इच्छाशक्ति नै जीवन साधना हो । इच्छाशक्तिसँग सङ्कल्प र पुरूषार्थ पनि जोडिएको हुन्छ । उत्कट इच्छाशक्तिको अगाडि कुनै पनि कुरा असम्भव हुँदैन । झिना-मसिना कुरा र खाने-पिउने मोज गर्ने तुच्छ चाहना त्यागी प्रबल इच्छाशक्तिको स्वामी हुन निम्न विधि उपयोगी हुन सक्छन्–

१) सुरूसुरूमा ससाना सङ्कल्प लिने र त्यसको पूर्ण पालना गर्ने । उदाहरणका लागि दुई घण्टा मौन व्रत, हप्तामा एक छाक नुन नखाने, हप्तामा कुनै साँझ उपवास गर्ने आदि
२) लक्षित कार्य पूरा गर्ने समयसीमा निर्धारित गर्ने र जसरी पनि सीमाभित्र कार्य पूर्ण गर्ने
३) टेलिभिजन, सिनेमा, डिस्को, दोहोरी, भोजभतेर, भीड, अर्थहीन आन्दोलन, बन्द-हडताल, गफबाजी, मिथ्या घुमफिरजस्ता कुराहरूमा समय बर्बाद नगर्ने
४) आफ्ना आवश्यकताहरूलाई घटाउने र सन्तोष वृत्ति बढाउने ।

हृदय साधना

मस्तिष्क तर्कबुद्धिको र हृदय भावशक्तिको केन्द्र हो । मनमस्तिष्क र हृदयको समन्वयद्वारा जुन निर्णय लिइन्छ, त्यो अवश्य नै उचित र दूरगामी हुन्छ । हृदय भावशक्तिको उद्‌गम भएको हुनाले प्रेम, सम्बन्ध, श्रद्धा, आस्था, मूल्य, सद्‌गुण यहीँबाटै प्रस्फुटित हुन्छ । हृदयको आवाज नसुन्ने केवल तर्कबुद्धि मात्रै प्रयोग गर्ने मानव मेसिनतुल्य हुन्छ । हृदयबाट जुन भावसंवेग निष्पन्न हुन्छ, त्यसलाई नियन्त्रित एवम् क्रियान्वित गर्ने कला हृदय साधनाबाट मात्रै सम्भव छ । यसरी गरौं हृदय साधना–

१) अरूको भलाइ तथा उपकारमा सदा तत्पर रहने
२) सामूहिकता, सामाजिकता, सहकारिताको भाव विकसित गर्ने
३) सबैसँगै प्रेम र आत्मीयता सञ्चारित गर्ने
४) विनयशील बन्ने
५) दानशील बन्ने, बाँडेर खाने प्रवृत्तिको अभ्यास गर्ने, आफ्नो कमाइको १० प्रतिशत सेवाकार्यमा विनियोजित गर्ने
६) तर्कवितर्कको तुलनामा भावसंवेदनालाई महत्त्व दिने
७) आस्तिकता, ईश्वरपरायणता तथा मानवतावादी हुने
८) गुरू, सन्तमहात्मा एवम् अध्यात्म अन्वेषकहरूप्रति श्रद्धा राख्ने, कृतज्ञ रहने
९) सङ्गीत, कीर्तन, नाम स्मरण, भक्तिगायन आदिमा सरिक हुने
१०) ध्यान, प्रार्थना, ईश्वर प्रणिधानमा निरन्तर लागिपर्ने

मानसिक साधना

व्यक्तित्वको केन्द्रीय उपकरण मन हो । यसले संसार र आत्मालाई चेतनात्मक माध्यमबाट जोड्ने काम गर्छ । मन जतिजति क्षमतावान्, धारणाशील, एकाग्र, लक्ष्यभेदी र मननशील हुन्छ, आत्मिक प्रगति त्यति नै सुदृढ हुन्छ ।

भनिन्छ, मनले जित्यो भने जितै जित हुन्छ, मन हार्‍यो भने हारै हार हुन्छ । अनन्त शक्ति र अजस्र रहस्यले भरिएको मानसिक ढिकुटीलाई

नित्य निरन्तर उत्खनन गरिरहनुपर्छ, जगाइरहनुपर्छ । यो नै मानसिक साधना हो । यसका केही उपायहरू छन्–

१) गीता, उपनिषद्, दर्शन, योगसूत्र, स्मृतिग्रन्थ, धर्मग्रन्थ अथवा महापुरूष विरचित सद्ग्रन्थको अध्ययन अनुशीलन गर्दै रहने
२) समयसमयमा एकान्त सेवन, मौनधारण, आत्म-चिन्तनको अभ्यास गर्ने
३) ध्यान धारणा तथा प्रत्याहारको साधना जारी राख्ने
४) खाली समयमा मनलाई विचलित या बेरोजगार हुन नदिन स्वस्थ मनोरञ्जन, लेखन, अध्ययनमा दत्तचित्त हुने
५) क्रोध, उत्तेजना, व्यभिचार तथा विकृत तनावबाट बच्ने प्रयत्न गर्ने

कर्मसाधना

गीतामा भनिएको छ– मानव चोला पाइसकेपछि एक क्षण पनि कर्म नगरी बस्न सम्भव हुँदैन । व्यक्ति आफूले कर्म गर्दैन भने पनि प्रकृतिले बलात् कर्म गराएकै हुन्छ । अचेल मानव जाति कर्मबोझले नराम्ररी थिचिएको छ । उता, कतिपय मानिस अकर्मण्य र कर्तव्यच्यूत हुँदै छन् । यस परिप्रेक्ष्यमा जानेर गरेको कर्म अर्थात् कुशलतापूर्वक गरिएको कर्म नै सुखदायक हुन्छ ।

कर्म गराइभन्दा त्यसको फल खोजाइ बढी भएपछि या मैले गरेको काम भनेर आफूलाई कर्ता सिद्ध गर्न खोजेपछि त्यस कामको परिणाम दुःखदायी हुन्छ । तसर्थ कर्म अर्थात् आफ्नो कामकाजलाई जीवन साधनाका रूपमा हेर्ने गरौं । साधना मानेर कर्म गरियो भने त्यही कार्य कर्मयोग बन्छ–

१) समयको हुबहु पालना गर्ने
२) आफ्नो पदभार वा दायित्व निर्वाह गर्ने क्रममा कुनै सम्झौता नगर्ने
३) आरम्भ गरेको कार्य बीचैमा नछाड्ने
४) फल या परिणामप्रति आसक्त भएर कर्म नगर्ने
५) आफूलाई कर्ता मानेर कुनै काम नगर्ने
६) अहम् भाव राखेर कर्म नगर्ने

७) प्रत्येक कर्म र कर्मको परिणामलाई ईश्वरार्पण गर्न प्रयत्न गर्ने
८) आफ्नो पसिना परेको आम्दानीद्वारा मात्रै जीविकोपार्जन गर्ने
९) सेवा, दान, परोपकारका निम्ति सदा तत्पर रहने
१०) उत्तम तथा उदाहरणीय कर्म गरी समाजमा आदर्श प्रस्तुत गर्ने ।

अध्यात्म साधना

स्वअस्तित्वमा आस्था र आत्मतत्त्वमा विश्वास राखी अन्तर्जगत्‌का सम्भाव्यताहरू खोज्ने महाविज्ञान अध्यात्म हो । यसमा जीवनको समग्रता हुन्छ । जन्म-मृत्यु, कर्म-बन्धन, संस्कार-प्रणाली, आत्मा-परमात्मा, सद्‌गुण, अन्तर्दृष्टि आदि अध्यात्म पथिकले अन्वेषण गर्नुपर्ने विषय हुन् । आध्यात्मिक हुनु, धर्म-कर्मकाण्ड र सम्प्रदायवादभन्दा धेरै माथिको कुरा हो । अध्यात्म एउटा जीवन पद्धति हो, जीवन जिउने कला हो । अध्यात्म साधना निकै जटिल साधना हो । तर असम्भव भने होइन । आध्यात्मिक साधनाका निम्ति केही सूत्र–

१) सद्‌गुण, मानवीय मूल्य तथा जीवनमूल्यको व्यापक अभ्यास गर्ने
२) दिनचर्यालाई व्यवस्थित राखी आहार, विहार, आचार, विचार र व्यवहारलाई उत्कृष्ट बनाउने
३) आध्यात्मिक साधनाका सोपान मानिने जप, तप, योग, ध्यान, मनन, निदिध्यासन, प्रार्थना, ईश्वर प्रणिधान आदिको निरन्तर अभ्यास गर्ने ।

राष्ट्र साधना

"वयं राष्ट्रे जागृयाम पुरोहिता" अर्थात् "हामी राष्ट्रका सजग सेचत अगुवाहरू राष्ट्रलाई जागृत गरौं ।"

राष्ट्रमाता, जन्मभूमि तथा स्वदेशप्रतिका दायित्व-कर्तव्यहरू स्वतःस्फूर्त वहन गर्नु नै राष्ट्र साधना हो । जन्म आमाबुबाले दिनुहुन्छ । जीवन दिने प्रदाता प्रकृति माता हो । पहिचान दिनेचाहिँ राष्ट्र हो । राष्ट्र केवल राजनीतिक परिवार या पहिचान प्रदान गर्ने निकाय मात्रै होइन, यो भावनात्मक परिवार पनि हो । अतः राष्ट्र साधना प्रत्येक नागरिकको कर्तव्य हो । राष्ट्र साधनाका विधि–

१) हृदयमा इमानदारी, मस्तिष्कमा समझदारी र काँधमा जिम्मेदारी, यस महामन्त्रको पालना नै राष्ट्र साधनाको पहिलो खुड्किलो हो
२) राष्ट्रियता, देशभक्ति, स्वदेशप्रेमलाई प्रगाढ बनाउने अभ्यास गर्ने
३) देश विकासका लागि सकारात्मक भूमिका निर्वाह गर्ने
४) देशलाई बुझाउनुपर्ने कर, राजस्व वा दान दिन सदैव तत्पर रहने
५) राजनीतिक निर्णय अथवा मतदानको समयमा स्वस्थ भूमिका वहन गर्ने
६) सार्वजनिक पदमा रहनेले सदाचार, इमानदारी र सेवाभावको निरन्तर अभ्यास गर्ने
७) अनावश्यक बन्द-हडताल, देशलाई हानि पुग्ने आन्दोलन, धर्ना आदिबाट टाढा रहने
८) राष्ट्रिय पोसाक तथा अन्य राष्ट्रिय पहिचानका कुराहरूलाई अनुसरण गर्ने
९) हप्तामा कम से कम दुई घण्टा राष्ट्र या समाज सेवामा लगाउने ।

साधना आत्म-देवताको

जीवन साधना मानव अस्तित्वको सर्वश्रेष्ठ शोध हो । जीवन स्वयम् एक महान् प्रयोगशाला हो । महापुरूषहरूले जीवनलाई सर्वोपरि काव्य अर्थात् महाकाव्य भनेका छन् । जसले जीवनलाई आत्मदेवता मानेर यसको अविच्छिन्न साधना गर्छ, उसको कायारूपी जीवन त्यति नै रसमय र अर्थपूर्ण हुन्छ ।

जीवनका तमाम समस्या समाधान गर्दै वाञ्छित उपलब्धिहरूले यसलाई विभूषित गर्ने र व्यक्तित्वलाई जाज्वल्यमान बनाउने परम प्रभावकारी विधि नै जीवन-साधना हो । यस राजमार्गबाट यात्रा गर्न चाहनेहरूले अन्ततः पश्चात्ताप र पूर्वतापको सिकार भएर जीवन काट्नुपर्दैन ।

जिन्दगी जिउने क्रममा उत्कृष्ट, उपयोगी तथा सिर्जनात्मक बानीबेहोराको विकास जीवन साधनाको अन्तरतम ध्येय हो । जो जति मात्रामा त्यस्ता बानीबेहोराको प्रयोगभूमि बन्छ, ऊ त्यति नै सुसंस्कृत र सुसभ्य बनेको ठहर्छ ।

सच्चा हृदयले प्रयास गरेमा

एक मनोवैज्ञानिकले भनेका छन्, "त्योभन्दा ठूलो दुःखी कोही हुँदैन, जसले समय रहँदै उत्तम बानीबेहोरा सिकेको हुँदैन । जसको दैनिकीमा बिहान उठ्ने, रात्रिमा सुत्ने, भोजन गर्ने, कामकाजमा जाने आदि क्रियाकलाप अनिश्चित र अनियमित छ, उसले कुनै पनि कार्य गर्नुअगाडि पटकौं सोच्नुपर्ने हुन्छ । यसो गर्नु भनेको आधा समय यिनै सामान्य कुरा सोच्नमा र बाँकी आधा समय पश्चात्ताप गर्नुमा व्यतीत गर्नु हो ।"

कतै तपाईंहामी पनि यस्तै साधनाहीन दैनिकीको सिकार त भइरहेका छैनौं ? कतै तपाईंहाम्रो इष्टदेव, आत्मदेवता हामीदेखि क्रुद्ध पो भएको छ कि ? बारम्बार आत्मसमीक्षा गर्नु जरूरी छ । आत्मसमीक्षा गर्ने क्रममा गल्ती-त्रुटि देखियो भने त्यसलाई सुधार गर्न एकछिन पनि विलम्ब गर्नुहुँदैन ।

साधनाद्वारा अप्राप्य र असम्भव कुनै कुरा छैन । आफूमाथि कहिल्यै संशय नगरौं । सच्चा हृदयले यस पथमा अगाडि बढौं ।

शीर्षस्थ योगग्रन्थ *योग वाशिष्ठ*मा लेखिएको छ, "ठीक तरिकाले, सच्चा हृदयले प्रयास गरेको छ भने यो संसारमा केही पनि असम्भव छैन ।"

विज्ञान कि अध्यात्म ?

दुवैको फ्युजन वैज्ञानिक-अध्यात्म

जीवन र जगत् आफैंभित्र यति सुविस्तृत र गहन हुँदाहुँदै हिजोआजको मान्छे विषले भेटेको माछो जस्तो छटपटिएको छ । अन्तरजीवनप्रति उसको दृष्टि अपूर्ण छ । पैसा...पैसा, म, मेरो, भोग, सम्भोग यिनै कुरामा रनभुल्ल छ । उसलाई यिनै कुराको रस सत्य लाग्छ । र दुर्भाग्य, सत्य रस उसलाई अर्थहीन लाग्छ ।

चौबीसै घण्टा रसरङ्ग र द्रव्यवासनामा निमग्न छ, बिचरा कलियुगी मानिस । बहिर्मुख, बहिर्मुख अनि बहिर्मुख, जीवनभरि बहिर्मुख । यस्तै छ, दुनियाँको हालचाल ।

अन्तर्मुख हुन न त कसैले सिकायो, न आफूले जानियो । कहाँबाट परोस् त अध्यात्मको चमक र आत्मिकीको झिल्का । आउनुहोस्, स्वल्प नै भए पनि अध्यात्मको झिल्का पार्ने प्रयत्न गरौं ।

अध्यात्मको अ, आ, इ, ई

आधुनिक भौतिकवादी दृष्टिकोणले के भन्छ भने म ठीक छु, गल्ती र कमी जति बाहिर छ । अरू सबैले म जस्तो बन्नुपर्छ र मैले भनेको मान्नुपर्छ या परिस्थिति मैले भनेअनुसार हुनुपर्छ ।

अध्यात्म योभन्दा ठीक विपरीत किसिमको हुन्छ । अध्यात्म भन्छ– आफ्नो स्वभाव र चिन्तन ठीक राखौं । यसो नभएसम्म कुनै पनि परिस्थिति सल्टिँदैन । अन्तःप्रवृत्ति ठीक छ भने बेथिति, समस्या र उतारचढाव आफैं सही हुन्छ ।

मान्छेको जात कसैको शरीर र अनुहारको आकर्षण हेरेर मोहित भइहाल्छ । जो बाहिरबाट जति रूपवान् या रूपवती छ, उसका पछि लाग्नेहरू त्यति नै धेरै हुन्छन् । रूपरङ्गको मोह जस्तै धनसम्पत्तिप्रति पनि मान्छे त्यत्तिकै मोहित हुन्छन् । धनवान् भनेपछि सबै हुरूक्क हुन्छन् । धन नहुनेहरूको त छिमेकी पनि हुँदैन । यो आजको भौतिकवादी सत्यता हो ।

योभन्दा भिन्न दृष्टिकोण

अध्यात्म विज्ञान योभन्दा भिन्न दृष्टिकोण राख्छ । धन र धाकमा होइन, अध्यात्म आन्तरिक सौन्दर्य, वैभव र वर्चस्वमाथि भरोसा राख्छ ।

तनाव, चिन्ता, थकान मेटाउन बहुसङ्ख्यक मान्छेहरू मादक पदार्थ सेवन गर्छन् । खुसी तथा उत्सव आयोजना गर्दा पनि यसैको सहारा लिने चलन छ । क्षणिक मस्ती तर दीर्घकालीन प्रताडना दिने मादक पदार्थ यतिबेला प्रतिष्ठा र धनाढ्यताको समेत प्रतीक बनेको छ ।

यस दुर्दशापूर्ण मानसिकतालाई चिर्दै अध्यात्म विज्ञान अचुक निराकरणको बाटो देखाउने महाविज्ञान हो । अध्यात्मवेत्ताहरू भन्छन्– जो अध्यात्ममार्गमा अग्रसर छ, उसले निरन्तर दिव्य आत्मरसको नसापान गर्ने कला सिक्छ । उसलाई बाहिरी तथा सांसारिक नसाको सर्वनाशी दुष्प्रभावबाट बच्ने उपाय स्पष्टसँग थाहा हुन्छ ।

मूलमा भूल कहिलेसम्म ?

आधुनिक जमानाले वस्तु, व्यक्ति वा अवसरको उपभोगमा खुसी खोज्ने प्रवृत्ति सिकाएको छ । यसै मान्यताप्रेरित अधिकांश मानव समुदाय पैसा, सुखसुविधा, पद-प्रतिष्ठा, यौन तथा फेसनबाजीमा खुसी खोजिरहेको छ ।

यस सन्दर्भमा वास्तविकता जगजाहेर छ कि यस्तो प्रवृत्तिको परिणाम खोजेभन्दा विपरीत देखिन्छ । त्यसैले विकृति, विसङ्गति, अतृप्ति, असन्तुष्टि, तनाव, दिक्दारीपन, पलायनवादिता सर्वत्र व्याप्त छ ।

यसबारे आध्यात्मिक मान्यता पूर्णतः पृथक् छ । आध्यात्मिक मान्यताअनुसार खुसी उपभोगमा होइन, उपयोगमा निहित छ । खुसी हुनु एउटा विशिष्ट कला हो, जुन भित्री धरातलबाट सञ्चालित हुने गर्छ ।

जसको खुसी अन्तस्करणदेखि निष्पन्न भएको हुन्छ, उसलाई बाहिरी सुखसुविधाहरूको अनुपलब्धताले प्रभावित गरिहाल्न सक्दैन ।

आजभोलिको मानसिकता यस्तो भइसकेको छ कि धनसम्पत्ति, वस्तु र सामग्रीलाई छातीमा टाँसेर माया गरिन्छ । त्यसलाई आफ्नो ठानिन्छ । त्यसको खुब स्याहारसुसार गरिन्छ । तर मान्छेलाई भने प्रयोग गरिन्छ । अर्को शब्दमा भन्नुपर्दा वस्तुलाई माया गरिन्छ, जब कि मान्छेलाई प्रयोगको साधन मानिन्छ ।

वैज्ञानिक अध्यात्म योभन्दा उन्नत र सर्वोपरि धारणा राख्छ । प्रत्येक मानवलाई हेर्ने आध्यात्मिक दृष्टि के हो भने मानव भएपछि मानवलाई निःसर्त प्रेम गरिनुपर्छ । मानवबाहेक बाँकी चीज प्रेमको होइन, प्रयोगका साधन हुन् । मानिस न प्रयोगको वस्तु हो, न उपभोगको । उपभोग, प्रयोग या उपयोग जे गरे पनि त्यो केवल वस्तुको गरिनुपर्छ ।

आफ्नो मालिक आफैं बन्ने सुमार्ग

आजको नयाँ पुस्ता करिअर बनाउने कार्यमा मरिमेटी लाग्ने गर्छ । घरपरिवार, अभिभावक, समाज, जन्मभूमि, जेसुकै त्याग्न तयार छ, ऊ करिअरका लागि । उसले राम्रो जागिरलाई नै सुनिश्चित भविष्य मानेको हुन्छ । उसको नजरमा करिअरबाहेक अरू सबै महत्त्वहीन छन् ।

यस किसिमको दोषपूर्ण मान्यतालाई सुध्रिने चेतावनी दिँदै अध्यात्म विज्ञान भन्छ, "पेट भर्नु र शरीरको बन्दोवस्त मात्रै जीवन होइन । पेट त पशुपन्छीले पनि भरेका छन् । यसरी पेट मात्रको नोकर बन्ने मानसिकता अत्यन्तै विषाक्त मानसिकता हो । आत्मविश्वासी बनौं र मालिक तथा स्वामी बन्ने प्रयत्न गरौं ।

आध्यात्मिक प्रविधिहरूको प्रयोग गरेर हामी जीवनका जुनसुकै क्षेत्रमा उत्कृष्ट बन्न सक्छौं । जागिरको होइन, प्रतिभा परिष्कारको मार्गमा अघि बढौं । प्रतिभावान् भएपछि व्यक्ति एउटा पेट पाल्न मात्रै होइन, हजारौंलाई जागिर दिन सामर्थ्यवान् बन्न सक्षम हुन्छ ।

वैज्ञानिक अध्ययनतर्फ

यी र यस्तै अनेकौं तापहरूबाट तप्त आजको मानव पुस्तालाई अध्यात्मशैलीको सघन आवश्यकता छ । यसो भन्दा अब अतिसयोक्ति नहोला । साथै अतिसयोक्ति तब मात्रै हट्नेछ, जब हामी अध्यात्मलाई कर्मकाण्ड, धार्मिक क्रियाकलाप, सम्प्रदायवाद र तथाकथित धर्मप्रदर्शनभन्दा पृथक् मान्न थाल्छौं ।

हामी यहाँ विशुद्ध विज्ञानसम्मत अध्यात्मको परिचर्चा गर्दै छौं । त्यस्तो अध्यात्म जहाँ तर्क, तथ्य र प्रमाणका आधारमा वैज्ञानिक अध्ययन-अनुसन्धानको ढोका खोल्न सकियोस् । जसलाई कसैले पनि अयथार्थ, तर्कहीन र अमूर्त भन्न नसकोस् । जसलाई विज्ञानप्रेमीहरूले आधारहीन भन्ने आक्षेप लगाउन नसकून्, बरू विज्ञानको पूरकका रूपमा निसङ्कोच अवलम्बन गर्न सकून् ।

यस्तो अध्यात्मलाई युगद्रष्टाहरूले वैज्ञानिक अध्यात्मवाद भनेका छन् । कसैकसैले यसलाई "अध्यात्मवादी भौतिकता"को संज्ञा पनि दिएका छन् । अध्यात्मशैलीको चर्चा र चित्रण गरिरहँदा हामी यहाँ त्यही वैज्ञानिक अध्यात्मलाई आलोकित गर्न खोजिरहेका छौं, जसलाई आजभोलि वैज्ञानिकहरूले एसक्यू अर्थात् स्प्रिचुअल कोसन्ट वा स्प्रिचुअल इन्टेलिजेन्सको नाम दिएका छन् ।

व्यक्तिमा सन्निहित आध्यात्मिक सामर्थ्य अर्थात् एसक्यूलाई पाश्चात्य जगत्ले आज अध्ययनको एउटा विशिष्ट विषय बनाएको छ ।

वर्तमानमा यस विषयमाथि हजारौं पुस्तक रचिएका छन् । यसलाई हामी वैदिककालका महान् अध्येता ऋषिमुनिहरूको आविष्कारको आधुनिक संस्करण तथा पुनर्व्याख्या भन्न सक्छौं । हामी यहाँ त्यस्तो अध्यात्मको परिचर्चा गर्न चाहन्छौं, जसलाई जीवनमा आत्मसात् गर्न तपाईंलाई कुनै संशय नहोस् ।

अध्यात्म बुद्धिमत्ता अर्थात् एसआई

तपाईंले आइक्यूबारे सुन्नुभएको होला । हुन सक्छ, आइक्यूकै उन्नत अवधारणाका रूपमा इक्यूबारे पनि यहाँ अवगत हुनुहोला । आइक्यूको अर्थ बौद्धिक सामर्थ्य हो ।

त्यस्तै इक्यूको तात्पर्य भावनात्मक बौद्धिकता हो । अब अहिले केही दशकदेखि यी दुवैको समुन्नत अवधारणाका रूपमा एसक्यू अर्थात् आध्यात्मिक बुद्धिमत्ता विकसित भएको छ ।

यसलाई वर्तमानमा विकसित अवधारणा भन्नु सही हुँदैन । किनकि अध्यात्म विज्ञान हजारौं वषपूर्वका ऋषिआत्माहरूको देन हो । यद्यपि आधुनिक परिप्रेक्ष्यमा सबैलाई ग्राह्य हुने स्वरूपमा र वैज्ञानिक अध्ययनद्वारा प्रमाणित गर्न सकिने ढाँचामा यसको पुनर्व्याख्या एसक्यूमार्फत गरिएको हुनाले यसलाई अध्यात्म विज्ञानको आधुनिक अवधारणा भनिएको हो ।

स्प्रिचुअल इन्टेलिजेन्स अर्थात् आध्यात्मिक बुद्धिमत्ता त्यस्तो क्षमता हो, जसले व्यक्तिलाई अत्यधिक रचनात्मक बनाउँछ । नियम तथा बन्धनहरूलाई बदल्न र परिस्थितिमा परिवर्तन ल्याउने पात्रता प्रदान गर्छ ।

थप बोधगम्यता

पाश्चात्य जगत्मा एसक्यूको विस्तार कार्यमा संलग्न अध्यात्म मनोवेत्ता अमेरिकी अध्येता दानाह जोहर यस क्षेत्रकी अग्रणी विशेषज्ञ हुनुहुन्छ ।

माथिको परिभाषालाई थप बोधगम्य बनाउँदै जोहर भन्नुहुन्छ–

"एसक्यूको उपयोग हामी असल र खराब छुट्याउने कौशलका रूपमा गर्न सक्छौं । प्रश्नहरू सुल्झाउने र सम्भावनाहरूबारे चिन्तन गर्ने सन्दर्भमा यो अत्यन्त प्रभावकारी हुन्छ । दुनियाँदारी भीड र तमासाबाट आफूलाई बाहिर निकालेर उत्कृष्ट सपना देख्न र त्यसमा दृढसङ्कल्पका साथ लागिरहने अभिप्रेरणा हामी एसक्यूबाट सहजै प्राप्त गर्न सक्छौं ।"

प्रमुख प्रश्नहरूको सटिक उत्तर

"मैले किन जन्म लिएँ ?"

"जीवनको अर्थ के हो ?"

"निरास, हतास र असफल भएपछि पनि किन फेरि अघि बढ्नुपर्छ मैले ?"

यी तीन प्रमुख प्रश्नहरूको सर्वाधिक सटिक उत्तर खोज्ने राजपथ नै "आध्यात्मिक बुद्धिमत्ता" हो । यसमा न कुनै वाद छ, न कुनै पन्थ र

जातको कुरा । धरातलमा ओर्लिएर भन्ने हो भने यसमा देवता, भगवान् वा कुनै अमूर्त अस्तित्वको परिकल्पनासमेत छैन । अध्यात्म साधनाको एक निर्दिष्ट उचाइमा पुगेपछि यी तत्त्वहरू स्वयमेव प्रतिभासित हुन्छन् । जब कि आरम्भिक यात्रामा कुनै किसिमका असमञ्जस र अमूर्तता रहँदैन ।

वैज्ञानिक अध्यात्मवादका प्रवर्तक डा. प्रणव पन्ड्या यस परिप्रेक्ष्यमा भन्नुहुन्छ, "एसक्यू मानव चेतनाको अन्तर्जगत्को महाविज्ञान हो । यसमा न कुनै रहस्यवाद छ, न कुनै अतिवाद । मानव कायाभित्र अन्तर्निहित अजस्र क्षमताहरूको उद्घाटन गर्ने यस महाविज्ञानको प्रत्येक व्यक्ति अन्वेषण गर्न सक्छ ।"

आध्यात्मिक कुशलताको प्रयोग हामी हाम्रो जीवनचर्या, कार्यस्थल, निर्णयशैली, सोचविचारलगायत प्रत्येक क्षेत्रमा गर्न सक्छौं । विशेषगरी कार्यशैलीमा आध्यात्मिक कुशलताको प्रयोग गर्ने प्रेरणा पाश्चात्य अध्यात्मवेत्ताहरूले हिजोआज खुलेरै दिन थालेका छन् ।

प्रेरणा पाश्चात्य प्रवर्तकहरूको

"परिस्थिति सधैं जीवन अनुकूल हुँदैन । जस्तोसुकै परिस्थितिमा पनि आफ्नो आन्तरिक एवम् बाह्य शान्ति र समतालाई विचलित हुन नदिई निरन्तर मैत्रीपूर्ण अनि प्रज्ञानपूर्ण व्यवहार गर्ने विशिष्ट कौशललाई आध्यात्मिक बुद्धिमत्ता भनिन्छ ।"

अति व्यावहारिक तथा अति अर्थपूर्ण शब्दमा अध्यात्मलाई परिभाषित गर्ने व्यक्ति सीडी विग्गल्सवर्थ हुन् । उनी "गहन परिवर्तन" नामक अभियानद्वारा अध्यात्म विज्ञानलाई विश्वभर फैलाउने कार्यमा संलग्न छन् ।

"अध्यात्म त्यो अन्तर्निहित मानवीय आवश्यकता हो, जसले व्यक्तिलाई सीमित दायराबाट उठाएर महान् बनाउँछ ।" उनले यो मान्यतालाई विशेषगरी नेतृत्व क्षमताको अभिवर्द्धनमा प्रयोग गर्ने गरेका छन् ।

हरेक समस्याको निर्विकल्प समाधान

जीवन जिउन नजान्दा जीवन समस्यै समस्याको प्रपञ्च बन्छ । एकमाथि अर्को समस्या थपिनु जीवनको नियति नै हो । समस्यै समस्याका जञ्जालबीच जो हेर्‍यो, उही दुःखी छ, व्याकुल छ, अशान्त छ ।

आध्यात्मिक कुशलता छाडेर अरू जुनसुकै उपाय अपनाए पनि समस्याको अन्तिम समाधान कुनै पनि हालतमा प्राप्त हुँदैन, जुन आज यत्रतत्र सर्वत्र देखिएकै कुरा हो ।

हजारौं वर्षपूर्व सुखसाधनका अन्वेषकहरूले त भनेकै थिए– अध्यात्मप्रसाद नै सर्वोपरि समाधान हो । अध्यात्मको प्रतिफल अध्यात्मप्रसाद हो । अध्यात्मप्रसाद भनेकै परमसुख र परमशान्ति हो ।

वैज्ञानिक ढाँचामा भन्नुपर्दा

यही तथ्यलाई नवीन र समसामयिक भाषाशैलीमा आधुनिक सुखसाधनका अन्वेषकहरूले मुक्तकण्ठले पुनर्व्याख्या गर्न थालेका छन् ।

अमेरिकी वैज्ञानिक रोबर्ट सिमोन्स भन्छन्, "आध्यात्मिक सामर्थ्यले समस्या समाधान र लक्ष्य प्राप्तिका निम्ति आध्यात्मिक ज्ञानलाई अनुशीलन गर्ने कला सिकाउँछ ।" जो व्यक्ति आध्यात्मिक ज्ञानलाई प्रयोग गर्छ, ऊभित्र निम्न पाँच क्षमता उद्घाटित हुन्छन्–

१. शारीरिक एवम् भौतिक सामर्थ्य अभिवृद्धि गर्छ
२. अन्तर्चेतनाको स्तरलाई ऊर्ध्वगामितातर्फ लैजान्छ
३. अनुभवलाई परिशुद्ध र परिपूर्ण बनाउँछ
४. आध्यात्मिक प्रतिभा प्रयोग गरी समस्याको समाधान गर्न सिकाउँछ
५. सद्गुणहरूले आच्छादित बनाउँछ

अध्यात्म विज्ञानको निदानात्मक क्षमतालाई बौद्ध अभिमतले अत्यन्त वैज्ञानिक तरिकाले चित्रण गरेको छ । भगवान् बुद्धद्वारा प्रतिपादित विपश्यना ध्यानलाई विश्वव्यापी समाधान स्रोतका रूपमा प्रतिस्थापित गर्ने कार्यमा महान् आचार्य सत्यनारायण गोयन्का दशकौंदेखि निरन्तर कटिबद्ध हुनुभयो । विपश्यना ध्यान प्रयोगका क्रममा मन तथा अन्तर्चित्तलाई निर्मल गर्न सिकाइन्छ ।

गोयन्का भन्नुहुन्छ, "जे र जुन विधिले मनलाई परिशुद्ध र परिपूर्ण बनाउँछ, त्यो नै धर्म हो, अध्यात्म हो । जस्तोसुकै विशालकाय र विकाराल समस्या आउँदा पनि धर्म-अध्यात्मको सहारामा व्यक्ति विवेकवान् र समतावान् रहन सक्छ । जहाँ विवेकज्ञान र समता जीवित हुन्छ, त्यहाँ समस्या कुनै समस्या बनेर रहनै सक्दैन ।"

यसैलाई आध्यात्मिक लब्धि भनियो

जसले वैज्ञानिक अध्यात्मलाई जीवनको आदर्श र पथप्रदर्शक बनाएको हुन्छ, उसमा गहन अन्तर्दृष्टि क्रियाशील हुन्छ । उसका लागि समस्या एक अवसर बन्छ । जसले वैज्ञानिक अध्यात्मद्वारा अन्तस्तलमा प्रखर प्रज्ञा जगाएको हुन्छ, ऊ सम्पूर्ण प्रश्न, शङ्का र समस्याहरूभन्दा माथि उठ्छ ।

अध्यात्मविद् दानाह जोहरले यसैलाई आध्यात्मिक लब्धि अर्थात् एसक्यू नाम दिनुभएको छ । *श्रीमद्भगवद्गीताले* यसलाई "स्थितिप्रज्ञता" भनेको छ । उपनिषद्कारहरूले यस परमसामर्थ्यलाई "अतिचेतन" संज्ञा दिएका छन् ।

बौद्ध साहित्यमा यसलाई "अन्तर्बोध" तथा "सम्बोधी" शब्दले सुभाषित गरिएको छ । शब्द र उपमा जेजे प्रयोग गरिए तापनि जुन विभूति-वैभवको यहाँ चर्चा गरिँदै छ, त्यसको उद्गाता भनेको अध्यात्म विज्ञान नै हो ।

कृपया भ्रमित नहुनुहोला

ठूला र गहकिला शब्द प्रयोग भइरहँदा तपाईं यदाकदा भ्रममा पनि पर्न सक्नुहुन्छ । लाग्ला कि यी कुरा मेरा लागि होइनन् ।

कृपया भ्रमित नहुनुहोस् । यी सबै कुरा तपाईं र केवल तपाईंका लागि भनिँदै छ । अध्यात्मपथमा कदम त उठाएर हेरौं, असम्भव भन्ने नै के छ र ? जसले जति बढी समस्या सामना गरिरहनुपरेको छ, उसका लागि अध्यात्मविज्ञान त्यति नै बढी जरूरी छ ।

भौतिकवादी संसारको चरम प्रतिस्पर्धी बजारमा एप्पल कम्पनी खडा गरेर उचाइमा पुऱ्याउने स्टिभ जब्स भन्छन्, "मेरो जीवनमा नआएका समस्या के होलान् ? यद्यपि म धैर्यच्यूत भइनँ ।"

पूर्वीय खोजकर्ताहरूको त्यही अध्यात्म विद्या हो, जसको बलले एउटा टुहुरोबाट विश्वश्रेष्ठ बनायो स्टिभ जब्सलाई ।

जब्स भन्छन्, "जिन्दगीको समय सीमित छ । अरूको जिन्दगी जिएर यसलाई व्यर्थ नगुमाऔं । कुवाको भ्यागुतो बन्न छाडौं । अरूको इसारामा होइन, आफ्नो पाराले जिन्दगी जिउन सिकौं । अरू कसैको होहल्लामा आफ्नो अन्तरात्मालाई डुब्न नदिऔं । बाँकी सबै चीज महत्त्वहीन छन् ।"

रोकिनुपर्छ अन्तरात्माको अपहरण

ब्रह्माण्ड मृत विषयवस्तुको थुप्रो होइन । यहाँ केवल जड होइन, चेतना पनि छ । जीवन केवल हाडमासुको पिण्ड होइन । यसभित्र बीज रूपमा परमदिव्यता छ । अजस्र संवेदना पनि छ । प्रसुप्त रूपमा अनन्त शक्ति, अनन्त ज्ञान, अनन्त आनन्द र अनन्त प्रेम छ । आफू स्वयम् परमात्मातुल्य बन्न सक्ने महानतम क्षमता सन्निहित भएकैले मानवले परमात्माको परिकल्पना गरेको हो ।

शरीर, इन्द्रिय, मन र बुद्धिदेखि पर कुनै अन्त्यहीन चेतनलोक पनि यहीँ छ र त्यसको साक्षात्कर्ता पनि ऊ नै हो । पशुपन्छी, प्रेतपिशाच दानव र असुरभन्दा पूर्णतः भिन्न यो मनुष्य चोला आखिर अद्वितीय पक्कै हो । यी र यस्तै रहस्यहरू अनावरण गर्दै अनुभवगम्य प्रयोगधर्ममा लाग्नुलाई नै तत्त्ववेत्ताहरूले अध्यात्म भनेका छन् ।

महान् अध्यात्मवेत्ता आचार्य श्रीराम शर्मा वैज्ञानिक अध्यात्मवादलाई पुनर्व्याख्या गर्ने क्रममा भन्नुहुन्छ–

"यो मानवीय सत्ता पनि अनन्त आकाश जस्तै सुविस्तृत छ । उचाइतर्फ उठ्नेहरू नै यस तथ्यलाई साक्षात्कार गर्छन् । अरूका लागि त त्यो केवल आश्चर्यको कथा मात्रै हो ।"

मुहूर्त कुरिरहनुपर्दैन

उठ्नुहोस्, जाग्नुहोस् र अघि बढ्नुहोस्, यहाँबाटै सरू हुन्छ अध्यात्म । आत्मसत्ताको साँचो उघार्न कुनै मुहूर्त कुरिरहनुपर्दैन । अध्यात्म आत्मभूमिमा फलित हुने नगदे बाली हो । यसमा कहिल्यै कुनै हानि छैन । सबैले देखेकै छौं कि खेतीपाती तथा व्यापार व्यवसायमा भवितव्य हुन्छ, दुर्घटना र विपत्ति आउँछन् । तर अध्यात्मपथ आसे पुरूषार्थ होइन, सर्वथा भवितव्यरहित साक्षात् नगदे बाली हो । रोप्यो, फलायो, काट्यो अनि खायो ।

अध्यात्ममाथि संशय गर्नेहरूमाथि एउटा कटाक्ष गर्ने उद्देश्यका साथ यो कथन जोड्न मन लाग्यो, "आफ्नो आत्मालाई नासिनबाट जोगाऊ र पथभ्रष्ट व्यक्तिहरूको हिमचिमबाट आफूलाई बिस्तारै अलग गर ।" थेमा डेबिसको यो कथनमा बेजोड प्राण छ ।

अक्सर के देखिन्छ भने कुनै अलौकिक झड्कापछि मात्रै मान्छे अध्यात्मतिर ढल्कन्छ । कोही उमेर पाक्ने वर्षहरूको पर्खाइमा हुन्छन् । कतिपय व्यक्ति पलायन मानसिकताको वैकल्पिक माध्यम यसलाई अपनाउन पुग्छन् । केवल एकादुई दिव्यात्मा मात्रै त्यस्ता हुन्छन्, जो विशुद्ध अध्यात्मको पारखी बन्ने सुचेष्टा गर्छन् । धन्य छन्, त्यस्ता दिव्यात्माहरू । तिनले मात्रै बुझेका हुन्छन् कि अध्यात्ममार्गमा हिँड्ने पथिकको जिन्दगी जताततै जगमगाउने गर्छ ।

उज्ज्वलै उज्ज्वल राजपथ

अध्यात्ममार्गको आरम्भ, यसको मध्य र यसको अन्त्य यी तीन ओटै श्रेणी उज्ज्वलै उज्ज्वल हुन्छन् । अध्यात्ममार्गको पथिक नै वास्तविक अन्वेषक हो, महान् वैज्ञानिक र कर्मठ योद्धा हो । हिमालको उचाइ चढ्नेहरूलाई टुप्पोभन्दा माथि उक्लिने कुनै ठाउँ रहँदैन ।

तर अध्यात्मयात्रीको उचाइको के हिसाब, ऊ अन्त्यहीन आरोहरणको सतत आरोही बनिरहन्छ । यत्रो महान्, परम र उच्चतम यात्रा भनेर जान्दाजान्दै पनि यसमा हिँड्ने पुरूषार्थ नगर्नु आफैंमा घोर दुर्भाग्य हो ।

पेचिलो शब्द प्रयोग गर्दै एक विद्वान्ले भनेका छन्, "जबसम्म जीवनमा अध्यात्म समाहित हुँदैन, अन्तरात्मामाथि बलात्कार जारी रहन्छ । यसको अपहरण भइरहन्छ । अतः रोकिनुपर्छ अन्तरात्माको अपहरण ।

यौवनावस्थाबाटै सुरू गरौं

समता अमृत हो भने विषमता विष हो । युवा जतिजति अध्यात्म उन्मुख हुन्छ, त्यतित्यति सफलतायुक्त हुन्छ । विषमता अर्थात् व्याकुलता, उद्विग्नता, बेचैनी आजको मान्छेको दैनिकी बनेको छ । मान्छे प्रत्येक क्षण जेजति दुःख, तनाव र अशान्ति बटुलिरहेको छ, त्यसको एकमेव कारण विषमता नै हो ।

यो विषमता भन्ने दुर्गुण कति खतरनाक हुन्छ भने यसले मनलाई एक क्षण पनि शान्त र निष्पक्ष हुन दिँदैन । त्यसमाथि युवा मन जुन कि अनवरत रूपमा तृष्णा, राग र द्वेषमा डुब्न बाध्य हुन्छ ।

महात्मा बुद्धको धम्मोपदेशअनुसार "जीवनका सारा दुःखको उत्पत्ति यही राग र द्वेषबाट हुने गर्छ । यसले अविच्छिन्न प्रतिक्रियावादी बनाउँछ । व्यक्ति जति बढी प्रतिक्रिया गर्छ, त्यति नै बढी दुःखी हुन्छ ।"

तसर्थ विवेकदर्शी ऋषिमहात्माहरूले अध्यात्मको अनुसरण गर्ने उत्प्रेरणा दिए । मान्छे आफ्नो तर्कबुद्धि र भ्रामक मान्यताको प्रबल व्यसनी हुन्छ । त्यसैले उसलाई अध्यात्ममा पनि खोट देखिने गर्छ । "हे मनुवा ! आखिर के घाटा छ जीवन-रत्न उघार्ने अध्यात्मको अनुसरण गर्दा ?" सन्त कबिर प्रश्न गर्नुहुन्छ, तपाईंहामी प्रत्येक मनुवालाई ।

आखिर के घाटा ?

केही बेरको मस्तीको लोभमा मान्छेहरू नशाभाङ चाख्छन् । तर त्यो कहिले कुलत बन्छ पत्तै हुँदैन । कामभोगको एक क्षणको सुखलाई बारम्बार चिन्तन गर्ने व्यक्ति आजन्म कामवासनाग्रस्त भएर बाँच्छ । सामाजिक सञ्जाल सिक्न खोज्ने व्यक्ति फेसबुक र ट्विटरको घोर व्यसनी बन्नेहरू तपाईंहामीमध्ये धेरै छौं ।

दिमागमा नकारात्मक मात्रै सोच्ने व्यक्ति जीवनभर त्यसैको घनचक्करमा पिसिन्छ । यो प्रकृतिको अकाट्य नियम हो । तपाईं अध्यात्म विज्ञानको नशामा पर्नुभयो भने आखिर के घाटा ?

मलविकार, नशाभाङ, कामवासना, आधुनिक प्रविधिको नशा र नकारात्मक सोचको नशालाई निर्मलीकरण गरेर श्रेष्ठता, पूर्णता र शुद्धताको नशा लगाउनु नै अध्यात्मको प्रयोजन हो । यस परमदिव्य नशाको व्यसनी हुन पाए आखिर के विग्रह छ र ?

मानव काया बाहिरबाट हेर्दा चिल्लो देखिए तापनि भित्र मलैमलले भरिएको छ । त्यसैले त शरीरका नौ ओटै द्वारबाट जहिल्यै पनि मलविकार मात्रै निस्किरहन्छ । शरीर जस्तै मन पनि मलविकारग्रस्त छ । मनको मललाई क्लेश र संस्कार भन्छन् । प्रत्येक क्षण कि त शरीरको कि त मनको विकार बाहिर निस्किरहेको हुन्छ । त्यसैले ऊ जहाँ रहन्छ, त्यस ठाउँ र वातावरणलाई पनि विकारमय बनाएको हुन्छ ।

हाम्रो पर्यावरण, नदीनाला र गाउँठाउँलाई हेरे यसको प्रमाणैप्रमाण छ । कसैले हे मनुवा, तेरो शरीर र तेरो मन दुवैको मैले कसिङ्गर धुने काम गर्छु, मलाई स्वीकार गर, मलाई धारण गर भन्यो भने यसमा के कुनै आपत्तिजनक विषय बाँकी रहला ?

एउटा प्रत्यक्षवाद, अर्को अनुभववाद

भौतिक विषयवस्तुको खोजअन्वेषण र उपयोगको विज्ञानलाई भौतिकवाद भनिन्छ । चिन्तन र चेतनालाई सुसंस्कृत एवम् सुविकसित गर्ने विज्ञानलाई अध्यात्मवाद भनिन्छ । आखिर दुवै विज्ञानको क्षेत्र हो । एउटा प्रत्यक्षवादमा आधारित छ भने अर्को अनुभववादमा आधारित छ ।

जुन कुरा नाङ्गो आँखाले देख्न सकिँदैन र कठिन अन्तर्दृष्टिद्वारा मात्रै अनुभूति गर्न सकिन्छ, त्यस्तो झन्झटको सामना गर्न नसकेर प्रत्यक्षवादीहरू अध्यात्म विज्ञानमाथि प्रश्न उठाउँछन् । अनादिकालदेखि नै ऋण गरेर भए पनि घिउ खान रमाउने भोगवादीहरूले अध्यात्मलाई मिथ्या, अवैज्ञानिक र सनकी क्षेत्र भन्ने आरोप लगाउँदै आएका छन् । आजसम्म पनि यो प्रवृत्ति जारी छ ।

वस्तुतः अध्यात्म भौतिकवादसँग जोडिएको चेतनाको महाविज्ञान हो । विज्ञानको आविष्कारले घडी बनायो । तर अध्यात्मबेगर समयको गरिमा, सीमा र सूक्ष्मता कदापि अनुभव गर्न सकिँदैन । भौतिक विज्ञानको विकासक्रमले यन्त्र-उपकरण, प्रविधि र साधन-सुविधाहरू जुटायो । यो निर्विवाद छ । तर जसमा आध्यात्मिक चेत हुँदैन, उसका लागि साधन अभिशाप र बन्धनको कारण बन्छ । धनदौलतसँगै त्यसको सदुपयोग जानिएन भने त्यसैले पतनतर्फ लैजान्छ । धनदौलतको सार्थक र सिर्जनात्मक सदुपयोग जान्न आध्यात्मिक अन्तर्बोधबेगर अरूबाट सम्भवै हुँदैन ।

समयक्रमले व्यक्ति जब बाल्यकालदेखि किशोर, किशोरदेखि यौवनमा प्रवेश गर्छ, उसमा भौतिक क्षेत्रमा सफल हुने सपना-तृष्णा हुर्कन थाल्छ । यो सपनासँगै उसमा आध्यात्मिक अन्तर्दृष्टि र अन्तर्बोधले स्पर्श गरेन भने ऊ एक दिन मनोरोगी र व्यसनी बन्छ । तर यदि अध्यात्मको स्पर्श भयो भने ऊ सद्‌गुण, सद्‌भाव र सद्‌व्यवहारसम्पन्न मानव बन्न सफल हुन्छ ।

वैज्ञानिक अध्यात्म

अध्यात्म अन्तर्जगत्को महाविज्ञान हो । विज्ञान बाह्य जगत्को अन्वेषण हो । अध्यात्म अदृश्य चेतनाको खोज हो भने विज्ञान दृश्यमान भौतिक जगत्को अनुसन्धान हो । भौतिकशास्त्रीहरू मानव मात्रका लागि सुखसुविधाका साधन जुटाउन लागिपर्छन् । अध्यात्म वैज्ञानिक अन्तरङ्गमा रहेका सहस्र आनन्दभण्डार उद्घाटित गर्न प्रयत्नशील रहन्छन् ।

अध्यात्म र विज्ञान नैसर्गिक रूपले एकअर्काका परिपूरक हुन् । तर विडम्बना यिनका बीच सदियौंदेखि द्वन्द्व चल्दै आएको छ । शाश्वत ज्ञानको रिसर्च गर्ने महान् अन्वेषकलाई ऋषि भनिन्छ, जसले परमकल्याणकारी अध्यात्मविज्ञानको प्रतिपादन गरे ।

आजका अधिकांश भौतिकशास्त्री-वैज्ञानिकहरू ऋषिलाई रिसर्चर मान्दैनन्, आफूलाई मात्रै मान्छन् । भौतिकशास्त्री वैज्ञानिकहरूको मात्रै होइन, अन्ध भौतिकवादी जनसामान्यको पनि यस्तै धारणा छ ।

कतिपय मानिस आफूलाई विज्ञानको विद्यार्थी भन्छन् । तर विज्ञानहरूको पनि सर्वोच्च "अध्यात्म महाविज्ञान"माथि विश्वास राख्दैनन् । चार्वाक् दर्शनका यस्ता अनुयायी आज यत्रतत्र सर्वत्र छन् ।

बिचराहरू ! साक्षात् कामधेनुले झैं सुखशान्ति र आनन्दको पयपान गराउने अध्यात्म विज्ञानबाट आफूपनि वञ्चित छन् । र, आफ्ना अन्धभक्त करोडौं मनुवाहरूलाई पनि यसबाट वञ्चित गराएका छन् । ती भौतिकवादका अन्धभक्तहरूलाई प्रसिद्ध पाश्चात्य विद्वान्को यो कथन सुनाउनु तर्कसङ्गत होला जस्तो लाग्छ ।

भ्रम चिर्नै मुस्किल

पाठपूजा र धर्मकर्मलाई नै अध्यात्म मान्दै आएको हाम्रो परम्परा बडो गज्जबको छ । अध्यात्म पनि कतै वैज्ञानिक हुन सक्छ ? यस्तो प्रश्न धेरैको मनमा उठ्न सक्छ । सनातन संस्कृति र वैज्ञानिक अध्यात्मलाई केन्द्रबिन्दुमा राखेर विकसित हाम्रो मानव पुस्ता धर्म र अध्यात्मको नाममा अहिले पनि भयङ्कर भ्रमित छ ।

यहाँका कथित राजनीतिज्ञ र स्वकथित प्रबुद्ध वर्गले यसबारे जनमानसमा भ्रम फैलाउने भरसक दुष्कृत्य गरेका छन् । जब कि यथार्थ अत्यन्तै सुविस्तृत र अवर्णनीय छ ।

वस्तुतः अध्यात्म जीवनदृष्टि, जीवनपद्धति र जीवनमूल्य सिकाउने सर्वोच्च विज्ञान हो । अध्यात्म आफैंमा महाविज्ञान हो । चेतनाको महाविज्ञान, अन्तर्जगत्को महाविज्ञान, अक्षय सुख, परमशान्ति र शाश्वत आनन्दको महाविज्ञान । स्वयम्को जीवन अध्यात्मको प्रयोगशाला हो । आफ्नो जीवनलाई अध्यात्मको प्रयोगशाला बनाउन नसक्नेहरूको कुतर्क नै अध्यात्ममा धर्म अफिमको गोली हो ।

जीवन नैसर्गिक रूपमा दुई धारामा बग्ने गर्छ– एक आत्मिकी र दोस्रो भौतिकी । भित्री जगत्को भाव, चेतना, गुण, कर्म, स्वभाव र संस्कार आत्मिकीअन्तर्गतका अवयव हुन् । बाहिरी जगत्मा सम्पूर्ण भौतिक प्रपञ्च पर्छन् । यी दुईको मौलिक समन्वय नै मानव जीवन हो । यी दुवै क्षेत्र आआफ्नो गुण र विशेषताले भरिपूर्ण छन् ।

जीवन मूल्यको सुखद समन्वय

सुविधां सम्पदां पूर्णं जगदेतत्तु भौतिकम् ।
सम्पद्भिरात्मिकं तृप्तितुष्टिशान्तिभिराप्लुतम् ॥

– प्रज्ञोपनिषद्

अर्थ- भौतिक जगत् सुविधा सामग्रीले भराभराउ छ भने आत्मिक क्षेत्र तृप्ति, तुष्टि र शान्तिरूपी सम्पदाले भरिपूर्ण छ ।

यो शास्त्रवचनको सारतत्त्वलाई मनन गर्दै के विश्वास गर्न सकिन्छ भने जीवनका दुई अविच्छिन्न पाखुरा हुन्– आत्मिकी र भौतिकी । दुवै पाखुरालाई सबल बनाउँदै जीवन परिपूर्ण, अर्थपूर्ण र लक्ष्यपूर्ण बनाउनु मानव मात्रको ध्येय हुनुपर्छ । यसैका खातिर वैज्ञानिक अध्यात्मवाद प्राचीन ऋषिआत्माहरूद्वारा प्रतिपादित शाश्वत उपहार हो ।

वैज्ञानिक अध्यात्मवादको क्षेत्रमा अनेकौं शोध-अनुसन्धान कार्यका अध्येता डा. प्रणव पन्ड्याको भनाइमा "वैज्ञानिक अध्यात्म वैज्ञानिक

जीवदृष्टि एवम् आध्यात्मिक जीवन मूल्यको सुखद समन्वय हो । वैज्ञानिक जीवनदृष्टिभित्र पूर्वाग्रह, मूढमान्यता एवम् भ्रामक आस्थाले कुनै स्थान पाउँदैन । त्यहाँ तर्कसङ्गत, औचित्यनिष्ठ, उद्देश्यपूर्ण तथा सत्यान्वेषी जिज्ञासु भाव मात्रै अनुसरणीय मानिन्छ । वैज्ञानिक अध्यात्मवाद रूढीवादी कुतर्क होइन, प्रायोगिक प्रक्रियाबाट प्राप्त वैज्ञानिक तर्कहरूको एकीकृत धरोहर हो ।"

किन नबढाउने आफ्नो मूल्य ?

यही हो जीवनमूल्य

तपाईं आफ्नो मूल्य जति आँक्नुहुन्छ, तपाईंले प्राप्त गर्ने सफलता त्यसैको साकार रूप हो ।

- एल्बर्ट हर्ड

बाहिरी आवरणमा शृङ्गार टाँसटुँस गरेर जीवनको मूल्य बढ्दैन । जीवनको मूल्य असली मानेमा त्यो बेला बढ्छ, जब व्यक्ति आफूलाई सत्य, न्याय र सद्गुणको प्रयोगशाला बनाउँछ ।

आधुनिक जमाना मानव-मूल्यका विषयमा असाध्यै प्रतिकूल छ । "जितना लूट सको लुटो" यो मान्यता हावासरि फैलिएको छ । सत्य, अहिंसा, दया, करूणा, सदाचार, इमानलाई अचेल धर्मवादीहरूको विषय भनेर आफू पाखा लाग्ने संस्कृति बढेको छ ।

कहलिएका बुद्धिजीवीहरूसमेत यस्ता कुराप्रति दूराग्रही देखिन्छन् । यस्तो प्रतिकूलताका बाबजुद तपाईंमा जीवनमूल्यको खेती गर्ने तदारूकता सतत जीवित रहोस्, मेरो कामना ।

यस्तै हाल छ यहाँ धेरैको

"हामी श्रेयस्कर "सत्"लाई त्यागेर दुःखद "असत्"सँग प्रेम गर्छौं । योभन्दा दुःखद विडम्बना के होला ? देखिनमा समझदार देखिएर पनि हामी कस्तो घोर तमिस्रामा डुबेका छौं ।"

रवीन्द्रनाथ टैगोरको यो भनाइ हामी प्रत्येक मनुष्यलाई हानिएको शब्दवाण हो । तथापि ब्यूँझन चाहनेहरू साह्रै थोरै छौं । मानव-मूल्य च्यूत

हुनु, मानव-मूल्य गिर्नु, मूल्य पतित हुनुको मुख्य कारण पनि यही नै हो । सर्वाधिक घातक यथार्थ त के हो भने "मानव-मूल्य" नामक चीजको अमूल्यता स्वयम् मानवलाई नै बोध हुन छाडेको छ ।

विद्वान् जेम्स ऐलनको कथनमा जस्तै वर्तमान मानव असाध्य दुर्दशापूर्ण अवस्थामा छ, "जो व्यक्ति आफ्नो भूल र कमजोरीलाई प्रकाशमा ल्याउनदेखि डराउँछ, त्यो व्यक्ति सत्यको पृष्ठपोषक कदापि बन्न सक्दैन ।" र, यस्तै हाल छ यहाँ धेरैको, जीवन-मूल्यको मामलामा ।

पङ्क्तिकार कामना गर्छ

एउटा अर्को उदेकलाग्दो पक्ष यो हो– मान्छेहरू मूल्यहीन जिन्दगीलाई बाहिरबाट मूल्यवान देखियोस् भनी इनामेल लाउन उद्यत छन् । आचरण र उच्चारणको उत्कृष्टताले बढाउनुपर्ने मूल्य आवरणले बढाउने अक्षम्य भूल गरिरहेका छन् । पद, पोसाक र पैसाले आफ्नो प्रतिष्ठा बढाउन खोज्नु बुख्याचालाई जीवित बनाउन खोज्नु जस्तै हो । पित्तलमा सुनको लेप केही दिन त टिक्छ । तर स्थायी हुँदैन । एक न एक दिन आफ्नो स्वरूपमा फर्कनैपर्छ । तर पनि मानव भीड यसै कुपथमा हिँडिरहेको छ ।

"उचितलाई ग्रहण गर्ने र अनुचितलाई त्याग गर्ने तत्परता जीवनको नियम हुनुपर्छ । मन, वचन र क्रियामा सत्यको आश्रय नै संसारको अनमोल निधि हो । यो नै जीवनको सर्वोपरि नियम हो ।"

कुनै अज्ञात दर्शनवेत्ताको यो उद्‌गार हृदयमा धारण गर्ने सामर्थ्य जोकसैमा आओस्, पङ्क्तिकार कामना गर्छ ।

मूल्य लिनू तर नबेचिनू

एक जना जीवनवेत्ताको सल्लाह छ, "तिमी जहाँ छौ, त्यहाँ आफ्नो भरपूर मूल्य लेऊ र बिर्सेर पनि आफूलाई नबेच ।"

सल्लाह साधारण छ । तर मर्म र भावार्थ असाधारण छ । अधिकांश मान्छे यसैमा चुक्छन् । क्षणिक फाइदा र स्वार्थपूर्तिका लागि आफ्नो इमान दिन पछि पर्दैनन् । यो महासत्य हेक्का राख्न अक्सर बिर्सन्छन् कि एक पटक चरित्र-मूल्य गिरिसकेपछि त्यसलाई भविष्यमा कुनै पनि सर्तमा फर्काउन सकिँदैन ।

घुसखोर, भ्रष्टाचार, हरामखोर, ठगी, दलाली, कालो व्यापार एक चोटिको मात्रै मुनाफाखोरी हो । विश्वास र इमान जीवित राखेको भए भोलि त्यस्ता मुनाफाका अनेकौं अवसर आउँछ भन्ने तथ्य सर्वथा बिर्सन्छन् मान्छेहरू । यसैलाई यहाँ आफूलाई नबेच्नू भन्न खोजिएको हो ।

क्षणिक स्वार्थपूर्तिका लागि जो आफूलाई बेच्दैन, उसको मूल्य बाँकी कालका लागि पनि उच्च हुन्छ । आफ्नो मूल्य लेऊ, यसको अर्थ यही हो कि सत्य र इमानमा अडिग बन, यसले तिम्रो भाउ अकल्पनीय रूपले वृद्धि गर्छ ।

यस किसिमको संस्कार भएकाहरूलाई समाजमा आदर्शवादी, कुलीन, घरानियाँ भनिन्थ्यो । जस्तै विपरीत परिस्थितिमा पनि जसबाट असल र सत्यको पक्षमा इमान जोगाउने सुगन्ध आइरहन्छ, त्यो नै कुलीन हो ।

मनन गरेर हेरौं

"चन्दनको वृक्ष काटिएपछि पनि गन्धविहीन हुँदैन । वृद्धावस्था भए तापनि गजेन्द्र हात्ती क्रीडाको परित्याग गर्दैन । कोलमा पेलिएर निस्किएको उखुको खोस्टामा पनि गुलियोपना मेटिँदैन । ठीक त्यसैगरी कुलीन व्यक्तिले जस्तोसुकै विपरीत दूरवस्था भोग्नुपरे तापनि शील र शालीनता त्याग गर्दैन ।"

आफ्नो वस्तुको मूल्य बढी देखाउन अरूको वस्तुलाई नीच देखाउने प्रवृत्ति समाजको एउटा सरूवा रोग हो । मनन गरेर हेरौं, यसो गर्दा आफ्नो वस्तुको मूल्य बढ्दैन, बरू वस्तुको मालिकको समेत अवमूल्यन हुन्छ । वस्तुको मामलामा यो नियम जति लागू हुन्छ, त्यसको कैयौं गुणा बढी यो नियम मानिसमा लागू हुन्छ । अरूलाई घटिया या तुच्छ देखाएर आफ्नो मूल्य बढाउने दुष्कृत्य गर्नेहरूको यहाँ अत्यधिक बाहुल्य छ ।

सावधान ! यो कलियुगी महामारीदेखि सावधान रहौं, टाढै रहौं । यसले एक्लो मानवको होइन, समस्त मानवताकै मूल्य घटाउँछ । र, अन्ततः युगलाई नै बद्नाम गराउँछ ।

स्वमूल्य स्वयम्‌द्वारा कायम

न दर्शयेदभिमतमनुभूताद्विना सदा ।
प्रविचार्योत्तरं देयं सहसा न वदेत्क्वचित् ॥

अर्थ– परिपक्व अनुभव नभई कुनै पनि कुरामा आफ्नो सम्मति प्रकट नगरौं । विचार गरेर मात्रै प्रतिक्रिया गरौं, हतारमा बोलिहाल्ने नगरौं ।

जथाभावी बोल्दा, अनावश्यक विषयमा प्रतिक्रिया दिँदा व्यक्तित्वको मूल्य तुरून्त घट्छ । त्यस्तै, सत्यता नबुझी कुनै विषयमा सम्मति दिने गर्नुले पनि आफ्नो गरिमा गिराउँछ । ठीक यसै बिन्दुबाट मूल्यहीनता सुरू हुन्छ । जुन पक्षमा बोलिन्छ या लागिन्छ, त्यसैलाई उचित मान्ने बानी धेरैजसो व्यक्तिको स्वभाव हो ।

आफूले मानिआएको मत, दल या चलन ठीक-बेठीक नहेरी अन्धसमर्थन दिने रोग हाम्रो समाजमा चाहिनेभन्दा बढी नै छ । यस्तो विवेकशून्य सम्मतिको संस्कार मानवीय मूल्य गिराउने एक विकराल कारक हो । माथिको श्लोकले यिनै अवगुणबाट जोगिने सल्लाह दिएको छ ।

लोकदृष्टिमा आदरणीय हुँदैन

गलत आचरण हुने व्यक्ति जतिसुकै सुन्दर, उच्चपदस्थ र धनाढ्य भए पनि लोकदृष्टिमा कहिल्यै आदरणीय हुँदैन । आचरणको दुर्गन्धलाई उसको कुनै पनि तडकभडकले जित्न सक्दैन ।

औषधिको मूल्य त्यसको रङमा हुँदैन, रोगविरूद्ध लड्ने क्षमतामा हुन्छ । ढुङ्गाको मूल्य त्यसको आकारमा हुँदैन, अन्तर्निहित क्षमतामा हुन्छ । हीरा, नीलम, पुखराजजस्ता पत्थरभित्र निहित क्षमताका कारण बहुमूल्य मानिन्छन् । ठीक यस्तै समीकरण मानवीय मूल्यका विषयमा लागू हुन्छ ।

आफूलाई अग्लो सावित गर्न अरूलाई होचो बनाउनैपर्छ । आफूलाई धनवान् देखाउन अरूलाई धनहीन ठहऱ्याउनैपर्छ । आफूलाई सुन्दर सिद्ध गर्न अरूलाई कम सुन्दर प्रमाणित गर्नैपर्छ । तर जीवन-मूल्य त्यस्तो सद्गुण हो, आफूलाई मूल्यवान् बनाउन अरू कसैलाई मूल्यहीन देखाउन पर्दैन ।

मूल्यवान् व्यक्तिको चमक आफैंमा मौलिक किसिमको हुन्छ । उसको वाणी, व्यक्तित्व, व्यवहार र क्रियाकलाप उसको बडप्पनका प्रवक्ता हुन्छन् । स्फटिक मणिको प्रकाश बाहिरी पर्दाले छेकेर छेकिँदैन । जुन रङको

वस्तुको अगाडि लग्यो स्फटिक मणि सोही वस्तुको रङमा प्रकट हुन्छ । स्फटिक मणि र मूल्यवान् मानवमा पाइने यो नै तात्त्विक समानता हो । यसलाई कायम राख्ने काम व्यक्ति स्वयम्ले गर्नुपर्छ ।

कौडीबाट करोड

दुई कौडीको फलाम निर्दिष्ट आकृतिमा कुँदिएपछि भण्डारको ढोका खोल्ने साँचोमा बदलिन्छ । सामान्य पानीको थोपा समुद्रचारी सिपी नामक प्राणीको छातीमा परेपछि एक दिन त्यो मोती बन्छ । दुई पैसा पनि नपर्ने कोइला सुपरिष्कृत भएपछि हीरा बन्छ । मूल्य नै नभएको हिलो माटो कुशल मूर्तिकारको हातमा परेपछि त्यो अनमोल मूर्ति बन्छ ।

अर्थहीन मानिने बाँसको ढुङ्ग्रो निष्णात बाँसुरीवादकको हातमा परेपछि सुमधुर लय बनेर प्रस्फुटित हुन्छ । दुई-चार रूपैयाँ पनि नपर्ने रङ कलाप्रवीणको हात परेपछि त्यो अमूल्य चित्र बन्छ । मूल्यहीन मानिएको वस्तुलाई यसरी अनमोलता, उत्कृष्टता र विशिष्टता प्रदान गर्ने क्रियाविधि नै मूल्यविज्ञान हो ।

ठीक यसैगरी सामान्य कोटीको मनुष्य मूल्यशिक्षा, नैतिकता, सदाचार, सत्यवादिता जस्ता सद्गुणका माध्यमद्वारा मूल्यवान् भएपछि श्रेष्ठ, उच्च र उदाहरणीय बन्न सक्छ ।

जन्म पूर्णतः सार्थक हुनुपर्छ

मानव जीवन उत्थान र उन्नयनतर्फको यात्रा हो । यो जीवन मौलिक रूपले नै निरन्तर सत्यान्वेषी र सतत जिज्ञासाशील छ । पृथ्वीमा जन्म लिएको हरेक व्यक्ति आफूलाई मूल्यवान् बनाउन चाहन्छ । स्वयम्को जीवन गरिमामय, प्रतिष्ठामय र सद्गुणमय बनोस् । यो हरेकको नैसर्गिक चाहना हो ।

मानव चेतनाका मर्मज्ञ पूर्वीय अध्येताहरूले मनुष्य जन्म पूर्णतः सार्थक हुनुपर्छ, जीवनपद्धति पूर्णतः अर्थपूर्ण हुनुपर्छ र मृत्युपछि समेत हाम्रो नाम प्रज्वलित भइरहनुपर्छ भनी कालजय र सच्चिदानन्दको अवधारणा प्रस्तुत गरेका छन् ।

जीवन नित्य निरन्तर प्रकाशित होस्, आनन्दपूर्ण होस् । साथै हामी बाँच्नुकै कारणले सृष्टि र समाजसमेत अनुग्रहित होस् । यसैलाई चरितार्थ गर्न अवलम्बन गरिने आत्मानुशासनलाई मानवमूल्य भनिन्छ ।

यसरी बुझौं मूल्यशिक्षा

- मूल्यशिक्षा मानव जीवनको गुणवत्ता हो । यो व्यक्तिको चारित्रिक संरचनाको निर्धारक हो ।
- हाम्रो जीवनमूल्यले हाम्रो निर्णयशैली, कार्यशैली, जीवनशैली, व्यवहारशैली र जीवनलक्ष्यलाई प्रत्यक्ष रूपमा प्रभावित गर्छ ।
- कुनै व्यक्ति या वस्तुको गरिमा या मूल्य आफ्नो मानसमा धारण गर्ने-गराउने अनुभूतिपरक विश्वास हो, मूल्यशिक्षा ।
- व्यक्ति आफूले अपनाएको मानवमूल्यका आधारमै उसको जीवनमा कुन कुरा अर्थपूर्ण छ र कुन अर्थहीन छ भन्ने मापदण्ड निर्धारित गर्छ । उदाहरणका रूपमा कसैका लागि इमानदारी मूल्यवान् तत्त्व हो भने कसैका लागि आर्जित पैसा मूल्यवान् हुन्छ । कसैलाई आध्यात्मिक अभ्यास मूल्यवान् लाग्छ त कसैलाई भोगको अभ्यास ।
- मूल्यशिक्षा त्यो मानक हो, जसले व्यक्तिको न्यायशीलता, कार्यशीलता र प्रवृत्तिलाई मार्गदर्शन गर्छ । जस्तो कि सत्यवादी व्यक्ति सर्वदा न्यायव्यवस्थामा विश्वास राख्छ र प्रकृतिको न्यायनियम हुबहु पालन गर्छ । यसको ठीक विपरीत अवसरवादीहरूको भने कथनी र करनी भिन्न हुन्छ ।
- जीवनलाई हरेक आयामबाट मूल्यवान् बनाउन चाहनेले जीवनका निम्न सबै पक्षहरूमा मूल्य र नैतिकताको अभ्यास गर्न अत्यावश्यक ठान्छ– समाजिक मूल्य, पारिवारिक मूल्य, नैतिक मूल्य, पेसागत मूल्य, व्यक्तिगत मूल्य, धार्मिक वा सांस्कृतिक मूल्य, आध्यात्मिक मूल्य आदि ।
- मानव मूल्यहरूको अभावमा आत्मिक विकास र आत्मानुशासन कदापि स्थापित हुँदैन । नैतिकता तथा आचरणका कुराहरू पछि पनि

आरोपित गर्न सकिन्छ । तर मानवीय मूल्यहरू मानव देहमा जन्म लिने क्रमसँगै गाँसिएर आएका हुन्छन् ।

- मनुष्य-मनुष्यबीचको स्तर र भिन्नता सिद्ध गर्ने सर्वोपरि कारण मानवीय मूल्यहरू नै हुन् । पैसा, पदप्रतिष्ठा र प्रख्यातिका आधारमा व्यक्तिलाई एकअर्कोसमक्ष उच्च वा ठूलो देख्नु न्यायपूर्ण हुँदैन ।
- हाम्रो दैनिक जीवनमा मानवमूल्यहरूको केकति अभ्यास भइरहेको छ भनेर जानुपर्‍यो भने यी अन्तरङ्ग मूल्यबारे जानकारी राख्नुपर्ने हुन्छ- आचरण, प्रेम, शान्ति, अहिंसा र सत्यपालन ।
- कुन गुण-विशेषता मानव जीवनलाई मूल्य प्रदान गर्न कति महत्त्वपूर्ण छ भनेर जान्नुपर्दा सामान्यतया नेचुरल एसेप्टेन्स अर्थात् स्वाभाविक प्रतिग्रहणलाई हेर्नुपर्छ । जुन मानवीय गुण या स्वभावले जति धेरै मानिसको कल्याण गर्छ या बढीभन्दा बढीलाई आनन्द दिन्छ, त्यो त्यति नै मूल्यवाहक हुन्छ ।

जीवनमूल्यको अपरिहार्यता

महान् सन्त रामकृष्ण परमहंसको एक उद्गार मनन गरेर हेरौं, "जसको जीवन-वृत्तान्त सुन्दा, जसको सम्झना गर्दा र जसलाई देख्दा सबैलाई आनन्द महसुस हुन्छ, उसैको जीवन शोभनीय हुन्छ ।"

मानव जीवनमा उपरोक्त सद्‌गुणहरू उद्‌घाटित गर्ने-गराउने जीवन विद्यालाई नै महापुरूषहरूले मानवमूल्य नाम दिएका छन् । मानवमूल्यको अवधारणा, अभ्यास र अभिवर्द्धन किन जरूरी छ ? यस प्रश्नको उत्तर खोज्ने हो भने तलका चार बिन्दुबारे स्पष्ट हुनु आवश्यक छ–

सिद्धान्त/आदर्श : जीवनलाई उद्देश्यमुखी बनाउने मार्गदर्शक तत्त्वको नाम नै सिद्धान्त वा आदर्श हो । जसको जीवन, जीवनशैली र कर्मशैलीमा सिद्धान्तनिष्ठा हुँदैन, उसले जीवनमा कहिल्यै उचाइ प्राप्त गर्दैन । व्यक्तिलाई व्यक्ति र व्यक्तित्वलाई हरेक क्षण, हरेक पल जीवनपथमा अघि बढाउने प्रेरक तत्त्व नै आदर्शवदिता हो । यो दर्शन, वाद र धर्मनीतिभन्दा माथि जीवननीति हो । सिद्धान्तविहीन व्यक्ति अनवरत हिँडिरहन्छ ।

तर अर्थपूर्ण लक्ष्यमा कहिल्यै पुग्दैन । सिद्धान्तवादितालाई स्पष्ट र पुष्ट बनाउने आधारशीला नै जीवनमूल्य हो ।

पहिचान/प्रतिष्ठा : हरेक व्यक्ति आफ्नो पृथक् पहिचान छाड्न चाहन्छ । नाम, काम, दाम, मान, अभिमानमध्ये जुनसुकै विधि प्रयोग गरेर आफूलाई समाज र संसारसामु प्रस्तुत गर्ने व्यक्त-अव्यक्त आकाङ्क्षा हरेक मनुष्यको जन्मजात स्वभाव हो । भनिन्छ, सामान्य मानिसले यी तीन कुरा कहिल्यै त्याग्न सक्दैन, आत्माको आवाज, परिवारको माया र आफ्नो पहिचान । जीवनमा मूल्यशिक्षाको आवश्यकता किन पनि पर्छ भने व्यक्ति आफ्नो पहिचान या प्रतिष्ठा स्थापित गर्न सफल हुन सकोस् ।

आस्था/विश्वास : यो जीवनको अहम् र अनिवार्य पाटो हो । आस्था र विश्वासले व्यक्तिलाई जिउने, पुरषार्थ-परिश्रम गर्ने र उत्थानगामी हुने उत्प्रेरणा दिन्छ । यो मनो-आध्यात्मिक सत्ताको विषय हो । यसले व्यक्तिको निजी, सामाजिक र पेसागत जीवनलाई प्रत्यक्ष रूपमै नियन्त्रित गरेको हुन्छ । आस्था-विश्वासलाई वैचारिक पाटो भनिए तापनि तात्त्विक रूपले यो आध्यात्मिक कुरा हो । आस्था-विश्वास र जीवनमूल्य एकआपसमा अभिन्न हुन्छन् । कर्मफलप्रति आस्था राख्ने व्यक्ति कुकर्म गर्नुअघि पटकपटक झस्कने गर्छ । तर आस्था नराख्ने व्यक्ति अवसरवादी भएर प्रस्तुत हुन्छ । जीवनमा रस, आनन्द र आशावादिता प्रदान गर्ने यही भावनात्मक तत्त्व हो, जुन व्यक्तिको नैतिक एवम् आचरणगत मूल्यहरूसँग घुलमिल भएर प्रकट हुने गर्छ ।

प्रगतिशीलता/उत्थानगामिता : मान्छे भएर जन्मिसकेपछि दिनानुदिन प्रगतितर्फ लम्कनु उसको नैसर्गिक स्वभाव हो । कतिपय व्यक्ति भौतिक जगत्को प्रगतितर्फ उन्मुख हुन्छन् भने कतिपय व्यक्ति आत्मिक जगततर्फ उत्थानरत हुन्छन् । कुन मार्गमा अग्रसर हुने भन्ने कुरा व्यक्तिको जन्मसिद्ध संस्कार र वर्तमान इच्छाशक्तिमा भर पर्छ । चाहे भौतिक, चाहे आत्मिक, यी दुवै क्षेत्रमा अघि बढ्न सहयोग गर्ने रसायन नै व्यक्तिको आचार-विचार र आहार-विहार हो । यसैलाई शास्त्रकारहरूले जीवनमूल्य नाम दिई सम्झाएका छन् ।

मौलाउँदो अपसंस्कृतिका बाबजुद जीवनमूल्य

वर्तमान समयमा मानवमूल्य र जीवनमूल्यको आवश्यकता यत्रतत्र सर्वत्र छ । अहिले समाजमा व्यक्तिको तुलनामा वस्तुलाई महत्त्व दिने अपसंसस्कृति फैलिएको छ । नैतिकता, सदाचार, कर्मण्यता, न्यायशीलता, परिश्रमशीलता, सत्यवादिता, मानवता, भावसंवेदनात्मकता जस्ता अपरिहार्य जीवनमूल्य क्षयीकृत हुँदै गएका छन् । परिणामस्वरूप वर्तमान मानव समाज अस्तव्यस्त, तनावग्रस्त, रोगविकारग्रस्त, भयग्रस्त र अन्यायपूर्ण हुँदै गएको छ ।

समाज र प्रकृति दुवै क्षेत्रको न्यायव्यवस्था विखण्डित भएको अनुभव यतिखेर सबैलाई हुन्छ । व्यक्ति आन्तरिक र बाह्य दुवै परिप्रेक्ष्यमा व्याकुल र दीनहीन भएको छ । यो सबै दूरवस्थाको निराकरण हाम्रा प्राच्य मूल्यविज्ञान एवम् ज्ञानविज्ञानको पुनःस्थापनाद्वारा मात्रै सम्भव छ । यो तथ्य अहिले सबैले बिर्सिएको अवस्था छ ।

निजी जिन्दगी र घरपरिवारभित्र मात्रै होइन, आजभोलि सामाजिक तथा सार्वजनिक क्षेत्र पनि मूल्यह्रासको तापबाट प्रभावित छ । सेवा र परहितको क्षेत्र यानि सार्वजनिक प्रशासन सबैभन्दा बढी मूल्यहीनता र अनैतिकताको सन्तापबाट आक्रान्त छ ।

मूल्यहीनताको पराकाष्ठा

प्रसिद्ध अमेरिकी मूल्यशिक्षा अभियन्ता तथा पत्रकार क्रिस हेइज भन्नुहुन्छ, "आज हामी त्यस्तो राज्यमा बसोवास गर्छौं, जहाँ चिकित्सक स्वयम् स्वास्थ्यको हनन गर्छन्, वकिल स्वयम् न्यायको अवमूल्यन गर्छन्, स्वयम् विश्वविद्यालय ज्ञान नष्ट गर्दै छन्, सञ्चारमाध्यम स्वयम् सत्यता बिगार्छन्, धर्म स्वयम् नैतिक मूल्यमाथि खेलबाड गर्छन् र बैङ्क आफैं अर्थतन्त्र धमिलो पार्छन् ।"

पढ्दा र मनन गर्दा तीतो लाग्छ, माथिको वाक्य । तर यो हरेकजसो राज्यको यथार्थ हो । राज्यप्रणाली जत्तिकै आज व्यक्तिगत जीवनमूल्य पनि पतनोन्मुख छ ।

नियम, कानुन, नीति, संहिता, विधान, सिद्धान्त, आदर्श, न्यायनिष्ठा जस्ता कुरा आज कुण्ठित, अपहेलित र तिरष्कृत भएको अवस्था छ ।

यस्तो दुर्दशापूर्ण परिस्थितिमा हामीले हाम्रो इतिहास, संस्कृति र पूर्वजहरूलाई बिर्सिरहेका छौं ।

अझै नब्यूँझने ?

वास्तवमा हामी त्यागप्रधान संस्कृतिका अनुगामी हौं ।

परोपकाराय पुण्याय पापाय परपीडनम् अर्थात सेवा उपकार नै पुण्य हो भने अरूलाई पीडा दिनु पाप हो ।

आत्मवत् सर्वभूतेषु अर्थात् सबैलाई आफूसमान देख्नु र मान्नुपर्छ ।

त्यस्तै *सर्वारिष्ट सुशान्तिर्भवतु* अर्थात् सर्वत्र शान्ति नै शान्ति छाओस् ।

यी र यस्तै सहस्र कल्याणकारी उद्‌घोषणाहरू हाम्रा जीवनदृष्टि हुने गर्थे । देवताको पूजा गरेर दिव्यत्व धारण गर्ने अनुप्रेरणा लिइन्थ्यो । रिसर्च गर्ने ऋषि र मनन-चिन्तन गराउने महर्षिहरू हाम्रा जीवनका जीवनद्रष्टा हुन्थे ।

हाम्रो समग्र पूर्वीय दर्शनले त्याग, नीतिनिष्ठा र वैश्विक कल्याणको शिक्षण दिएका छन् । जीवनमूल्य, भावमूल्य र मानवताको चरम अपव्यय भइरहेको वर्तमान परिस्थितिमा फेरि ती श्रेष्ठ जीवनमूल्यहरूको पुनरूत्थान गर्नुपर्ने टड्कारो आवश्यकता देखिन्छ ।

महान् बन्ने आकाङ्क्षा हरेक व्यक्तिमा छ । तर महान् बन्नुअघि मानव त बनौं, यो कुरा सबैजसोले भुलेका हुन्छन् ।

जागौं, आँखा खोलौं

त्यसैले होला विश्ववसुधालाई भौतिक विज्ञानको आविष्कार र सिद्धान्त प्रस्तुत गर्ने अल्बर्ट आइन्सटाइन पनि यस्तो उद्‌गार व्यक्त गर्न बाध्य भए, "सफल व्यक्ति बन्ने प्रयत्न कहिल्यै नगर, बरू सदैव मूल्यवान् बन्ने प्रयत्न गर ।"

मानव चेतनाका अध्येता महान् ऋषिमुनि सदियौंदेखि यही कुरा भन्दै आएका छन्, "अति दुर्लभ मानव जीवनलाई पाइलापाइलामा सार्थक र मूल्यवान् बनाऔं । असत्यबाट सत्यतिर हिंडौं, अन्धकारबाट प्रकाशतर्फ हिंडौं, मृत्युबाट अमृतर्फ अघि बढौं ।"

महान्, विशाल र विशिष्ट पूर्वीय दर्शनको सारतत्त्वलाई एक वाक्यमा भन्ने हो भने यो भन्न सकिन्छ कि जीवन सदैव मूल्यवान्, आत्मवान् र ज्ञानवान् हुनुपर्छ, ताकि आफ्नो पनि कल्याण होस् र आफूद्वारा समस्त लोकको कल्याण होस् । यस्तो महतोमयी मानवमूल्यको ज्ञान-विज्ञान आज आएर नराम्रोसँग ओझेलमा परेको छ ।

मूल्यशिक्षा र सेवाक्षेत्र

"त्यस्तो जागिर पाए हुन्थ्यो, जसमा हाजिर गर्नुबाहेक कुनै काम गर्नु नपरोस् ।" शब्दैले स्पष्ट हुने "लोकसेवा" र यसको विस्तृत क्षेत्रमा आज यस्तो प्रवृत्ति मौलाउँदै गएको कटुयथार्थ सबैलाई थाहा छ ।

अरूको सेवा गर्न तत्पर छु भनेर स्वेच्छापूर्वक प्रवेश गर्ने अनि पछि गएर अरूको भन्दा आफ्नो सेवा बढी गर्ने प्रवृत्ति विकास हुन थाल्नुलाई विडम्बना नभने के भन्ने ? जबजब यस्तो प्रवृत्ति फैलिन थाल्छ, तबतब मूल्यशिक्षा ह्रास भएको अनुभव हुन्छ ।

हाम्रो सार्वजनिक सेवाको क्षेत्रमा व्याप्त यस्तो ह्रासोन्मुख अवस्था सबैलाई नै अवगत छ । सामाजिक न्याय, समतापूर्ण सेवा, नागरिक अमनचैन, धनजन एवम् शान्तिसुरक्षाको प्रत्याभूति सार्वजनिक प्रशासनका मौलिक उद्देश्य हुन् ।

यी कुराको सुनिश्चितता तब मात्रै हासिल हुन्छ, जब सेवाप्रदाता र सेवाग्राही निकाय चरित्रवान्, न्यायपूर्ण र मूल्यप्रेरित हुन्छन् । जनता, सेवाग्राही तथा नागरिकका हितमा कार्य गर्ने कुरामा कुनै प्रतिकूलता हुँदैन, यदि सेवाप्रदाता सदाचारी र मूल्यप्रेरित छ भने ।

यस सन्दर्भमा विद्वान् रोय डिजनीको कथन अत्यन्त सान्दर्भिक छ, "निर्णय लिने कुरा कदापि कठिन हुन्न, यदि तपाईंका मूल्यमान्यताहरू स्पष्ट र बोधगम्य छन् भने ।"

कर्म र आचरणको प्रश्न

सेवा प्रवाह गर्न बसेको व्यक्तिको नियत वा आचरण ठीक छ भने राज्यप्रणालीको कुनै पनि काम रोकिँदैन । यस मनोविज्ञानलाई पूर्वीय शास्त्रले यसरी भनेको छ–

उद्यमेनैव सिध्यन्ति कार्याणि न मनोरथैः ।

न हि सुप्तस्य सिंहस्य प्रविशन्ति मुखे मृगाः ॥

अर्थात् निष्ठापूर्वक गरिएको श्रमबाट मात्रै कुनै पनि कार्य पूर्ण हुन्छ, केवल मनोरथद्वारा मात्रै हुँदैन । वनका मृग कहिल्यै पनि सुतिरहेको सिंहको मुखमा प्रवेश गर्दैनन् ।

अकर्मण्यता यतिबेला हाम्रो समाजका हरेकजसो तह र तप्कामा प्रवेश गरेको छ । आफूलाई लाभ भए काम गर्ने नभए पन्छाउने प्रवृत्ति सार्वजनिक सेवाक्षेत्रको वर्तमान क्यान्सर हो । र यो गहिरिँदो क्रममा छ ।

दुःखदायी तथ्य त के हो भने यो प्रवृत्ति क्रमशः हाम्रो कर्मसंस्कृति र जीवनमूल्यको अङ्गसमेत बन्दै गएको छ । यसरी गहिरिँदो क्रममा रहेको दूषित मूल्यसंस्कृतिलाई निरूत्साहित गर्नु नितान्त जरूरी छ । यस किसिमका समस्याको औषधि हाम्रा ग्रन्थहरूमा यत्रतत्र छन् ।

एक उदाहरण यहुदी नीतिवचन ६।६।११ बाट–

"ए आलसी ! उठ, कमिलाको गोलामा गएर हेर । कमिलालाई काम अह्राउने कुनै आदेशकर्ता छैन । तर पनि कसरी मिलेर आआफ्ना काम गरेका हुन्छन् । जस्तोसुकै घामपानी र हुरीबतासमा पनि आफ्नो भोजन जुटाउन आफैं लागिरहेका हुन्छन् । यो कुरा राम्ररी हेर र विचार गर ।"

यस्तो हुनुपर्छ राष्ट्रसेवक

कर्मचारीतन्त्रमा "कर्म" शब्दको केन्द्रीय भूमिका रहन्छ । निरन्तर कर्मलाई आचरणमा क्रियान्वित गराउने भएकै कारणले राष्ट्रसेवकलाई कर्मचारी भनिएको हो । धर्मको आचरण गर्नेलाई धर्माचारी, ब्रह्ममा विचरण गर्नेलाई ब्रह्मचारी, भ्रष्ट आचरण भएकालाई भ्रष्टाचारी भनिए जस्तै कर्ममा आचरण गर्नेलाई कर्मचारी भनिन्छ ।

कर्मचारी जीवनको आद्योपान्त उद्देश्य भनेकै जनसाधारणको निःस्वार्थ सेवा हो । जनसाधारणको सेवार्थ काम गर्न चाहनेहरूमध्येबाट छनोट गरेर उत्कृष्ट सेवा प्रदान गर्न कर्मकौशल भएकालाई छान्ने काम लोकसेवा आयोगले गर्छ । यो स्वपरिभाषित यथार्थ हो । यस क्षेत्रमा प्रवेश पाउनुको प्रमुख योग्यता नै सेवाभाव हो । सरल शब्दमा भन्दा, कर्मचारीको जीवनमूल्य भनेकै निःस्वार्थ सेवा हो ।

निःस्वार्थ सेवाभाव नहुनेहरू धनोपार्जनका अन्य व्यवसायमा लाग्न हरेक व्यक्ति स्वतन्त्र छ । यस क्षेत्रमा आउन चाहने हरेकले स्पष्ट रूपमा आत्मसात् गर्नुपर्ने तथ्य के हो भने सार्वजनिक सेवा यानि कि जनता जनार्दनको निष्काम सेवाको क्षेत्र हो । गीताको यो श्लोक प्रत्येक राष्ट्रसेवक कर्मचारीको जीवनमन्त्र हुनुपर्छ–

कर्मव्येवाधिकारस्ते मा फलेषु कदाचन ।
मा कर्मफलहेतुभूर्मा ते सङ्गोदस्त्वकर्मणि ॥

अर्थात् हे मनुष्य ! कर्म गर्नु मात्रै तेरो अधिकार हो । तैंले गरेको कर्मको फलप्राप्तिको भावना परित्याग गर, तब मात्रै तँ कुकर्मबाट बच्नेछस् । फलको कामनाले गरेको कर्म अन्ततः दुःखको कारण हुनेछ ।

स्वामी विवेकानन्दको अर्को यो सुभाषित वचन हृदयङ्गम गर्न सकेको खण्डमा निकै सुप्रभावी हुने देखिन्छ, "कार्यमा निपुणता कुनै विश्वास या वादले आउँदैन । कार्यनिपुणता हासिल गर्ने एक मात्र उपाय निःस्वार्थ कामकाज हो । कोरा बोली मात्रैको कुनै अर्थ छैन । यस्तो काम त सुगाले पनि गर्न सक्छ ।"

पाश्चात्य जगत्की आधुनिक प्रबन्धनवेत्ता मार्गरेट थ्याचर भन्नुहुन्छ, "दिनभरि काम नगरी बस्नुले कुनै आनन्द दिँदैन । दिनभरि आफ्नो कार्यस्थलमा कार्यभारले राम्रोसँग थिचिनु र बेलुका भएपछि आफूले गरेको कामकार्यले दिने अर्थ र सन्तुष्टि नै वास्तविक आनन्द हो ।"

मानव मूल्यका आयाम

वैयक्तिक मूल्य : महान् विचारक आचार्य श्रीराम शर्मा भन्नुहुन्छ, "आफ्नो सुधार नै संसारको सबैभन्दा ठूलो सेवा हो ।" आत्मसुधार, आत्मनिर्माण र आत्मउत्थानको मार्गमा सतत चल्दै रहनु मानव जीवनको परम ध्येय हो । मानव देहको प्राप्ति एक विशिष्ट वरदान हो । जीवन आफैंमा एक निधि हो । यसलाई व्यर्थमा गुमाउनुहुँदैन ।

जीवनलाई अनन्त ज्ञान, अनन्त गुण, अनन्त शक्ति र अनन्त आनन्दको कायनाथ बनाउन यसको मूल्यबोध गर्नुपर्ने राय सूक्ष्मद्रष्टा ऋषिमुनिहरूले दिएका छन् । वैयक्तिक मूल्यका अनेकौं उपदेश श्रुति र स्मृतिग्रन्थहरूमा उल्लेख छन् । *अथर्ववेद*बाट उद्धृत एक मूल्यशिक्षा–

ज्यायस्वन्तश्चित्तिनो मा वि यौष्ट... अर्थात् जीवनलाई श्रेष्ठतातर्फ अघि बढाउँदै सबैजना एकसाथ मिलेर बसौं । कहिल्यै कसैबाट अलग हुनुहुँदैन । परस्परमा एकले अर्कोलाई सदैव प्रसन्न राख्ने र उपस्थित भएको विषमतालाई साथसाथ मिलेर सामना गर्नुपर्छ ।

पारिवारिक मूल्य : हिजोआज हाम्रो परिवार प्रणाली विखण्डित र विकृत हुँदै गएको छ । जब कि सुख र आनन्दको आधारभूत प्रयोगशाला भनेकै हाम्रो परिवार हो । जर्ज बर्नाड साले भन्नुभएको छ, "एक खुसियालीयुक्त परिवार धर्तीको साक्षात् स्वर्ग हो ।"

यसरी स्वर्गको उपमा पाएको घरपरिवार अहिले टुक्रिन र भत्किन थालेको छ । पारिवारिक मूल्य धरासयी हुने सङ्केत देखिइरहेका छन् । संयुक्त परिवारलाई पुरातनपन्थी मानेर न्युक्लियर परिवारको अपसंस्कृति झाङ्गिँदै छ । भनिन्छ– गृहस्थ एक तपोपन हो, जहाँ सेवा, सहिष्णुता, प्रेम र संयमको अभ्यास गरिन्छ । यी विशेषताहरू नै पारिवारिक मूल्य हुन् ।

पेसागत मूल्य : आफ्नो कामकर्तव्यप्रति इमानदार, बफादार र कर्मशील हुन प्रेरित गर्ने कारकतत्त्व नै पेसागत मूल्य हो । विश्वप्रसिद्ध धनाढ्य वारेन बफेट भन्नुहुन्छ, "तपाईं जतिसुकै प्रतिभाशाली र परिश्रमशील भए पनि तपाईंले गरेको कुराको परिणाम आउन समय लाग्छ । नौ ओटी स्त्रीलाई गर्भवती बनाएर तपाईं एकै महिनामा बच्चा जन्माउन सक्नुहुन्न ।"

आज समाजमा अधिकांश पेसा-व्यवसाय गर्नेहरू रातारात मालामाल हुन चाहन्छन् । सबैलाई एकाएक धनी र सफल हुनुपरेको छ । यस स्वार्थपूर्ण महात्त्वाकाङ्क्षाले व्यावसायिक दुनियाँको मूल्यमान्यता, नीतिनियम र आचरणमाथि प्रश्न उठ्ने गरेको छ । यस विषम परिस्थितिमा व्यावसायिक नैतिकताको हरेकलाई खाँचो छ ।

सांस्कृतिक मूल्य : *सा प्रथमा संस्कृति विश्ववारा* अर्थात् हाम्रो संस्कृति समग्र विश्वका लागि वरणीय छ । हाम्रो पूर्वीय संस्कृति पूर्णरूपेण त्यागप्रेरित र कर्मप्रधान छ । यस संस्कृतिलाई आफ्नो जीवनशैली बनाउनेहरू जीवनमूल्यको क्षेत्रमा स्वतः सबल हुन्छन् । हिजोआज पाश्चात्य अन्धानुकरण, चरमा भोगवाद, अत्याधुनिक विकासवाद र द्रव्यपिपाशुको बढ्दो प्रवृत्तिले हाम्रा सांस्कृतिक धरोहर, सम्पदा र मूल्यमान्यताहरू ह्रास हुँदै गएका छन् ।

ऋषिमुनिको संस्कृति शिशिमुनिको कुसंस्कृतिदेखि आक्रान्त भएको यो घडीमा हाम्रा सांस्कृतिक मूल्यहरू भावसंवेदनायुक्त, विवेकसम्मत र पूर्ण वैज्ञानिक छन् भनी मनन गरौं । यसमा मानवलाई महामानव बनाउने विधि सन्निहित छ ।

आध्यात्मिक मूल्य : मनुष्य केवल जैविक आवश्यकताभित्र बाँच्ने प्राणी होइन । मनुष्यभित्र स्वयम्को आत्मचेतनालाई शिखरमा पुऱ्याई ब्राह्मीचेतना हासिल गर्न सक्ने क्षमता विद्यमान छ । अध्यात्म त्यो महाविज्ञान हो, जसले हाम्रो नीचता, पशुता, तुच्छता र निकृष्टताहरूलाई परिष्कृत गरी श्रेष्ठता, महानता र दिव्यता प्रदान गर्छ ।

वर्तमान समयमा आध्यात्मिकतालाई एक मानवीय बुद्धिकौशल भनेर स्प्रिचुअल इन्टेलिजेन्सको संज्ञा दिई पाश्चात्य जगत्मा व्यापक अध्ययन भइरहेको छ ।

अध्येता रोबर्ट इमोन्सले यसलाई परिभाषित गर्दै भन्नुभएको छ, "आध्यात्मिक बुद्धिमत्ता त्यो आन्तरिक क्षमता हो, जसले दैनिक जीवनका समस्या र चुनौतीहरूलाई सामना गर्न र जीवनलाई लक्ष्यसम्म पुऱ्याउन निर्विकल्प भूमिका खेल्छ ।" यसअन्तर्गत यी पाँच कुरा हुन्छन्–

१. आत्मिक एवम् भौतिक उन्नयन
२. चेतनाको ऊर्ध्वगमन
३. विशुद्ध ज्ञान आर्जन
४. समस्या समाधानमा आध्यात्मिक सामर्थ्यको प्रयोग
५. सद्गुणसम्पन्न हुने अभ्यास ।

जीवनमा यी सद्गुण अभिवर्द्धन गर्ने/गराउने कारकतत्त्व नै आध्यात्मिक मूल्यभित्र पर्दछन् ।

आखिर सोच्ने कसरी त ?

यस्तो होस् सोच-विचार शैली

मान्छे खाना खाएन भने १०-१५ दिन बाँच्छ
पानी पिएन भने पाँच-सात दिन बाँच्छ
सास फेरेन भने एक-दुई मिनेट बाँच्छ
जब कि विचार प्रक्रिया रोकिदिने हो भने क्षणभर पनि बाँच्न सक्दैन ।

अतः सोच/विचार नै जीवनको सबैभन्दा अभिन्न, अपरिहार्य र अत्यावश्यक विषय हो । आहार, पानी र वायु जस्तै विचारको प्रदूषण व्यापक मात्रामा बढ्दै गएको वर्तमान समयमा सकारात्मक विचारशैली जान्नु नितान्त आवश्यक छ ।

जस्तो सोच, त्यस्तै दृष्टि

जस्तो सोच, त्यस्तै दृष्टि; जस्तो दृष्टि, त्यस्तै सृष्टि । सोच अर्थात् कि भित्री मानसिकता । यसले नै बाहिरी संसारको निर्माण गर्छ । एकाएक बाह्य जगत् विनिर्मित हुँदैन । भित्री परिवर्तनबेगर बाहिरी रूपान्तरण असम्भवप्रायः कुरा हो ।

वर्तमानकथासानां भावानामवभासनम् ।
अन्तःस्थितवतामेव घटते बहिरात्मना ॥

- श्रुतिवचन

आज बाह्य जगत्मा जेजस्तो परिदृश्य देखिन्छ, त्यसको कारण हाम्रै आन्तरिक स्थिति (सोच) हो । भित्र जे हुन्छ, त्यही बाहिर प्रकट हुन्छ ।

सुरूवात दृष्टि सुल्ट्याउनुबाट

"मनैदेखि एकचित्त भई हेर, विश्वमा कहीँ कतै भेद देखिँदैन । जो व्यक्ति भेदबुद्धि राख्छ, त्यो मृत्यु उपरान्त मृत्युलाई नै प्राप्त हुन्छ ।"

यो *बृहदारण्यकोपनिषद्*बाट उद्धृत ऋषिवाणी हो । यसको अभिप्रायः अत्यन्त गहन छ । तर अति व्यावहारिक । यसको व्यावहारिक अभिप्रायः यो हो कि पक्षपातपूर्ण, भेदभावयुक्त तथा असमान दृष्टि राख्नु मृत्युतुल्य कुरा हो । तर के गर्ने ? भेदबुद्धि आजको मानिसको मुख्य विशेषताझैं बनेको छ । जातिको नाममा भेदभाव, राजनीति र भौगोलिक सीमाको नाममा भेदभाव, धर्म र आस्थाको नाममा भेदभाव, भाषा र वेशभूषाको नाममा भेदभाव ।

मानौं कि एकातिर सिद्धान्तमा वैश्विकीकरण र समानता भनिन्छ । तर अर्कातिर यत्रतत्र सर्वत्र असमान दृष्टिकोणको साम्राज्य छ ।

विचार तरङ्गहरूको गर्भगृह

समस्त बाह्य परिदृश्यको निर्माण गर्ने कारकतत्त्व हाम्रो आन्तरिक सोच या दृष्टिकोण नै हो भने यसलाई किन विधेयात्मक नबनाउने ? अत्यावश्यक मात्रै होइन, परम आवश्यक छ बनाउन ।

सोच विचार तरङ्गहरूको गर्भगृह हो । विचार मानसिक जगत्को विद्युत्शक्ति हो । विचार निराकार शब्द होइन, साकार हुने पूर्वतयारीमा रहेको ऊर्जासङ्ग्रह हो । पाश्चात्य देशका वैज्ञानिकहरूले विचारको फोटो खिच्ने क्यामेरा बनाएका छन् । जस्तो विचार मनमा उत्पन्न हुन्छ, त्यसले त्यस्तै आकारको फोटो देखाउँछ ।

मनमस्तिष्कमा प्रतिक्षण विचारबीज उत्पन्न हुन्छ । त्यसपछि त्यो विचार विद्युतीय रूपमा तरङ्गित भई बाहिर निस्कन्छ । उक्त अचम्मको क्यामेराले अमूर्त विचारलाई मूर्तिमान आकारमा फोटोद्वारा देखाउने काम गर्छ । विचार भित्र जन्मन्छ, बाहिर उड्छ । शक्तिशाली विचार हावामा उड्दैन । हावालाई माध्यम बनाएर बाह्य पदार्थहरूलाई संयोजन गर्दै साकार रूप लिने प्रयत्न गर्छ ।

निषेधात्मकता विष, विधेयात्मकता अमृत

माथि भनिए जस्तै साकार रूप लिने शक्ति भएको विचारलाई विधेयात्मक विचार भनिन्छ । यस्तो विचार उपन्न भएर बाह्य जगत्मा आइसकेपछि त्यो ढिलोचाँडो मूर्ततामा बदलिएरै छाड्छ । विचार जोकसैको मनमस्तिष्कबाट उत्पन्न नभएको किन नहोस् ।

विधेयात्मक विचार नै सकारात्मक प्रजातिको विचार हो । नकारात्मक प्रजातिको विचार निषेधात्मक हुन्छ । त्यसमा साकार या मूर्तिमान हुने क्षमता हुँदैन, बरू अरू मनमस्तिष्कलाई आहत गर्ने अवगुण विद्यमान हुन्छ ।

विधिपूर्वक यन्त्रमा जडित विद्युत्मा विशाल यन्त्र चलाउने शक्ति हुन्छ । तर जोडिनुपर्ने बिन्दुअगाडि नै तार जोडियो भने विद्युतीय शक्तिले यन्त्र विस्फोट गराउँछ र करेन्ट लगाउँछ । त्यस्तो विधिविहीन करेन्टको झट्काले जोसुकैलाई आहत गर्छ । यो विद्युत्को निषेधात्मक पक्ष हो ।

सदैव अप्रिय र विस्फोटक

विद्युत्को निषेधात्मक पक्ष जस्तै विचारको निषेधात्मक पक्ष सदैव अप्रिय र विस्फोटक हुन्छ । नकारात्मक विचारले नाता, सम्बन्ध, हितैषी र शुभचिन्तक सबैतिर विस्फोटै विस्फोट गराउँछ । जीवनमा सुख, सन्तोष, शान्ति र समृद्धि प्रवेश गर्ने द्वारमै "प्रवेश निषेध" लेखिदिन्छ ।

अहँ, हुँदैन, नाइँ, नो, छैन, होइन यी सजातीय "निषेधात्मक" शब्द हुन् । यसविपरीत "विधेयात्मक" शब्दको सजातीय हुन् - हुन्छ, हो, सक्छु, अवश्य, निश्चित रूपमा, सम्भव छ । निषेधात्मक विचार राख्नु भनेको मस्तिष्कीय ऊर्जाको भाँडो घोप्टो पारेर राख्नु हो । घोप्टो भाँडोमा कुनै पनि चीज छिर्दैन, अडिँदैन ।

विधेयात्मक विचार राख्नुको अर्थ हो, जीवनलाई अनन्त शक्ति, अनन्त शान्ति, अनन्त ज्ञानसँग नजिक रहने अवसर दिनु । त्यसैले यहाँ भन्नैपर्छ, निषेधात्मकता विष हो भने विधेयात्मकता अमृत हो ।

मानसिक विद्युत् याने विचारशक्ति

मानसिक पावरहाउसमा प्रतिपल उत्पन्न हुने ऊर्जा तरङ्गलाई विचार भनिन्छ । सोच्न सक्ने भएदेखि जीवन रहेसम्म विचाररूपी ऊर्जा तरङ्ग निस्किरहन्छ । विचारलाई मस्तिष्कीय विद्युत् शक्ति भन्ने हो भने यसका दुई प्रवाहबारे जान्नैपर्ने हुन्छ ।

जसरी विद्युतीय प्रवाहका दुई धारा धनात्मक र ऋणात्मक हुन्छन्, त्यसैगरी विचार विद्युत्का पनि दुई धारा हुन्छन्- सकारात्मक र नकारात्मक ।

सकारात्मक या आशावादी विचार, जुन विचार उत्पन्न हुनासाथ दिमागमा स्नायुकोषिका सङ्गठित र सामञ्जस्यपूर्ण आकृतिमा क्रियाशील हुन्छन् । फलस्वरूप तिनमा प्रतिरोधात्मक क्षमता उच्च हुन्छ । यस रीतिले उत्पन्न हुने विचार जब बाहिर प्रक्षेपण हुन्छ, त्यसले सोही सघनताका साथ ऊर्जाको निर्माण गर्छ ।

मूल कारण विचारशक्ति नै हो

यसै कारणले गर्दा सकारात्मक तथा आशावादी विचारले अरूलाई अधिक मात्रामा प्रभावित गर्न सक्छ । सकारात्मक विचारसँगै सकारात्मक भाव र शब्द जोड्ने हो भने त्यसले जोसुकैलाई आफ्नो प्रभुत्वमा पार्न सक्छ ।

नकारात्मक विचारको समीकरण योभन्दा ठीक विपरीत प्रकृतिको हुन्छ । नकारात्मक वा निराशावादी विचार मस्तिष्कमा उत्पन्न हुनासाथ स्नायु कोषिका र तन्त्रिका प्रणालीभित्र असङ्गठित प्रतिक्रिया सुरू हुन्छ, जसले प्रतिरोधात्मक क्षमता तुरून्तै घटाउँछ । नकारात्मक विचार निरन्तर रहिरह्यो भने त्यसले रोग, शोक, बेचैनी, व्याकुलता, असहजता, व्यग्रता जस्ता दुर्भाव जन्माउने जैवरसायन उत्पन्न गराउन उत्प्रेरित गर्छ ।

आधुनिक जमानाका प्रचलित रोगबिमारीको प्रकृति प्रायः मनोकायिक हुने कुरा अध्ययन अन्वेषणले व्यापक रूपमा देखाएका छन् । यसको मूल कारण यही नकारात्मक विचारशैली नै हो । मनोकायिक रोग भनेको लक्षण कायामा देखिने तर त्यसको जड कारण विकृत मनभित्र हुनु हो ।

सजातीय विचारलाई आकर्षण

सजातीय विचारलाई आकर्षित गर्नु विचारशक्तिको अर्को विशेषता हो। यसको अर्थ हो, मस्तिष्क आफ्नो जात मिल्ने विचारलाई आफूतिर तानेर आफूमा एक आभामण्डलको निर्माण गर्नु। नकारात्मक सोचले भरिएको दिमागमा सोही जातका विचार एकत्रित हुन्छन्। क्रोध, द्वेष, स्वार्थको विचार लिएर हिँड्ने व्यक्तिको त्यस्तै त्यस्तासँग सङ्गत हुन पुग्छ। जब कि सकारात्मक, शुभ तथा विधेयात्मक विचार तरङ्गले आफूजस्तै अन्य विचार एकत्र गरी मस्तिष्कलाई भरिपूर्ण बनाउँछ।

तपाईंको विचार जुन दिशामा उन्मुख हुन्छ, तपाईंको जीवन सोही दिशातर्फ लम्कन थाल्छ। यसो किन हुन्छ भने विचार केही समयपछि क्रिया बन्छ। क्रिया बारम्बार पुनरावृत्त भएपछि आदत बन्छ। आदत प्रगाढ भएपछि चरित्रमा रूपान्तरित हुन्छ। चरित्रको क्रियाविधि नै संस्कार हो।

यसप्रकार आजको विचार कुनै दिन संस्कार बनेर व्यक्तित्वको शासक र सञ्चालक बन्छ। भनिरहनु नपर्ला, शुभ संस्कारको चाहना राख्नेले शुभ विचारको अभ्यासी बन्न अपरिहार्य छ।

आफैं बनाऔं आइडियोस्फेयर

बाहिरी भौतिक परिवेशलाई एट्मसफेयर भनिन्छ। एट्मसफेयरअन्तर्गत जल, वायु जस्ता जड पदार्थको आवरण पर्छ। यस आवरणदेखि भित्रपट्टि अर्को सूक्ष्म कवच विद्यमान हुन्छ, त्यसलाई इनर्जी स्फेयर भनिन्छ। परिवेश केकस्तो ऊर्जा तरङ्गले आच्छादित छ भन्ने अध्ययन यसअन्तर्गत गरिन्छ।

पशु वधशाला या स्मशान क्षेत्रतिर जाने हो भने त्यहाँ असजिलो वा नमीठो अनुभव गराउने ऊर्जातरङ्ग सक्रिय पाइन्छ। जब कि भजन-सत्सङ्ग भइरहेको आध्यात्मिक माहोलमा जाने हो भने उक्त स्थानको ऊर्जाले स्वतः सुखद र उल्लासदायक अनुभव दिइरहेको हुन्छ।

एट्मस्फेयर, इनर्जीस्फेयरको तुलनामा अधिक सघन र सूक्ष्मीकृत ऊर्जावलय त्यस स्थानमा रहने मानिसको विचार स्तरले निर्माण गर्छ। त्यसलाई आइडियोस्फेयर भनिन्छ। मौनमा रहने ध्यानी सन्तपुरूषको छेउमा जाँदा एक सकारात्मक स्फुरणाको स्पर्श स्वतः अनुभव हुन्छ।

यसको ठीक उल्टो कुनै हत्यारा या अतिक्रोधी व्यक्तिको समीप गएर हेऱ्यो भने त्यहाँ छुट्टै किसिमको विग्रहमुखी ऊर्जातरङ्ग संव्याप्त हुन्छ । र समीप पुगेको व्यक्तिलाई त्यसै किसिमका विचारले घेरा हाल्छ । कुनै ध्यान साधना, आध्यात्मिक अनुष्ठान, सकारात्मक परिचर्चा, धर्मचर्चा, सत्सङ्ग-समारोह आदि स्थानमा जुन आइडियोस्फेयरको विनिर्माण भएको हुन्छ, त्यसले जोकसैलाई शान्त र मौन हुन प्रेरित गर्छ ।

पोजेटिभिटी रेसियो

विचार शक्ति सजातीय आकर्षण जस्तै सजातीय विकर्षणद्वारा पनि अरूसम्म पुग्छ । यदि तपाईंभित्र पाप प्रेरित या अशुभ विचार उत्पन्न भयो भने त्यसले छेउछाउकालाई समेत स्पर्श गर्छ र कसैको दिमागसम्म पुगेर त्यो क्रियामा रूपान्तरित हुन बेर लाग्दैन ।

तसर्थ त्यस्ता विचारदेखि सदैव सावधान रहनुपर्छ । कसैले देख्ने होइन भनेर दिमागभित्र विध्वंसात्मक, अशुभ तथा पापप्रेरित विचार जन्माउनु आफू र वरिपरिकालाई घात गर्नुबराबर हो ।

विचार विज्ञानका अध्येताले त्यसै भनेका होइनन्, सदासर्वदा शुभ र सिर्जनशील विचारको अनुगामी बन । संसारको सर्वोत्तम सेवा नै यही हो कि सदैव प्रेम, दया, पुण्य र सहानुभूतिपूर्ण विचार गर्ने गरौं । आफू वरिपरिको आइडियोस्फेयरलाई भुलेर पनि प्रदूषित नगरौं ।

विचार प्रदूषण अक्षम्य पाप हो । यसले समाजमा अनाचार, दुराचार, भ्रष्टाचार जस्ता दुष्प्रवृत्तिलाई बढावा दिन्छ ।

ऋग्वेदको उद्घोषणा मननयोग्य

अप दुष्कृतान्य जुष्टान्यारे ।

कुविचार तथा कुकर्मदेखि दूर रहौं । यसले धारण गर्नेलाई नै नष्ट गर्छ ।

"पोजेटिभिटी रेसियो"का नाममा सकारात्मक भावनाले ओतप्रोत व्यक्तित्वको निर्माण गर्ने अभियान चलाउँछिन् अमेरिकी अभियन्ता बारबरा फ्रेडरिक्सन ।

मीठो र प्रेरणादायी शैलीमा फ्रेडरिक्सन भन्छिन्, "सकारात्मक विचार या भावमा रहने अभ्यास गर्नुहोस् । यसले तपाईंलाई आफ्नो असली क्षमतामा उभिन प्रेरित गर्छ । साथै तपाईंभित्रका सम्भाव्यताको भण्डार खोलिदिन्छ । कुनै रोकावट छ भने त्यसबाट तपाईंलाई निकालिदिन्छ र दुनियासँग जोडिने ऊर्जा दिन्छ ।"

सुविचार सामर्थ्य

आशावादी विचारले अरू त के ब्रेन ट्युमर जस्तो साङ्घातिक रोगलाई समेत जित्न सक्छ । नेपाली मूलका बर्मेली व्यक्ति स्वामी विवेकानन्द यस मान्यताका प्रत्यक्ष प्रमाण हुन् । उनलाई १२ वर्षअघि ब्रेन ट्युमर भएको डाक्टरी रिपोर्टले देखायो । उनी आत्तिएनन्, धैर्यपूर्वक आशावादी विचारको उपासनामा लागिरहे । डाक्टरी उपचारको साथमा आफ्नो स्वआस्था र विचारलाई निरास हुन दिएनन् ।

साथमा योग, ध्यान, प्राणायाम, स्वाध्याय, सत्सङ्ग, भगवत् चिन्तन, आशावादिता र विधेयात्मक सोचको साधनालाई निरन्तर जारी राखे । अहिले उनी पूर्ण स्वस्थ छन् । देशदेशान्तर पुगेर कथापुराण सुनाउँछन् । उनी हजारौं/लाखौंको प्रेरणास्रोत भएर बाँचेका छन् ।

भनिएको छ, "विश्वासी फलदायकः" अर्थात् दृढ विश्वासको शक्ति प्रचण्ड हुन्छ । विश्वास यदि प्रबल छ भने त्यसले सोहीअनुरूप फल दिन्छ । कतिपय व्यक्ति रोग लाग्दा आफूलाई औषधिले नै निको पार्छ भन्ने विश्वास राख्छन् । जब कि कतिपय व्यक्तिको विश्वास स्वयम् औषधि बन्छ ।

सोच नै रोग, सोच नै औषधि

वास्तवमा स्वविश्वास नै सर्वश्रेष्ठ औषधि हो । सकारात्मक विचारले प्रगाढ विश्वासलाई जन्म दिन्छ । त्यस्तै जुन रोगी आफ्नो चिकित्सकमाथि अगाध विश्वास राख्छ, आधा रोग त सोही विश्वास नामक औषधिले ठीक पारिदिन्छ ।

यसको उल्टो, चिकित्सकमाथि विश्वास नराख्ने बिरामी तुलनात्मक रूपले निको हुन समय लाग्छ । सामान्यतया छिट्टै रोग निको भयो भने मान्छेहरू ठान्छन्, फलानो डाक्टर जान्ने रहेछ । जब कि रोग निको हुनुमा डाक्टरको भूमिका १० र स्वविश्वासको भूमिका ९० प्रतिशत हुन्छ ।

विश्वविख्यात वैज्ञानिक स्टिफन हकिन्सलाई उनी २१ वर्षको हुँदा डाक्टरहरूले दुई वर्षभन्दा बढी नबाँच्ने सङ्केत गरेका थिए । एक किसिमको खतरनाक स्नायुजन्य रोगका कारण उनलाई मृत्यु सुनिश्चित भएको चेतावनी दिइयो । तर उनी ७७ वर्षसम्म सुजीवित भए । उनी जीवित मात्र भएनन्, सिङ्गो विश्वलाई चमत्कृत गर्ने क्वान्टम भौतिकी एवम् विश्व सिद्धान्तका प्रणेताका रूपमा प्रतिष्ठित हुन सफल भए ।

सम्मुख आइसकेको मृत्युलाई जितेर जीवन रोज्न सक्ने सामर्थ्य उनीभित्रको स्वआस्था र विश्वासको शक्ति नै थियो । वैचारिक विश्वास प्रबल छ भने शरीरको सीमितता त पराजित हुन्छ, साधारण रोगबिरामीको के कुरा ?

भुक्तभोगीहरू भन्छन्

भनिन्छ, नकारात्मक सोच बोकेर हिँड्नेका लागि कुनै पनि औषधिले काम गर्दैन । तर सकारात्मक सोच छ भने विषै दिए पनि त्यसले असर गर्दैन ।

भुक्तभोगीहरू भन्छन्, "जिन्दगीको सर्वाधिक घातक अपाङ्गता नै नकारात्मक सोच हो । शरीरको अपाङ्गता वास्तविक अपाङ्गता होइन ।" स्मरण रहोस्, व्यक्तिको निकटतम र आततायी शत्रु भनेकै निजको नकारात्मक विचार हो ।

एक वेदवाणी मनन गरौं–

"मूर्धानं राय आरभे" (ऋग्वेद १।२४।५) अर्थात् ऐश्वर्य हासिल गरी महान् काममा जुट । तुच्छ विचार र तुच्छ कर्म गर्ने व्यक्ति अन्ततः तुच्छ नै रहन्छ ।

अध्ययनशील नबने धरै छैन

सोचको खुराक ज्ञान हो । ज्ञान बढाउन छाड्नुको अर्थ हो, सोचमा धूलो जम्नु, विचार जगत्मा प्रदूषण फैलिनु । ज्ञान बढाउन निरन्तर पढ्ने गरौं । जीवन विद्याका रसिला पुस्तक निरन्तर पढिरहौं । यसले सुविचार त दिन्छ नै, आयु पनि लम्ब्याउँछ ।

दुई अमेरिकी खोजकर्ता डा. ग्रानिक र डा. बिरेन दीर्घकालसम्म खोजमा लागिरहे र यस्तो प्रमाणित गरे, "दीर्घ जीवनको अन्तरङ्ग सम्बन्ध व्यक्तिको ज्ञानसँग जोडिएको हुन्छ ।"

प्राकृतिक जीवनशैली, सन्तुलित आहारविहार, परिश्रमशीलता, संयमित जीवनवृत्ति, नियमित योगध्यानको महत्त्व आफ्नो ठाउँमा उच्च छ । तर यी सबैको तुलनामा अझ विस्तृत प्रभाव अध्ययनशीलताको पर्छ । सकारात्मक तथा सतोगुणी ज्ञानवृद्धिले निःसन्देह आयुवृद्धि गर्छ । ती अमेरिकी अध्ययनकर्ताको खोजको निष्कर्षले यसै तथ्यलाई पुष्टि गरेको छ ।

स्वास्थ्यको परिभाषा दिँदै विश्व स्वास्थ सङ्गठनले भनेको छ, रोग नहुनु मात्रै स्वस्थ हुनु होइन, स्वस्थ कहलिनका लागि व्यक्तिमा शारीरिकसँगै मानसिक, आध्यात्मिक र सामाजिक प्रसन्नता हुनु जरूरी हुन्छ । तर विडम्बना, धेरैजसो मानिस मानसिक तथा आध्यात्मिक प्रसन्नतालाई बेवास्ता गर्छन् । मन र आत्मालाई परिपोषित गर्न भुलिरहेका हुन्छन् ।

विधेयात्मक चिन्तनमा आधारित

अध्ययनशीलता त्यो साधन हो, जसले मन र आत्मालाई बिनासाइड इफेक्ट परिपुष्ट गर्छ । यो साधन सस्तोमा सस्तो र सुलभमा अति सुलभ छ । अध्ययनशील व्यक्ति नै विचारशील हुन्छ । ज्ञान नै विचारको सर्वप्रभावी साबुन हो ।

यहाँनिर जान्नैपर्ने तथ्य के हो भने निरन्तर अध्ययनशील मस्तिष्कभित्र नै स्नायु प्रणाली चुस्तदुरूस्त रहन्छ । खेतमा उम्रेका झारपात गोडेपछि अन्नबाली स्वतः उब्जाउ हुन्छ । सिसाको दर्पण धूलोरहित छ भने प्रतिबिम्ब स्पष्ट देखिन्छ । शरीरस्थ रगत स्वच्छ छ भने रोगविकार स्वतः

निष्कासित हुन्छन् । ठीक यस्तै नियम अध्ययनशील तथा ज्ञानोन्मुख दिमागमा लागू हुन्छ ।

यो शाश्वत नियमलाई मनन गर्दै तपाईं प्रिय पाठक अध्ययनशील हुन नचुक्नुहोला । ज्ञानप्रतिको आकर्षण र तत्परता तपाईंमा सधैं जीवित रहोस् । विचाररूपी खेतबारीमा उम्रने झारपात गोड्ने यो नै सर्वसुलभ विधि हो । फेसबुक र ह्वाट्सएप जस्ता दिमागी व्यसनप्रति संयमित रहनुहोला थाहै नपाई तपाईंको वैचारिक उर्वरताभित्र उम्रने चुमजुम्रा हुन् यी भनेका । विधेयात्मक चिन्तनमा आधारित पुस्तक-सामग्रीहरू तपाईंका असली मित्र बनून् ।

अध्ययनका नाममा निषेधात्मक र अनुपयोगी सामग्रीबाट बच्नु नितान्त आवश्यक छ । भड्काउ विचार, भ्रमित मानसिकता, अलमल्याउने र कुतूहलता जन्माउने किसिमका तथा कथिक सामग्रीबाट टाढा रहने कौशल तपाईंमा हुनैपर्छ । हिजोआज बजारमा क, ख, ग, घ जस्तो पायो त्यस्ताको जीवनी तथा लेखनी छ्यापछयाप्ती छन् । यस्ता मन्दबिसालु सामग्रीबाट जोगिनु आफू स्वयम्को दायित्व हो ।

पुस्तक रोज्ने बेलामा

पुस्तक रोज्ने बेलामा मिल्सको यो उद्गार अवश्य हेक्का राखौं, "पुस्तक त्यो नै उत्तम हो, जसलाई आशाका साथ खोलियोस् र लाभका साथ बन्द गरियोस् ।"

मनन गरौं, बुद्धले आफ्ना अनुयायीलाई सुनाउनुभएको यो उपदेश–

असज्झायमला मंता... निम्मला होथ भिक्खवे ॥

अध्ययन नगर्नु मनको मैलो हो । बढारकुँडार नगर्नु घरको मैलो हो । आलस्य सौन्दर्यको मैलो हो । प्रमाद (मानसिक अल्छीपना) सजगताको मैलो हो । यी सबैभन्दा माथि जुन मैलो छ, त्यो हो अविद्या नामक मैलो । भिक्षुगण यो अन्तिम मैलो हटाउने पुरूषार्थ गरून् ।

प्रस्तुत बुद्धवाणीमा भिक्षु शब्द प्रयोग भएको छ । त्यसैले सामान्य व्यक्ति आफू भिक्षु नभएकाले यस्तो ज्ञान आफ्ना लागि होइन भन्ने मतिभ्रममा हुन सक्छन् ।

सावधान ! होसियार ! मनुष्य चोलामा जन्मिएको हरेक व्यक्ति भिक्षु नै हो । बस्, कसैले गेरूवस्त्र पहिरिएका हुन्छन्, कसैले हुँदैनन् । मिथ्याको कुतर्क झिकेर भित्रभित्रै मयल बोकेर हिँड्नु कोरा मूर्खता हो । अतः मैलो फालौं, अध्ययनशील बनौं ।

सोच्न आउँछ ?

श्वासप्रश्वास आफैं आउँछ, जान्छ । आँखा स्वयम् झिम्किन्छ । दिमागले सोच्ने काम स्वयम् सम्पन्न हुन्छ । त्यसैले एक्कादुक्का विचारशील मनस्वी आफ्नो सोचमाथि नियन्त्रण राख्न सक्छन्, बाँकीले सक्दैनन् । बाहिर नदेखिने भएर मात्रै हो, सोच या विचार बाहिर देखिने हुन्थ्यो भने मान्छेको नजिक जाँदा राम्रोसँग नाक थुनेर जानुपर्थ्यो रे दुर्गन्ध झेल्नलाई ।

सामान्य सांसारिक व्यक्तिको कुरा गरौं । लोग्ने मान्छेले दिनभरिमा एक सयभन्दा बढी मानसिक विवाह गर्छ रे । त्यस्तै स्वास्नी मान्छेले दिनभरिमा एक सयभन्दा बढी लुगा र गहना फेर्छिन् अरे मानसिक रूपमा । प्रसिद्ध मनोवैज्ञानिक फ्रायडले पनि भनेका छन्, केटा मान्छेको दिमागमा हरेक छ सेकेन्डमा स्त्री या परस्त्रीको छवि उब्जन्छ ।

शास्त्र, श्रुति र स्मृतिहरूलाई आधार मानेर भन्नुपर्दा मानव सोच प्रायः दुइटा कुराको वरिपरि घुम्ने गर्छ– रसना र वासना । रसना अर्थात् जिब्राको स्वाद । वासना अर्थात् कामेच्छा । रसना र वासनाको घनचक्करमा जिन्दगी कहिले चिता चढ्छ थाहा हुन्न । स्वामी विवेकानन्द भन्नुहुन्छ, "मृत्युवरण गर्न केही घण्टा बाँकी हुन लाग्दा बल्ल मान्छेको होस खुल्छ र बोध हुन्छ– ज्या है ! जिन्दगी त गई पो सकेछ । विचराले के गरोस् त्यो बेला ?"

उसैले सुख पाउँछ

रसना र वासनामा आसक्त भएर जिन्दगी जिउने काम त जनावरले पनि गर्छ । बरू जनावर मान्छेभन्दा राम्रोसँग रसना र वासनाको उपयोग गर्छ । बढी खाएर पशुपन्छी कहिल्यै बिरामी हुन्नन् । वासना पूर्ति अर्थात् यौनसम्बन्ध स्थापना गर्न हरेकजसो पशुपन्छीको आआफ्नो नियम-मर्यादा हुन्छ । मौसम प्रतिकूल गएर जनावर सहवास गर्दैनन् ।

रसना र वासनाको वरिपरि घुम्ने सोचबाट माथि उठ्ने सुप्रयत्नको नाम नै मनुष्यता हो । मानव बोध र विवेकका दृष्टिले पशुभन्दा एक कदम माथिको जीव हो । सोच या विचारमा यो तथ्य निरन्तर स्मृतिमा रहनु नै सोच्न जान्नु हो । यसरी सोच्न नजान्नेको मनलाई गीताले जङ्गली घोडाको संज्ञा दिएको छ ।

ताओ दर्शनमा एउटा भनाइ छ– विषयवासनामा रमण गर्नु महान् पाप हो । बौद्ध साहित्यअन्तर्गत *यमक बग्गो-१* मा उल्लेख छ, "संसारमा जे जति प्रवृत्ति देखिन्छन्, ती सबैको कारण सोच (मन) हो । दूषित मनविचार राख्नेलाई दुःखले पछ्याउन छाड्दैन । जसको विचार शुद्ध हुन्छ, उसैले सुख पाउँछ ।"

अब त सोच्न आउँछ नि ?

"म मानव हुँ । म पशु होइन । रसना र वासनामा मात्रै डुबेर बाँच्नु मलाई पटक्कै शोभा दिँदैन । रसना र वासनाको दलदलबाट माथि उठी भावना, सपना, साधना, प्रार्थना र शुभकामनाका विचार मैले दिमागमा आमन्त्रित गर्नुपर्छ । म पुनः हृदयङ्गम गर्न चाहन्छु, म मानव हुँ, पशु होइन ।"

यसरी सोच्न थाल्नुभएपछि अब सुरू हुन्छ सोच्ने कला, विचारशैली र मनोनिग्रह । आजभन्दा हजारौं, लाखौं वर्षअघिका युगद्रष्टा ऋषिमहर्षिले यो गरिमामय वेदऋचा किन रचे होलान् त ?

परोऽपेहि मनस्ताप किमशस्तानि शंसति ।

परे हि न त्वा कामये वृक्षां वनानि सं चर गुहेषु गोषु मे मनः ॥

- अथर्ववेद ६।४५।१

अर्थ– नराम्रा विचार मबाट सदैव टाढा रहून्, ताकि म कुनै पनि दुष्कर्म नगरूँ । मेरो मन खराब सोचतर्फ नजाओस् । तसर्थ मनलाई म सदा असल कार्यमा लगाइरहन सकूँ । आफ्नो घर र चौपाया (उद्यम)को समृद्धिमा लगाइरहन सकूँ ।

पूर्वीय वैदिक दर्शनले जस्तै पाश्चात्य अभिमतले पनि रसना र वासनाबाट बच्नुपर्ने र सोचको सामर्थ्यलाई सिर्जनात्मक दिशामा लगाउनुपर्ने

सुझाव दिएको छ । भोगवाद र उपभोक्तावादलाई केन्द्रमा राख्दै आएको पाश्चात्य मान्यतासमेत किन यसो भन्दै छ ? बुझ्न आवश्यक छ ।

लोकप्रिय पाश्चात्य लेखक नार्मन विन्सेन्ट पिलले *सकारात्मक सोचको शक्ति* नामक पुस्तकमा लेखेको वाक्य सम्झनलायक छ, "मानसिक प्रक्रियालाई उल्ट्याइदिनुहोस् र समृद्धि, उपलब्धि, सफलताबारे सोच्न सुरू गर्नुहोस् ।"

सकारात्मक सोच : सारांश चित्रण

१. सकारात्मक सोचका पाँच शिरपोष

१. सकारात्मक सोच

२. सकारात्मक दृष्टिकोण

३. सकारात्मक व्यवहार

४. सकारात्मक भावना

५. सकारात्मक जीवनशैली

२. पैसाले भन्छ– मेरो पछि लाग, सबै कुरा बिर्स

जवानी (कामवासना)ले भन्छ– मेरो पछि लाग, सबै कुरा बिर्स

भविष्यले भन्छ– मेरा लागि काम गर, सबै कुरा बिर्स

तर

सकारात्मक सोचले भन्छ, मेरो पछि लाग म तिमीलाई सबथोक दिनेछु ।

३. नकारात्मक सोचसँगै उत्पन्न हुन्छ–

- नकारात्मक तरङ्ग
- नकारात्मक भाव
- नकारात्मक स्मृति
- नकारात्मक आभामण्डल

४. एक स्वतःसिद्ध तथ्य–

नकारात्मक सोच = एक

सकारात्मक सोच = तीन

- नकारात्मकता सदैव बलियो हुन्छ
- नकारात्मकताको प्रतिरस तुरून्त उत्पन्न हुन्छ
- धेरैजसो व्यक्ति सकारात्मकतातर्फ चासो राख्दैनन्
- शोधअनुसन्धानको निष्कर्षअनुसार औसत व्यक्ति अरूको निन्दा र टिप्पणीमा सर्वाधिक मिठास महसुस गर्छन्
- नकारात्मकताले शरीरभित्र नकारात्मक जैव-रसायन उत्पन्न गर्छ
- नकारात्मकताले मनलाई ग्रसित, असिर्जनशील र चञ्चल बनाउँछ तसर्थ,
- मनमा सकारात्मक सोचका प्रतिरक्षक सेनाको सङ्ख्या बढाऔं
- आशावादी र गुणदर्शक बनौं
- नकारात्मक सोच उत्पन्न हुनेबित्तिकै त्यसलाई उन्मूलन गरौं
- त्यसका लागि उचित वातावरण, साथीसङ्गत, पुस्तक तथा उपयोगी सङ्गीतको सहारा लिने गरौं ।

५. सकारात्मक सोच र हाम्रो खानपान

- जस्तो खायो अन्न त्यस्तै बन्छ मन, जस्तो पियो पानी, त्यस्तै जिन्दगानी ।
- मुखद्वारा ग्रहण गरिएको खाना पेटमा पुगेपछि तीन भागमा विभाजित हुन्छ– पहिलो भाग मलमूत्र पसिना बनेर बाहिर निस्कन्छ । दोस्रो भाग शरीरको पोषण, रगत र तागत बन्छ र तेस्रो भागले हाम्रो भावना, संस्कार, चरित्र र व्यक्तित्व बनाउँछ ।
- स्वस्थ, प्राकृतिक, नैसर्गिक, सतोगुणी र शाकाहारी आहारविहारले हाम्रो शारीरिक स्वास्थ्य उत्तम बनाउँछ, उत्तम शरीरमा मात्रै उत्तम विचार अवतरित हुन्छ ।

६. एउटा सोच आकारमा साह्रै सानो हुन्छ । तर त्यसले जीवनमा धेरै ठूलो प्रभाव पार्छ

- विस्टन चर्चिल

७. को सकारात्मक, को नकारात्मक ?

को सकारात्मक ?	को नकारात्मक ?
● तुरून्त उत्तेजित नहुने/तटस्थ रहने ● प्रकृतिको नियम मान्ने/तार्किक भेदभाव नगर्ने ● मनको तुलनामा हृदयको आवाज सुन्ने र तदनुरूप निर्णय लिने	● जो जति बढी प्रतिक्रिया गर्छ ● जसको जति बढी भेदभावयुक्त दृष्टि हुन्छ ● बढी तर्क-कुतर्क गर्ने र लाइक्स-डिस्लाइक्सको सूची लामो हुने

८. **सुखको खोजीमा मान्छे**

- घर बदल्छ, कपडा बदल्छ, सम्बन्ध बदल्छ
- काम बदल्छ, पेसा बदल्छ, साथीभाइ बदल्छ
- कसैकसैले देशै बदल्छ
- फेरि पनि दुःखी नै रहन्छ

किनकि ऊ आफ्नो सोच/स्वभाव बदल्न तयार हुँदैन ।

९. **सुखद अनुभूति दिने ऊर्जा नै सकारात्मक सोच**

- सोच र स्वभावमा सकारात्मक परिवर्तन नआएसम्म नैसर्गिक सुख कदापि आउँदैन
- स्व अर्थात स्वयम् र भाव अर्थात् अनुभव । अनुभव दुई प्रकारको हुन्छ– सुखद र दुःखद । सकारात्मक सोचले मात्रै सुखद अनुभव दिन्छ ।

१०. **सकारात्मक सोच अभिवर्द्धन उपाय**

- कर्मशील हात
- वैज्ञानिक मगज
- आध्यात्मिक हृदय

कर्म गर्ने हात, विचार गर्ने मगज र अनुभव गर्ने हृदयको बीचमा समुचित समन्वय र सामञ्जस्यता बढाउनुहोस् ।

आखिर कसलाई मान्ने सर्वश्रेष्ठ ?

सदाचारी नै सर्वश्रेष्ठ

छैनन् लोभ समान दुर्गुण अरू, चुक्ली ठूलो पाप हो,
साँचो बोल्नु यही ठुलो तपस हो, शुद्धो मनै तीर्थ हो ।
विद्या नै धन हो, सखे ! जगतमा दुर्नाम नै मृत्यु हो,
कीर्ति हो गहना सुशील रहन यै इष्ट वा मित्र हो ॥

अल्छी भै रहँदा पवित्र नहुँदा, आचार छोडी दिंदा,
जस्तो अन्न जहाँजहाँ जतिसुकै बेला मिलोस् खाइदिंदा ।
अभ्यास श्रुतिशास्त्रको नगरिंदा चिन्ता र सुर्ता लिंदा,
आयु घट्दछ मिल्छ झटपट सखे ! संसारबाटै बिदा ॥

- गुणरत्नमाला

एक लेखक भएको नाताले म यस शीर्षकमा जेजति लेख्दै छु, विषयसुहाउँदा सन्दर्भ, उदाहरण, उद्धरण र दृष्टान्तहरूका माध्यमबाट लेख्दै छु । किनकि यो अत्यन्तै संवेदनशील विषय हो । त्यसैले यस प्रकरणमा आफ्ना शब्द नलेखेर सदाचारपूर्ण जीवन बाँचेका महापुरूष, शिखरपुरूष र आदर्शपुरूषहरूको सदाचार शिक्षणलाई प्रस्तुत गर्ने धृष्टता गरेको छु ।

वेदवाक्यबाट श्रीगणेश

परिवादने दुश्चरिताद्वाधस्वा मा सुचरिते भज ।
उदायुषा स्वायुषोदस्थाममृतांऽअनु ॥ यजुर्वेद ४/२८

हामी परमात्मासँग सच्चा हृदयले प्रार्थना गरौं– हे प्रभो ! हामीलाई दूराचारदेखि हटाएर सदाचारको मार्गमा अघि बढाउनुहोस् ।

अधर्मदेखि बचाएर धर्मशील बनाउनुहोस् । सच्चा मनदेखि गरेको प्रार्थना भगवान्ले सुन्नुहनेछ र तिमीलाई उत्तम पथमा हिँडाउनुहुनेछ ।

मा प्र गाम पथो वयं मा यज्ञादिन्द्र सोमिनः । मान्त स्थुर्नो अरातयः ॥-अथर्ववेद १३/१/५९

हामी सन्मार्गबाट कदापि विचलित नहोऔं । सदैव श्रेष्ठ कर्म गर्न सिकौं । काम, क्रोध आदि मनोविकार हाम्रो छेउमै नआऊन् ।

अद्‌भुत सदाचार शिक्षण

महात्मा गान्धीको आश्रममा एउटी महिला छोरा लिएर आइन् । छोरा साथै लिएर भेट्न आउनुको कारण गान्धीले सोध्नुभयो ।

महिलाले भनिन्, "हजुरको वाणीमा शक्ति छ । मेरो छोरालाई हजुरले भनिदिनुपर्‍यो कि चिनी नखा भनेर । यसको दाँत जम्मै कीराले खाइसक्यो । मैले जति भने पनि लाग्दैन । त्यसैले हजुरकहाँ लिएर आएकी हुँ ।"

महिलाको अनुनय सुनेर गान्धी एकक्षण मौन हुनभयो र भन्नुभयो, "अहिले जाऊ, दस दिनपछि आऊ, म भनिदिनेछु ।"

दस दिनपछि महिला छोरो लिएर आइन् । गान्धीले देख्नेबित्तिकै भन्नुभयो, "चिनी खानुहुँदैन है बाबु । यसले तिम्रा सबै दाँत सखाप पार्छ ।"

महिलाले गान्धीलाई विनम्रतापूर्वक सोधिन्, "महात्मा ! हजुरले यत्ति कुरा त त्यतिखेरै भनिदिनुभएको भए हुन्थ्यो नि, दस दिनपछि फेरि किन बोलाउनुभएको नि ?"

गान्धीको विलक्षण उत्तर यस्तो थियो, "हेर नानी, त्यो बेला म आफैं चिनी खान्थें । आफू खाने, अरूलाई चाहिँ हुँदैन भन्नु मेरो आचरणले कसरी दिन्छ ? त्यस दिनदेखि मैले पनि चिनी खान छाडिदिएँ । अब भने म चिनी नखाऊ भन्न योग्य भएको छु । तिमीलाई दस दिनपछि बोलाउनुको कारण यही थियो ।" यसलाई भनिन्छ, सदाचार ।

मरिलानु के छ र ?

जमशेद नामक व्यक्ति इरानको विख्यात बादशाह थियो । ऊसँग एउटा प्याला (अम्खोरा) थियो । प्याला त्यस्तो चामत्कारिक थियो कि त्यसलाई प्रयोग गरेर ऊ जोकसैको भूत, भविष्य र वर्तमान तीनै काल जान्दथ्यो ।

जमशेद इरानका बारेमा के भन्ने गरिन्छ भने जब उसको मृत्यु भयो, उसको खोपडी एउटा भिखारीले भेट्टायो । र, त्यसलाई भिक्षापात्र बनाएर भिक्षा माग्ने काममा प्रयोग गर्न थाल्यो ।

उर्दू भाषाका विश्वविख्यात शायर "आतिश"ले यस विषयलाई लिएर एक शेर कथेका छन्–

काश ! ये जमशेद को मालुम होता जाम में ।

कासा-ए-सर कासा-ए-दस्ते-गदा हो जाएगा ॥

अर्थात् संसारको भूत, भविष्य, वर्तमान तीनै कालको रहस्य जानेको जमशेदले आफ्नो चामत्कारिक प्यालाद्वारा आफू स्वयम्को भविष्य जान्न सकेको भए बडो गज्जब हुन्थ्यो । तर के गर्ने ? आफ्नै खोपडी एक दिन भिखारीको हातको प्याला बन्नेछ भन्ने कुरा विचराले जानेन ।

कठै ! के घमण्ड गर्नु यो मानव चोलाको । त्रिकालदर्शी बादशाहले त आफू स्वयम्को भविष्य देख्न सकेन भने हामी भुराले के देखौंला र ।

भोलि के हुन्छ, कसलाई थाहा छ र ? इमानको जिन्दगी नजिएर आखिर किन गर्नु र बेइमान हजुर ।

यक्षप्रश्नको सन्दर्भ

यो महाभारतको कथाभित्रको यक्ष प्रश्नको प्रकरण हो । पाँच पाण्डवको बनवासको अन्तिम दिन थियो । वनमा यक्षसँग सामना भयो । यक्षले आफ्नो प्रश्नको उत्तर दिएर मात्रै सरोवरको पानी पिउन पाउने सर्त राखे ।

यक्षले सोधेको प्रश्नको उत्तर नदिई पानी पिउने प्रयत्न गर्दागर्दै अर्जुन, भीम, नकुल र सहदेव भटाभट भुइँमा गिर्न थाले । अन्त्यमा युधिष्ठिरले यक्षका सबै प्रश्नको उत्तर दिएर आफ्ना भाइहरूको रक्षा गरे ।

यक्षले राखेका प्रश्नमध्ये एउटा प्रश्न यस्तो थियो, "संसारमा सबैभन्दा आश्चर्यजनक कुरा के हो ?"

अत्यन्तै बुद्धिमत्तापूर्वक युधिष्ठिरले यक्षप्रश्नको उत्तर दिंदै भने, "हाम्रै आँखाको सामुन्ने दिनैपिच्छे कैयौं मानिसको मृत्यु भइरहेको हुन्छ । तर पनि हामी बाँच्नेहरू भने "मचाहिँ सधैं बाँचिरहूँ, अमर रहूँ, भन्ने कामना गर्छौं ।""

यो नै संसारको सबैभन्दा महान् आश्चर्य हो ।

यो संसारमा जो आउँछ, त्यसले एक दिन जानैपर्छ । तर पनि कतिपय मानिस मर्नुपर्छ भन्ने भुलेर त्यस्तो आचरण गर्छन् कि सदासर्वदा यहीँ नै रहनु छ, मृत्यु उसका लागि हुँदै होइन ।

को सन्त, को धूर्त ?

एक सदाचारी सन्तलाई कसैले सोध्यो, "महाराज ! सदाचारी सन्त र धूर्त व्यक्ति एकै वेशभूषामा हिँड्न लागे भने हामीलाई को सन्त, को धूर्त, छुट्याउन समस्या हुन्छ । कसरी थाहा पाउने सन्त र धूर्तबीच अन्तर ? कुनै उपाय बताइदिनुहोस्, ताकि धूर्तसँग बच्न र सन्तको सेवा गर्न सकियोस् ।"

स्नेहपूर्ण मुस्कान दिँदै सन्त महाराजले भन्नुभयो, "यो कुन ठूलो कुरा हो र ?"

धूर्त अरूबाट सेवा लिने धुन र तिकडममा लागिरहन्छ र सन्त अरूको सेवा गर्ने चक्करमा । आफ्नो कारणले अरूको सुखमा बाधा पुग्छ कि भनेर पाइलापाइलामा सावधान रहन्छ सन्त ।

धूर्त आफ्नो स्वार्थसिद्ध गर्नेबाहेक सोच्दै सोच्दैन । उसको आचरणमा जतिखेर पनि चाप्लुसी र चतुऱ्याइँ झल्किन्छ । धूर्तलाई माग्ने काम गर्न कुनै सरम लाग्दैन । तर सन्त हरहमेसा दिएर खुसी हुन्छ ।

अर्को कुरा, सन्त-सदाचारी जहाँ जान्छ, त्यहाँ खुसियाली छाउँछ । जहाँ जानेवाला छ, त्यहाँ उसलाई खुसीका साथ प्रतीक्षा गरिन्छ । धूर्तको हकमा ऊ छाडेर गएपछि मात्रै त्यस ठाउँमा खुसी छाउँछ । ऊ रहुन्जेल त्यहाँ खुसी नै गायब हुन्छ ।

पाप धुरीबाट कराउँछ

एक व्यक्ति फौजदारी मुद्दामा फसेछ । ऊ वकिलकहाँ गयो । वकिल महोदयले आश्वासनपूर्ण शब्दमा भने, "मुद्दा म जिताइदिन्छु । तर मलाई भनेजति पारिश्रमिक दिनुपर्छ ।"

"कति पैसा दिनुपर्छ मैले ?" उसले सोध्यो ।

"२० हजार लाग्छ ।"

वकिलको कुरा सुनेपछि उसले भन्यो, "हुन्छ हजुर मुद्दा जिताइदिनुस् । मुद्दा फैसला हुनासाथ म हजुरलाई पैसा बुझाइदिन्छु ।"

मुद्दा जिताउने उद्देश्यले वकिलले अभियुक्तलाई सिकायो– तिमीले बयान दिँदा हरेक पटक न्यायाधीशका सामु केवल "भ्वाँ" शब्द मात्रै बोल्नू । जे सोधे पनि जवाफमा सिर्फ "भ्वाँ" शब्द बोल्नू है ।"

बयान दिने तारिख आयो । न्यायाधीशसमक्ष अभियुक्त हाजिर भयो । बयान लिनलाई न्यायाधीशले सोधे, "तैंले त्यो मान्छेलाई किन मारेको ?"

उसले भन्यो, "भ्वाँ ।"

न्यायाधीशले अर्को प्रश्न सोध्दै भने, "मैले सोधेको प्रश्नको जवाफ दे, तैले त्यसलाई किन मारिस् ?"

फेरि बोल्यो, "भ्वाँ ।"

"भ्वाँ, यो भ्वाँ के हो, म सोध्दै छु तैंले उसको हत्या किन गरिस् ?"

उसले फेरि पनि भन्यो, "भ्वाँ ।"

न्यायाधीश जति पटक सोध्दै जान्छन्, ऊ केवल "भ्वाँ भ्वाँ" भन्छ ।

न्यायाधीश, "धत् कस्तो पागल हो यो ? यस्तो पागल मान्छेसँग कसरी बयान लिने ? हटाऊ यसलाई । यस्तो पागलमाथि कसरी मुद्दा चलाउने ?"

सुरक्षाकर्मीले गलहत्याएर उसलाई इजलासबाहिर धकेलिदिए ।

अभियुक्त खुसीले गद्गद् भयो । किनकि अब जेल जानैपरेन । अब वकिलको पैसा माग्ने पालो आयो । वकिलले ऊसँग आफ्नो फिस माग्दै भन्यो, "मेरो पैसा अहिले तुरून्तै चुक्ता गर !"

उसले भन्यो, "भ्वाँ ।"

वकिल साहेब फेरि भन्छन्, "ए अद्बेसुर ! मेरो पैसा तिर् भनेको सुन्दैनस् ?"

उसले फेरि बोल्यो, "भ्वाँ ।"

"तँ त दुष्ट पो रहेछस्, मलाई पनि भ्वाँ भनेर टार्छस् ?"

उसले फेरि पनि भ्वाँ नै भन्यो र वकिललाई ढाड देखाइदियो । "भ्वाँ"ले त्यत्रो फौजदारी मुद्दादेखि त बचायो भने जाबो २० हजारदेखि किन नबचाउने ?

यस उद्धरणको दृष्टान्त के हो भने अरूलाई भ्रमित गर्ने या धोका दिने नियतको व्यक्ति आफू पनि अरूबाट भ्रमित हुनुपर्छ, ठगिनुपर्छ । आफ्नो आचरण खराब छ भने अरूले आफूलाई पनि ठ्याक्कै त्यस्तै प्रतिउत्तर दिन्छन् । यो सदाचार विज्ञानको शाश्वत नियम हो ।

काममा इमान, जीवनमा जमान

एउटा कार्यालयमा कार्यरत दुई जना सकहर्मीबीच वादविवाद भएछ । दुईमध्ये एक खानदानी परिवारको धनाढ्य तर बेइमान थियो भने अर्को विपन्न परिवारको इमानी व्यक्ति थियो । वादविवाद चर्किंदै गयो ।

धनी परिवारको कर्मचारीले आवेगमा आएर भन्यो, "तँ त्यही चर्मकार होइनस् र, पोहोरसम्म मेरो बुबाको जुत्तामा पालिस लगाउने गर्थिस् ।"

इमानी कर्मचारी नम्रतापूर्वक भन्छ, "तपाईंले भनेको कुरा सत्य हो । मैले तपाईंको बाबुको जुत्ता पालिस गरेकै हो । तर तपाईं नै भन्नुहोस्, के मैले पालिस गर्दा कहिल्यै नराम्रोसँग गरें र ?"

धनाढ्य साहेब अक्क न बक्क भयो । लाजले पानीपानी भए उसका आँखा ।

काम सानो या ठूलो हुँदैन । काम जुनसुकै होस्, त्यसप्रति इमान र जीवनमा जमान हुनु ठूलो कुरा हो ।

सन्त अब्बुल अब्बास भन्ने गर्थे, "मान्छे भएर जन्मिएपछि आफ्नै हातले परिश्रम गरेर इमानको कमाइ खानुपर्छ ।"

उनी स्वयम् टोपी सिलाउने पेसा गर्थे । टोपी बेचेर जेजति कमाइ हुन्थ्यो, आधा गरिबदुःखीलाई दान गर्थे र आधाले गुजारा चलाउँथे ।

कुमार्ग आर्जित धनको अन्तिम गति

एक दिनको कुरा हो, एक सेठ भक्त सन्त अब्बासलाई दर्शन गर्न भनेर आए ।

अभिवादनपूर्ण शब्दमा भन्यो, "बाबा ! मैले केही धन लिएर आएको छु, कसलाई दान गरूँ ?"

बाबाले भन्नुभयो, "जसलाई साँच्चै खाँचो छ, उसैलाई दिए भइहाल्छ नि ।"

बाबाको आज्ञाअनुसार उनले वृद्ध भिखारीलाई आफूले ल्याएको सुनको मोहोर दिए । भिखारी मख्ख । भोलिपल्ट सेठ फेरि मगन्तेलाई दान दिन भनी आउँदै थिए, उक्त वृद्ध-मगन्ते अर्को साथी भिखारीसँग गफ चुट्दै थियो ।

वृद्ध भिखारी भन्दै थियो, "हिजो एउटा सेठले एउटा सुनको मोहोर नै दिएर गयो । मैले त्यो मोहोर हिजै बेचें र मस्तसँग जाँड खाएँ, अरूलाई पनि खुवाएँ, राति मस्ती पनि गरें ।"

वृद्ध भिखारीको कुरा ती सेठले सुनिरहेका थिए । यसले उनलाई निकै दुःखी बनायो ।

सेठजी दुःखमनाउ गर्दै सन्त अब्बाससमक्ष गयो । सबै कुरा उनले सन्तलाई सुनाए ।

सन्त एकछिन मौनझैं हुनुभयो र गोजीबाट टोपी सिलाइ गरी कमाएको एक सिक्का सेठलाई थमाउँदै भन्नुभयो, "यो पैसा लिएर जाऊ र कुनै याचकलाई देऊ । र पैसा दिएपछि केहीबेर उसको पिछा गरेर हेर्नू कि त्यो याचकले यो पैसा के गर्दो रहेछ ।"

सेठजीको भेट एउटा याचकसँग भयो । उनले सिक्का दिए । सिक्का पाएर प्रफुल्ल हुँदै याचक जङ्गलतिर लाग्यो । जङ्गलको मुखमा पुग्नेबित्तिकै उसले पिंजडामा बोकेर ल्याएको पन्छीलाई भुर्र उडाइदियो ।

सेठले उनलाई सोधे, "पैसा पाएपछि तिमीले किन यो चरा उडाइदिएको नि ?"

उसले भन्यो, "मेरो परिवार हिजोदेखि भौकै छ । केही न केही त खुवाउनैपर्‍यो भनेर जङ्गलबाट चरो समातेर ल्याएको थिएँ । अब हजुरले दिएको यो पैसाले आज छाक टर्ने भइगयो । बित्थामा चरो मारेर पापको भारी किन थप्नु ?"

सेठजीले तुरुन्तै बुझिहाले कि मैले ठगी र छल गरेर धन कमाएको थिएँ । त्यसैले भिखारीलाई दिएको पैसा उसले पनि निकृष्ट काममा व्यय गर्‍यो ।

सन्तको कमाइ निःसन्देह इमान र सदाचारको थियो । त्यसैले भिखारीको हातमा परेको पैसाले मरणासन्नको प्राण बचाउन प्रयोग भयो ।

बेइमानी वा छलकपटले कमाएको धन जतिसुकै दानपुण्य गरे पनि चोखिँदैन । सदाचार र इमानले कमाएको धन अन्ततोगत्वा सत्पात्रको हातमा पुग्छ, त्यसलाई चोख्याइरहनुपर्दैन ।

सर्वपन्थ महामन्त्र

- *प्रति पन्थामपद्महि स्वास्तिगामनेहसम् ।*
  यने विश्वाः परिद्विषो वृणाक्ति विदन्ते वसु ॥

  - यजुर्वेद ४/२९

  हामी त्यस मार्गमा हिँडौं, जसमा उपद्रव नहोस् । त्यसले सुखपूर्वक हामीलाई जीवन-लक्ष्यसम्म पुऱ्याओस् । त्यस सन्मार्गमा आफ्ना दोषदुर्गुणहरूलाई निवारण गर्दै हामी अघि बढौं ।
- *कायप्यकोपं रक्खेटय कायेन संवुतो सिया ।*
  कायुदुच्चारितं हिन्वा कायेन सुचरितं चरे ॥

  - कोध वग्गो १७/११ (बौद्ध साहित्य)

  हे मनुष्य ! शरीरलाई दुराचारदेखि बचाऊ र संयमशील बन । यसो गरेको खण्डमा तिम्रो आफ्नो शक्तिको विनाश हुँदैन ।
- *जसको कर्म निर्दोष र हृदय शुद्ध छ, जसको मन सदाचारमा सुख अनुभव गर्छ, जो झूटा बोल्दैन, त्यो नै सच्चा ईश्वरनिष्ठ हो ।*

  - यहुदी धर्मग्रन्थ

सदाचारी सर्वत्र पूज्यते

- प्रभु ईसाले उसलाई भन्नुभयो, "ए पुत्र ! तिमी प्याला र पालीलाई माथिमाथिबाट मात्रै माझ्छौ । तर तिमीभित्र जुन दुष्टताको अन्धकार भरिएको छ, त्यसलाई किन माझेर मिल्काउँदैनौ ?

  - लुका ११/३७/४०
- चाहे व्यक्ति खुसियालीमा होस् या दीनहीनतामा जसले अल्लाहको मार्गमा धन लगाउँछ, जो रिसाउँदैन, जो क्षमा गर्ने स्वभावयुक्त छ, अल्लाह त्योसँग बेहद प्रेम गर्नुहुन्छ ।

  - कुरान सरिफ ३/१३४

- आफ्ना दोष-दुर्गुणलाई झड्कारेर बाहिर हुत्याइदेऊ । बिल्कुलै रित्तो बन । कोरा हुन सिक । तिमी जहाँ हुनेछौ, निश्चिन्त हुनेछौ ।

  - ताओ तेह किङ १६

- जो व्यक्ति आफ्नै सुधार गर्न सक्दैन, उसलाई केको हक अरूलाई सुधारको उपदेश दिने !

  - कन्फ्युसियस

- जीवनको सारतत्त्व हो प्रेम, आधार हो सदाचार ।

  - काँगफ्युत्सी

- मनुष्यको श्रेष्ठता यसमा छ कि उसले आफ्नो वरिपरि शान्ति र प्रफुल्लताले भरिपूर्ण आनन्दमय वातावरण उत्पन्न गर्नुपर्छ । यो कार्य तब मात्रै सम्भव छ, जब ऊ आफ्नो दृष्टिकोणमा उदारता एवम् सज्जनताका साथै कर्तव्यमा पुरूषार्थ एवम् सदाचारको समन्वय राख्न सक्छ ।

  - महर्षि याज्ञवल्क्य

महिमै महिमा नीतिवान्हरूको

- *अन्तर्गतमलो दुष्टरस्तीर्थस्नानशतैरपि ।*
  न शुध्यति यथा भाण्डं सुराया दाहितं च सत् ॥

  - चाणक्य नीति ११/७

  जसको हृदय द्वेष अथवा विकारले दूषित छ, त्यस्तो दुष्ट व्यक्ति सय पटक तीर्थस्थान गरे पनि शुद्ध हुन सक्दैन; जसरी मदिराको भाँडो जति माझे पनि शुद्ध हुँदैन ।

- *कुलीनमकुलीनं वा वीरं पुरूषमानिनम् ।*
  चरित्रमेव व्याख्याति शुचिं वा यदि वाशुचिम् ॥

  मनुष्यको आचरणले नै दर्साउँछ कि व्यक्ति कुलीन हो या अकुलीन हो, वीर हो या कायर हो, पवित्र हो या अपवित्र हो ।

- *प्रायः संकृटिनामर्थे देवायान्ति सहायतान् ।*
  अपन्थानं तु गच्छन्तं सीदतोऽपि विमुञ्चति ॥

  असल मार्गमा हिँड्नेलाई देवताले पनि सहायता गर्छन् । कुपथ

(भ्रष्टाचार, दुराचार)मा हिँड्नेलाई सहोदर दाजुभाइले पनि साथ छाड्छन् ।

- *उद्यानं ते पुरूष नाव यानं जीवातं ते दक्षता तु कृणोभि ।*

- श्रुतिवचन

तँ उँचा उठ, तल नगिरेस् । उँचा उठ्न योग्य अनेकौं शक्तिले सुसम्पन बनाइएको छ तँलाई ।

- *आचाराल्लभते ह्यायुराचारादीप्सिता प्रजाः ।*
आचाराद्धनमक्षय्यमाचारो हन्त्यलक्षणम् ॥

- मनुस्मृति ४।१५६

सदाचारबाट आयु प्राप्ति हुन्छ, सदाचारबाट अभिलाषित सन्तानको प्राप्ति हुन्छ, सदाचारबाट कहिल्यै नष्ट नहुने धनको प्राप्ति हुन्छ, सदाचारबाट नराम्रा बानीहरूको नाश हुन्छ ।

सदाचारीको सदा जय

- *आचारवान् सदा पूतः, सदैवाचारवान् सुखी ।*
आचारवान् सदा धन्यः, सत्यं सत्यं च नारदः ।

हे देवर्षि नारद ! सदाचारी व्यक्ति नै सधैं पवित्र हुन्छ, सदाचारी नै सधैं सुखी रहन सक्छ । त्यसैले आचारवान् व्यक्तिको जीवन नै धन्य छ । यो कुरा सत्यभन्दा सत्य हो ।

- *गुणैरत्तमतां याति नौच्चैरासनसंस्थिताः ।*
प्रासादशिखरस्थोऽपि काकः किं गरूडायते ॥

- चाणक्य नीति /१३५

मानिस आफ्नो उत्कृष्ट गुणहरूका कारणले नै श्रेष्ठता हासिल गर्दछ । उच्च स्थान (आसन)मा बस्दैमा श्रेष्ठ बन्दैन । राजभवनको धुरीमा बस्दैमा काग गरूड बन्न सक्दैन ।

- *विवजर्नंह्यकार्याणा मतेत्सत्पुरूष व्रतम् ।*

- महाभारत

दुराचारको त्याग सत्पुरूषको व्रत हो ।

- जो व्यक्ति सदाचार पालन गर्दैन, ऊ शिक्षित छ भने पनि त्यो

शिक्षाले कुनै लाभ दिँदैन । जसरी जादूमा देखाइने गाईले दूध दिँदैन ।

- ऋग्वेद १०/७१/५

- सदाचारद्वारा मनुष्यलाई आयु र लक्ष्मी प्राप्ति हुन्छ । यसका अतिरिक्त लोक र परलोकमा कीर्ति प्राप्त हुन्छ । सदाचारले कल्याण उत्पन्न गर्छ र खराब लक्षणलाई नष्ट गर्छ ।

  - वेदव्यास (महाभारत)

- सदाचारमा हिँड्ने व्यक्तिको यत्नपूर्वक रक्षा गर्नुपर्छ । धन भनेको आउँछ, जान्छ । धन क्षीण हुँदैन र सदाचारी व्यक्ति क्षीण हुन्छ भन्ने मान्नुहुँदैन । जो व्यक्ति सदाचारदेखि भ्रष्ट हुन्छ, उसलाई नष्ट भएतुल्य माने हुन्छ ।

  - विदुरनीति ४/३०

- इन्द्रियहरूको प्रत्येक असल क्रियालाई सदाचरण भनिन्छ । जस्तो कि अहिंसा, सत्य भाषण, अस्तेय, ब्रह्मचर्य, अपरिग्रह, पवित्रता आदि ।

  - अभिलाष वाशिष्ठ

अब त चक्षु उघारौं

- *यस्तुदार चमत्कारः सदाचार विहारवान् ।*
  रन निर्याति जगन्मोहान्यमृगोन्द्रः पंचराविद् ॥

  - योगवाशिष्ठ

  जो व्यक्ति उदार स्वभाव तथा सत्कर्म सम्पादनमा कुशल छ, जो सदाचारमा विहार गर्छ, त्यो व्यक्ति जगत्को मोहपाशबाट त्यसरी नै निस्कन्छ, जसरी पिँजडाबाट सिंह ।

- *न भजे पापके न भजे पुरिसाधमे ।*
  भजेय मित्ते कल्याणे भजेय पुरिसत्तमे ॥

  - धम्मपद

दुराचारी व्यक्तिको सङ्गत नगरौं, नीच व्यक्तिको पनि सङ्गत नगरौं । सदैव सदाचारीको सङ्गत गरौं, सधैं उत्तम पुरूषको सङ्गत गरौं ।

उत्तम आचरण अभिवर्द्धन

- मार्गरेट वाकर– असल मित्र र सदाचरणले तपाईंलाई त्यहाँ पुऱ्याउँछ, जहाँ तपाईं पैसाको माध्यमले पुग्न सक्नुहुन्न ।
- कुरान सरिफ– परमेश्वरको दृष्टिमा सदाचारी मनुष्य अत्यन्त सम्माननीय हुन्छ ।
- हजरत मोहम्मद– जबसम्म अर्काको ऋण चुकाइन्न, तबसम्म व्यक्ति सदाचारी कदापि कहलाउँदैन र उसलाई स्वर्ग प्रवेशसमेत वर्जित हुन्छ ।
- लियो नार्दो दा भिन्ची– जसले सदाचार रोप्दछ, उसले सम्मान काट्दछ ।
- अल्बर्ट आइन्स्टाइन– सदाचार मानवका लागि सर्वाधिक महत्त्वको विषय हो । तर भगवान्का लागि होइन ।
- नोअल आउआर्ड– तपाईं जति अग्लो घर बनाउनुहुन्छ, तपाईंको सदाचार त्यति नै होचो हुन्छ ।
- आयन रान्ड– सदाचारको अभिप्रायः तपाईंलाई सिकाउनु हो, यातना दिनु या मार्नु होइन । यसको खास अभिप्रायः तपाईं र तपाईंको जीवनलाई आनन्दमय बनाउनु हो ।
- सदाचार विपरीत आचरण हुन्– मिथ्याचार, दुराचार, व्यभिचार, भ्रष्टाचार, अनाचार र मायाचार ।

सदाचार प्रार्थना : हरेक "म"ले नियमित गर्नुपर्ने

- हे ईश्वर ! मलाई यति शक्ति-सामर्थ्य दिनुहोस्, ताकि मैले कहिल्यै कसैसँग झूटो बोल्नु नपरोस् । कुनै पनि लोभलालचले मलाई झूटो बोल्न बाध्य नपारोस् ।
- हे ईश्वर ! मलाई यति शक्ति-सामर्थ्य दिनुहोस्, ताकि मैले कहिल्यै पनि सित्तैमा अरूको धनसम्पत्ति लिनु नपरोस् । एक कन्चो पनि कसैबाट लिएर बाँच्नु नपरोस् । बरू मलाई त्यति धनसम्पत्ति दिनुहोस्, जसले खान पुगोस्, परोपकार गर्न र अरूलाई समेत दिन पुगोस् ।

- हे ईश्वर ! मलाई यति शक्ति-सामर्थ्य दिनुहोस्, ताकि मैले कहिल्यै पनि अन्याय, अनीति र अनाचारको समर्थन गर्नु नपरोस् । म सदैव सत्यवादिताको पक्षधर बन्न सकूँ ।
- हे ईश्वर ! मलाई यति शक्ति-सामर्थ्य दिनुहोस्, ताकि मेरा हातले कहिल्यै पनि गलत र नीचकार्य गर्नु नपरोस् । सदैव असल र पवित्र कर्म गर्न पाऊँ ।
- हे ईश्वर ! मलाई यति शक्ति-सामर्थ्य दिनुहोस्, ताकि मैले कहिल्यै पनि मानवमानवमा भेदभाव गर्ने परिस्थिति नआओस् । जातजाति, भाषा, लिङ्ग, भूगोल, राज्यका कारण कसैप्रति विभेदकारी बन्नु नपरोस् ।
- हे ईश्वर ! मलाई यति शक्ति-सामर्थ्य दिनुहोस्, ताकि म सधैं अनीति र अधर्मविरूद्ध लड्न सकूँ । अनीति र अधर्मलाई निरीह भएर टुलुटुलु हेर्ने अवस्था कहिल्यै नआओस् ।
- हे ईश्वर ! मलाई यति शक्ति-सामर्थ्य दिनुहोस्, ताकि जन्मदाता मातापिता र वृद्धजनप्रति मेरो सदैव सत्कार र श्रद्धा रहोस् । सधैंभरि उहाँहरूको आशीर्वाद मिलिरहोस् ।
- हे ईश्वर ! मलाई यति शक्ति-सामर्थ्य दिनुहोस्, ताकि ज्ञानदाता गुरूजनहरूप्रति म सधैं कृतज्ञ र ऋणी रहन सकूँ । मभित्र सदैव ज्ञानप्रति जिज्ञासुभाव जन्मिरहोस् ।
- हे ईश्वर ! मलाई यति शक्ति-सामर्थ्य दिनुहोस्, ताकि म जहाँ रहन्छु, त्यहाँ आफ्नो वरिपरि प्रेममय वातावरण सृजना गर्न सकूँ ।
- हे ईश्वर ! मलाई यति शक्ति-सामर्थ्य दिनुहोस्, ताकि प्रकृति र धर्ती आमाप्रति म सदैव श्रद्धावान् रहन सकूँ । नदीनाला, तीर्थस्थल, पवित्रस्थल तथा देवालयलाई सफासुग्घर राख्ने कार्यमा म क्रियाशील बनिरहन सकूँ ।
- हे ईश्वर ! मलाई यति शक्ति-सामर्थ्य दिनुहोस्, ताकि वृक्षवनस्पति र पशुपन्छीलाई म प्रेम र सेवा दिन सकूँ । बाँच्नका लागि कहिल्यै परहिंसा गर्नु नपरोस् ।
- हे ईश्वर ! मलाई यति शक्ति-सामर्थ्य दिनुहोस्, ताकि अरूलाई सुख

दिन सकूँ या नसकूँ, कहिल्यै पनि मेरा कारणले अरूले दुःखी हुनु नपरोस् ।

- हे ईश्वर ! मलाई यति शक्ति-सामर्थ्य दिनुहोस्, ताकि आफूभन्दा सानालाई स्नेह र ठूलालाई सम्मान गर्न मलाई सधैं प्रेरणा मिलिरहोस् । कसैलाई पनि अपमान गर्ने र नीचा पार्ने अवस्था कहिल्यै नआओस् ।
- हे ईश्वर ! मलाई यति शक्ति-सामर्थ्य दिनुहोस्, ताकि सज्जन र सदाचारीहरसँग मित्रता गर्ने र सङ्गठित हुने अवसर सधैं प्राप्त भइरहोस् ।
- हे ईश्वर ! मलाई यति शक्ति-सामर्थ्य दिनुहोस्, ताकि आफूसँग भएको धन, ज्ञान, प्रतिभा, अनुभव र प्रतिष्ठाको दशांश (१० भागको एक भाग) समाजहित र मानव कल्याणमा समर्पित गर्न पाइरहूँ ।
- हे ईश्वर ! मलाई यति शक्ति-सामर्थ्य दिनुहोस्, ताकि मेरो कथनी (भनाइ) र करनी (गराइ)मा कहिल्यै कुनै अन्तर नआओस् । हे प्रभु, म जे बोल्छु, त्यो जसरी पनि गर्न सकूँ ।
- हे ईश्वर ! मलाई यति शक्ति-सामर्थ्य दिनुहोस्, ताकि अरूलाई उपदेश दिनुअगाडि म आफ्ना स्वकर्तव्य निर्वाह गर्न सकूँ, जसले मलाई सधैं आत्मसन्तोष देओस् ।
- हे ईश्वर ! मलाई यति शक्ति-सामर्थ्य दिनुहोस्, ताकि अन्तिम निर्णयका लागि म सधैं मेरो अन्तरात्माको आवाज सुन्न र मान्न सकूँ । म कहिल्यै अरूको निन्दा र प्रशंसादेखि विचलित नहोऊँ ।
- हे ईश्वर ! मलाई यति शक्ति-सामर्थ्य दिनुहोस्, ताकि मेरो चरित्र र आचरण सदैव उत्कृष्ट रहोस् । कुनै पनि अवस्थामा मैले चरित्रहीन र दूराचारी बन्नु नपरोस् ।
- हे ईश्वर ! मलाई यति शक्ति-सामर्थ्य दिनुहोस्, ताकि म मेरो जन्मभूमि वा राष्ट्रलाई आमातुल्य मान्न सकूँ । मैले कहिल्यै पनि राष्ट्रहित प्रतिकूल कर्म गर्नु नपरोस् ।
- हे ईश्वर ! मलाई यति शक्ति-सामर्थ्य दिनुहोस्, ताकि म सधैं समानता, समता एवम् भेदभावरहित आचरण गरेर बाँच्न सकूँ । कसैसँग कहिल्यै वैरभाव राख्न नपरोस् ।

- हे ईश्वर ! मलाई यति शक्ति-सामर्थ्य दिनुहोस्, ताकि मेरो मस्तिष्क वैज्ञानिक र हृदय आध्यात्मिक क्षमताले युक्त रहोस् । हे प्रभु, म सदासर्वदा वैज्ञानिक अध्यात्मवादको पक्षपोषक बन्न सकूँ ।
- हे ईश्वर ! मलाई यति शक्ति-सामर्थ्य दिनुहोस्, ताकि म जे छु जस्तो छु, म आफूमा सदैव गर्व गरेर बाँच्न सकूँ । कहिल्यै पनि आत्मसम्मानविहीन भएर बाँच्नु नपरोस् ।
- हे ईश्वर ! मलाई यति शक्ति-सामर्थ्य दिनुहोस्, ताकि म प्रत्येक स्त्रीलाई जननी रूपमा सम्मानपूर्वक देख्न सकूँ । महाविनाशक कामवासनाले मेरो बुद्धि कहिल्यै हरण नगरोस् ।
- हे ईश्वर ! मलाई यति शक्ति-सामर्थ्य दिनुहोस्, ताकि "आत्मवत् सर्वभूतेषु" यो वेद वाक्यले भनेझैं म प्रत्येक जीवलाई आफैं जस्तो आत्मस्वरूप दृष्टिले हेर्न सकूँ ।

बिर्सनै नहुने के ?

सतत दानशीलता

पहुतवित्तो पुरिसो, सहिरञ्चो सभोजनो ।
एको भुञ्जति सादुनि, तं पराभवतो मुखम् ॥

- बौद्ध साहित्य

अर्थात् जोसँग प्रशस्त धन-सम्पत्ति, मणि-माणिक्य तथा भोग्य-पदार्थ छ र त्यसको ऊ एक्लै उपभोग गर्छ भने त्यो पतनको कारण बन्छ ।

विवेकशील व्यक्ति सामान्यतया यस्तो निचताबाट बच्छ र पतनबाट जोगिन्छ । बढी धन-सम्पत्ति बटुल्नु भनेको स्वभावैले अरूको भाग काट्नु हो । यसो गर्नु अरूलाई आधारभूत आवश्यकताबाट वञ्चित गर्नु हो । प्रतिस्पर्धा र चरम भौतिकताको युगमा यो मान्यता उल्टो जस्तो लाग्न सक्छ ।

गहनतापूर्वक सोचेर हेर्दा प्रतीत हुन्छ कि अपरिग्रह जीवनकै सर्वश्रेष्ठ सुख हो । अपरिग्रहको अर्थ हो धन-सम्पत्ति नथुपार्नू, चाहिने जति मात्रै राख्नु । चाहिनेभन्दा बढी यथोचित दानदातव्य गर्दै रहनू । यसैलाई धनदान भनिन्छ । हेक्का रहोस्, धनदान एकै किसिमको प्रचलित दानवृत्ति हो । धनदान अतिरिक्त अन्य अनेकौं प्रकारका दान हुन्छन् ।

दिएर खाने बुद्धि

धर्मोपदेशको क्रममा दानको महत्त्व सम्झाउँदै महात्मा बुद्धले भन्नुभयो, "आफूसँग जे छ, त्यसको केही न केही अंश निःस्वार्थ दान गर ।"

एक व्यक्ति भीडको बीचबाट उठ्यो र भन्यो, "भगवान् ! मसँग त दिने केही पनि छैन, आफैं तन्नम छु, म के दिऊँ ?"

प्रत्युत्तरमा बुद्ध मुस्कुराउनुभयो र भन्नुभयो, "तिम्रो मुखमा मुस्कान छ, अरूलाई मुस्कान बाँड । तिम्रो पाखुरामा बल छ, अरूको सहायता गर । तिम्रो वक्षमा हृदय छ, अरूलाई मैत्री बाँड । तिम्रो मुखमा वाणी छ, अरूलाई शीतलता दिने शब्द बोल । यो नै त दान हो । धनदान मात्रै दान होइन ।"

पूर्वअमेरिकी राष्ट्रपति बिल क्लिन्टनले दानको विषयमा एउटा विश्वचर्चित पुस्तक लेखेका छन् । त्यसको नाम हो *गिभिङ* अर्थात् *दिनुको आनन्द* । पुस्तकमा उनले एक प्रसङ्गमा भनेका छन्, "हामी प्रत्येक व्यक्तिसँग विश्वलाई धेरै कुरा दिन सक्ने क्षमता छ ।"

महात्मा बुद्ध आफ्नो कमाइबाट कम्तीमा पनि दशांश अर्थात् १० प्रतिशत आर्जन दानका रूपमा दिनैपर्छ भन्नुहुन्छ । यो नै गृहस्थीहरूको परमधर्म हो ।

बिल क्लिन्टन यस बुद्धवाणीलाई सरलीकरण गर्दै समान भावार्थ दिने भनाइ लेख्नुहुन्छ, "केवल लिने पेसा मात्रै जीवनमा कति गर्ने ? दिने प्रवृत्ति पनि अपाउनुपर्छ । तब मात्रै जीवन सार्थक हुन्छ ।"

यसरी पनि सोच्नेहरू छन्

हुम्लाको सिमिकोटमा "सकारात्मक सोधखोज"सम्बन्धी एक प्रशिक्षण कार्यक्रममा यस पुस्तकका लेखक प्रशिक्षण दिइरहेको थियो । एक जना सेवानिवृत्त उच्चपदस्थ बैङ्कर पनि मसँगै हुनुहुन्थ्यो । उहाँ बडो गज्जबको व्यक्ति हुनुहुन्थ्यो । सहयात्राका क्रममा म देख्थेँ– मौका मिल्यो कि धनदान गरिहाल्नुहुन्थ्यो ।

उहाँको दान दिने शैली हेर्दा उहाँमा निष्कलङ्क स्वभाव र निस्वार्थता प्रकट हुन्थ्यो । प्रशिक्षणका क्रममा जब दानशैलीको प्रसङ्ग आयो, मैले सहभागीहरूसमक्ष सँगै हुनुहुने उहाँको नाम एक उदाहरणका रूपमा प्रस्तुत गरेँ ।

मैले दिएको उदाहरण पचाउन नसकेर होला, प्रशिक्षार्थीमध्येबाट कसैले भन्नुभयो, "पुगिसरी आएपछि, टन्न कमाएपछि दिनु त पर्छ नि ।"

करिब सय जना सहभागी रहेको उक्त सभाहलमा यस विषयमाथि निकै चर्चा-परिचर्चा चल्यो ।

अन्त्यमा ती बैङ्कर महोदय आफैंले भन्नुभयो, "दान पुगिसरी आएपछि गर्ने होइन, यो एउटा कला हो, भावना हो र आदत हो । आदत नभएसम्म जतिसुकै धनी भए पनि हात खुल्दैन ।"

दानलाई फजुल खर्च मान्नेहरू हो !

दानलाई फजुल खर्च मान्नेहरू आफ्नो हृदयलाई लोभलालच र मस्तिष्कलाई कन्जुसीको सन्तापमा जलाइरहेका हुन्छन् । यो तथ्यलाई भिक्टर ह्युगोले राम्ररी बुझेको हुनुपर्छ ।

त्यसैले ह्युगो भन्नुहुन्छ, "धनपैसा दिएर थैली रित्याउनुहोस्, तपाईंको हृदय भरिपूर्ण हुनेछ ।"

ह्युगोको कथन सुन्दा अचम्म लाग्छ र लाग्नु स्वाभाविक पनि हो । किनकि हामीमध्ये धेरैजसो थुपार्नुमा भलाइ देख्छौं, दानलाई पागलपन भन्छौं । तर यो भयङ्कर भ्रम हो । आजभोलिको नवधनाढ्य पुस्ता यस भ्रान्तिबाट झन् बढी आक्रान्त छ ।

कतिपय छोराछोरी आफ्ना बाबुआमाले गर्ने गरेको दानपुण्यलाई फजुल कृत्य भन्ठान्छन् । सायद तपाईंको घरमा पनि यो रोग जीवित होला । व्यक्ति तथा घरपरिवारभन्दा बाहिर निस्किएर हेर्ने हो भने व्यापारिक संस्था, औद्योगिक घराना, बैङ्क तथा वित्तीय संस्थाहरूमा पनि दानलाई घाटाको सौदा मान्ने प्रवृत्ति छ ।

भ्रान्तिको सिकार नबनौं

जुन समाज, जनता र उपभोक्ताको गोजीबाट आफ्नो बन्दव्यापार चलेको हुन्छ, तिनैप्रति अति-कन्जुस व्यवहार ? के यो आत्मघाती कदम होइन ? यस्ताहरूलाई कसरी बोध गराउने होला यो नीतिवचन– दानले दुर्गतिको नाश गर्छ ।

इतिहास साक्षी छ, जजसले लोभ र स्वार्थको वशीभूत भई केवल थुपार्ने मात्रै काम गरे, तिनको ढिलोछिटो दुर्गति अवश्य भएको छ । कुनै भिखारीलाई दुईचार रूपैयाँ दिनुलाई दान मान्नेहरू यहाँ धेरै छन् । हुन त यो पनि दानै हो । तर यसमा उपकारभन्दा दयावृत्ति बढी हुन्छ ।

दान सदैव परिशुद्ध भावनाले प्रेरित हुनुपर्छ । कसैले मागिहाल्यो, दुईचार पैसा दिइहालूँ भन्नुलाई कर्मकाण्डी दान मात्रै भन्न सकिन्छ ।

आदरणीय पाठकवृन्द ! तपाईं यस भ्रमबाट मुक्त रहनुहोस्, यो लेखकको अनुरोध हो । याद रहोस्, दानद्वारा लिने र दिनेबीचमा वर्गभेद उत्पन्न हुन गए त्यो दान दान होइन, त्यो केवल देखावटी र बडप्पन मात्र हो ।

दान त्यो हो, जहाँ व्यक्ति आफ्नो सुविधासाधनबाट एक अंश निकालेर खाँचोमा परेकालाई कृतज्ञतापूर्वक दिने गर्छ । स्मरण रहोस्, "जुन दानद्वारा दुवै पक्षमा समान सुख र आत्मभावको आदानप्रदान हुँदैन, त्यो अर्थपूर्ण दान होइन, मात्रै देखावटी कर्मकाण्ड हो ।"

नामसुख कि दानसुख

एक थान पङ्खा दान दिएर त्यसका तीन ओटै पखेटामा तीनपुस्ते नाम लेखाउने दानशैली एउटा अर्को भ्रमपूर्ण र आडम्बरयुक्त प्रवृत्ति हो । सहृदयी व्यक्ति यस्तो दानमा कहिल्यै विश्वास गर्दैन । यसबाट नामसुख बढी तर दानसुख भने नाम मात्रको प्राप्त हुन्छ र अन्ततोगत्वा दानको औचित्य नै घट्न जान्छ ।

भनाइ नै छ, एक हातले दिएको अर्को हातले थाहा नपाओस् । अरूलाई प्रेरणा मिलोस् भनेर निर्मल भावनाले गरिएको दानको प्रचारप्रसारलाई दोषपूर्ण मानिँदैन । तर ख्याति र अभिमान झल्किने मनसायले गरिएको दान एउटा सामाजिक रोग हो । दानसम्बन्धी यस भ्रान्तिबाट मुक्त हुनुमा सबैको भलाइ छ ।

हिजोआज भागवत कथालाई दान-सङ्कलन आन्दोलन बनाइएको छ । यसो गर्नु पटक्कै नराम्रो होइन । किनकि देवकर्म या ज्ञानयज्ञका तीन आयाम हुन्छन्– देवपूजन, दान र सङ्गीतकरण ।

भागवत कथाको निहुँमा दानराशिअनुसारको सम्मान खोज्न दोसल्ला ओढ्नु अनि सबैले प्रशंसा गरिदिऊन् भन्ने अहंभाव देखाउनुचाहिँ दानशैलीको घोर अवमूल्यन हो । नाम र मालाका भोकाहरू दानराशि बोल्ने तर पछि राशिचाहिँ नदिने पनि गर्छन् । यस्तो अपसंस्कृतिले पनि "दान"को मर्मलाई धमिल्याएको छ ।

भ्रममा पार्नेहरू कम छैनन्

भागवत कथाजस्तै व्यापारिक र बैङ्किङ क्षेत्र पनि खोटपूर्ण दान र भ्रान्तिको सिकार छ । सामाजिक उत्तरदायित्वको नाममा विशुद्ध भावनाले सेवा या दान गर्ने संस्थाहरू पनि छन् । तर यसको नाममा जनता र सरकारलाई भ्रममा पार्नेहरूको सङ्ख्या अत्यधिक छ ।

यस्ता निकायलाई वास्तविक दानशैलीको महिमा कति छ भनेर बोध गराउन महान दानवीर वारेन बफेटको स्वकथन स्मरण गराउनु श्रेयस्कर होला कि ?

बफेट भन्छन्, "जनताले विश्वास गरेर, हामीले भन्दा वारेन बफेटले पैसाको उचित प्रयोग गर्ला भनेर मलाई पैसा दिन्छन् । मलाई लाग्छ, मकहाँ आएको पैसा मेरो तुलनामा उत्कृष्ट तरिकाले परोपकारी संस्थाले सदुपयोग गर्छन् । यसै विश्वासमा मकहाँ आएको पैसा म तिनलाई दान दिन्छु ।"

आफ्नो स्वामित्वमा भएको विशाल राशि गेट्स फाउन्डेसनलाई परोपकारी कार्यार्थ दानस्वरूप प्रदान गर्ने वारेन बफेटले यो कुरा कुनै प्रसङ्गमा बिल क्लिन्टनसँग भनेका थिए ।

देवता बन्ने कि लेवता ?

"शत हस्त समाहर सहस्र हस्त सङ्किर ।"

अर्थात् ए मनुष्य ! सयौं हातले कमाऊ, हजारौं हातले दान गर । यसरी हाम्रा पूर्वजहरूले दानलाई सर्वश्रेष्ठ मानव कृत्यको उपमा दिए र दान गर्नकै लागि आर्जन र पुरूषार्थ गर्नुपर्ने निर्देश दिएका छन् ।

मानिस जन्मसँगै तीन ओटा ऋण बोकेर आएको हुन्छ– पितृऋण, ऋषिऋण र समाजऋण । भनिएको छ, यी तीनै ऋणबाट सहज मुक्तिको उपाय भनेकै निःस्वार्थ दान हो ।

आदानं हि विसर्गाय सतां वारि मुचामिव ।

यसको तात्पर्य हो– जसरी बादल पृथ्वीबाट जल लिएर माथि जान्छ र फेरि उसैमा वर्षा गरिदिन्छ, त्यसरी नै सज्जन व्यक्तिले दानकर्म निरन्तर गर्नुपर्छ ।

जसले दिन जान्दछ, ऊ देवता हो । जसले लिन मात्रै जान्दछ, ऊ लेवता हो । यस दृष्टिले देवत्वको शीर्षस्थ विशेषता भनेकै दान हो । जसले जति बढी दानको अभ्यास गर्छ, उसमा त्यति नै बढी देवत्व भएको प्रमाणित हुन्छ ।

नहोस् दान तमोगुणी

महान् ग्रन्थ *श्रीमद्भगवद्गीता*मा भनिएको छ, "दान दिनु मनुष्यको परमकर्तव्य हो । यस तथ्यलाई हृदयङ्गम गर्दै प्रतिफलको भावना नराखी देश, काल र पात्रलाई ध्यानमा राखेर जुन दान दिइन्छ, त्यो सतोगुणी दान हो ।"

वर्तमान समयमा दान तमोगुणी हुँदै गएको छ । आजभोलि अधिकांश दाता दम्भ, अभिमान र ख्यातिका अभिलाषी भएका छन् । नामका भोका हुन्छन् । दान दिनु एउटा फेसन जस्तो बनेको छ । कतिपय व्यक्ति त उल्टोसुल्टो आचरणले कमाएको सम्पत्ति चोख्याउने मनसायले पनि दानलाई प्रचारात्मक बनाउँदै दानदातव्य गर्छन् ।

महाकवि कालिदासले खोल्नुभएको छ सक्कली दानको भेद– दानको पछाडि दातापनको भावना नै हुनुहुँदैन । जीवनको एक स्वाभाविक कर्तव्य हो । जहाँ दानको बदलामा नाम, यश, गुणगान कामनापूर्ति, सेवाचाकरी तथा चाप्लुसी खरिद गर्ने मनसाय रहन्छ, त्यो दान दान होइन, व्यापार हो ।

लिनेको पनि कल्याण, दिनेको पनि कल्याण

दान विशुद्ध छ भने त्यसले व्यक्तिको धार्मिक र आध्यात्मिक उन्नति सुनिश्चित गर्छ । यसमा आफ्नो पनि कल्याण र लिनेवालाको पनि कल्याण हुन्छ । दानद्वारा दातामा विनयशीलता, विनम्रता र सद्गुणको विकास हुन्छ । यो कुनै विवेकशून्य क्रिया होइन । तसर्थ दान ज्ञानको पनि परिपोषक हो ।

अनेकौं शास्त्रले दानको महिमा मुक्तकण्ठले गाएका छन् । ती सबैको सारभूत शिक्षणलाई एक वाक्यमा भन्ने हो भने "धन, मन र तनको शुद्धीकरण गर्ने उत्तम माध्यम नै दान हो ।"

भावनापूर्वक दिइएको दान कालान्तरमा सयौं-हजारौं गुणा भएर फर्कन्छ । एक पटक दिएको दानले सधैंभरि अन्तःकरणमा तृप्तिको वर्षा गराइरहन्छ । जसले जीवनमा दानशैलीको मर्म बुझेको हुन्छ, उसको भण्डार र अन्तःकरण कहिल्यै रित्तो हुँदैन ।

आचार्य भर्तृहरिको कथनानुसार "धनका तीन गति हुन्छन्– दान, भोग र नाश । जसले न धनको दान गर्छ, न त भोग गर्छ, उसको धन अन्ततः नाश भए जान्छ ।"

हाडमासुको यो शरीरले भोग कति नै गर्छ र ? त्यो भोग पनि विवेकरहित भयो भने सोही भोग, रोग र शोकको कारण बन्छ । तसर्थ धनको एक मात्र सदुपयोग नै दान हो । जसले यो मर्मलाई पागलपन भन्ठान्छ, उसको गति पञ्चतन्त्रले भने जस्तो हुन्छ, "मनुष्य मनुष्यको दास हुँदैन, मनुष्य धनको दास हुन्छ ।"

कमाउन सजिलो, दिन गाह्रो

एकादुई दुर्लभ भाग्यमानी धनाढ्यहरूले मात्र यो मर्म आत्मसात् गर्ने सौभाग्य पाएका हुन्छन् । बाँकी सबै धनको चौकीदार भएर धनैले थिचिएर मर्छन् । वर्तमान विश्वका शीर्ष धनाढ्य बिल गेट्सले पक्कै पनि दानको मर्म र धनको दंश बुझेको हुनुपर्छ । किनकि उनी अहिले विश्वकै श्रेष्ठ दानवीरमा पर्छन् ।

"पैसा कमाउन जति गाह्रो छ, पैसा दिन त्योभन्दा धेरै गाह्रो हुन्छ ।"

गेट्सको यो भनाइ धनवान्हरूलाई ठूलो कटाक्ष हो । सुरूमा धनवान् र पछि दानवीर हुने सौभाग्य पाउने व्यक्ति विपश्यना ध्यानका विश्व परमाचार्य श्री सत्यनारायण गोयन्का पनि हुन् । उनी भन्छन्, "धनले मलाई एकताका महारोगी बनायो । जब मैले सम्पूर्ण धन सरकारलाई फर्काएँ र ज्ञान एवम् ध्यानको शरणमा गएँ, जिन्दगी नै अनमोल बन्यो ।"

प्रसिद्ध गीताप्रेसका संस्थापक हुनमानप्रसाद पोद्दार धनदानद्वारा ज्ञानवर्द्धन गर्ने अर्को जीवन्त नाम हो ।

विश्वकै सर्वश्रेष्ठ धनवान् वारेन बफेटले एक पटक भनेका थिए, "मेरो सम्पत्तिको कुल १० प्रतिशतभन्दा पनि थोरैले मलाई पुग्छ । बाँकीमा मेरो

कुनै स्वामित्व छैन, त्यसैले बाँकी सम्पत्ति अरूकै हो ।" एक अर्ब रूपैयाँ सम्पत्ति आँखा अस्पताललाई दानमा दिने निःस्वार्थ नेपाली दानवीर हुन्– श्रीजङ्ग शाह । यति ठूलो सम्पत्ति समाज कल्याणमा आहूति गर्ने शाह भन्छन्, "विश्वभर दिनमा करोडौं मान्छे जन्मिने र मर्ने गर्छन् । तर गन्ती तिनको मात्रै हुन्छ, जसले समाजका लागि केही गर्छ ।" यो उनको उदात्त कदमले जोकसैलाई दान प्रवृत्तितर्फ दिशाबोध गराउँछ ।

प्रगतिशील साम्यवाद र दान संस्कृति

परम्परागत दान संस्कृतिलाई श्रुति र स्मृतिहरूले प्रगतिशील साम्यवादको अवधारणाका रूपमा प्रस्तुत गरेका छन् । कसैप्रति प्रतिशोध नराखी उपलब्ध स्रोतसाधनलाई प्रसन्नतापूर्वक समभाग गर्ने सामाजिक रीतिथिति बसाउन दान संस्कृतिको विकास भएको हो ।

आधुनिक साम्यवाद, भौतिकवाद तथा द्वन्द्वात्मक भौतिकवादमा आधारित भई स्रोतको समविभाजन गर्नुपर्छ भन्नेमा जोड दिन्छ । जब कि दूरदर्शी युगद्रष्टा ऋषिमहर्षिहरू समविभाजनलाई एउटा मौलिक आचरण बनाउन उद्यत थिए ।

यसलाई आत्मप्रगति र धार्मिकतासँग जोडेर आफ से आफ सम्पन्न हुने प्रक्रिया बनाउन सक्नु उनीहरूको महानता हो । खोसेर लिने साम्यवादको तुलनामा प्रसन्नतापूर्वक बाँड्ने साम्यवाद अनन्त गुणा श्रेष्ठ हुन्छ ।

दानशीलताद्वारा समाजमा प्रगतिशील साम्यवादको स्थापना आफैंमा एउटा सामाजिक सुव्यवस्थाको विधि पनि हो । एउटै समाजका भिन्नभिन्न वर्गका मानिसलाई आत्मीयताको धागोमा जोड्ने माध्यम दान हो । आजभोलिको जबर्जस्ती चन्दा संस्कृतिले आत्मीयताको पृष्ठपोषण कदापि गर्दैन । कडा शब्दमा भन्नुपर्दा यो आतङ्क र लुट हो ।

विशुद्ध दान त्यो हो, जसले व्यक्ति, समाज र संस्कृति तीनै क्षेत्रमा सन्तुष्टि, शान्ति र समसत्ता स्थापित गर्छ । यसले दुष्प्रप्रवृत्ति उन्मूलन गर्छ र सत्प्रवृत्ति संवर्द्धन गर्छ । आफूसँगै छिमेकी र सारा समाज प्रसन्न देख्न पाउनु एउटा मनोचिकित्सा पनि हो । समाजशास्त्रीहरूको भनाइमा दान मनोविकार समाधान गर्ने उपाय पनि हो ।

प्रकृति स्वयं दानसंस्कृतिको जीवित प्रेरणा

प्रकृतिको विधिव्यवस्था सदासर्वदा दान-दर्शनबाट स्वसञ्चालित छ । नैसर्गिक साम्यवादको सर्वश्रेष्ठ उदाहरण स्वयम् प्रकृति हो । वृक्षले अखण्ड श्रमद्वारा फलफूल फलाउँछ र अन्ततः परसेवामा समर्पित गर्छ ।

वनस्पतिले आफू विकारग्रस्त वायु धारण गर्छ र सट्टामा प्राणसम्पन्न प्राणीहरूका लागि अक्सिजन उत्सर्जन गर्दछ । सूर्य, चन्द्र, पृथ्वी, माटो, पानी, हावा, आकाश, पर्यावरण यी सबै दान-यज्ञबाटै सृष्टि व्यवस्थामा बाँधिएका हुन्छन् ।

सन्तानोत्पत्ति र परिवार-संस्था सबै प्रेमदान र श्रमदानका आधारशीलामा खडा भएका हुन्छन् ।

पूर्वीय संस्कृतिको मूल विशेषता यज्ञ र गायत्री हो । यज्ञ संस्कृतिको पिता हो भने गायत्री माता हुन् । यज्ञको समग्र तत्त्वदर्शन र क्रियापद्धति दान परम्परामा निर्भर छ ।

समभाग, सह-अस्तित्व, सहकारिता, समभोग, समसत्ता, समता, सहिष्णुता, सर्वोन्नति यी सद्‌गुणहरू प्रत्यक्ष-परोक्ष दानदर्शनबाटै अभिप्रेरित छन् । यिनै विशेषताहरूका कारण विश्वको सर्वश्रेष्ठ साम्यवाद "वैदिक साम्यवाद" हो भन्नेमा आधुनिक विद्वान् पनि सहमत छन् ।

सामाजिक न्यायनिष्ठा र प्रगतिशील साम्यवाद

जुन परिवार र समाजमा दानप्रवृत्ति हुँदैन, त्यहाँ सुसंस्कार र सभ्यता जीवित रहँदैन । त्यस्तो समाज हिंसक, क्रूर र हृदयहीन हुन्छ । स्वस्थ र निःस्वार्थ दान परम्परा नभएको समाजमा धनी र गरिबबीच भयङ्कर वर्ग सङ्घर्ष रहन्छ ।

विश्वका थुप्रै राष्ट्र र समाज आज पनि यस रोगबाट ग्रसित छन् । यसले वर्गविभेद मात्रै होइन दुर्भावना, घृणा, द्वेष, अन्याय, निष्ठुरता र पशुवृत्तिसमेत फैलाएको छ । आजको आतङ्कवाद, चरम उपभोक्तावाद र भ्रष्टाचारवाद यसैको परिणति हो ।

दानशीलता समाज र शासन व्यवस्थाको मेरूदण्ड हुनुपर्छ । देशको राजनीतिले पनि यस तथ्यलाई राम्ररी बुझेको हुनुपर्छ । जबसम्म दबाबपूर्ण

र भयग्रस्त चन्दा असुलीद्वारा राजनीतिक पार्टी चलिरहन्छ, तबसम्म सुस्वस्थ दानसंस्कृति मृतप्रायः रहन्छ । दान भनेकै स्वेच्छाले गरिने त्याग हो ।

राजनीतिक दलहरूले जबर्जस्ती चन्दाको धन्दा गर्ने होइन, जनतालाई दानशीलताको मर्म बुझाएर स्वतःस्फूर्त दान दिने शैली विकास गर्नेतर्फ ध्यान दिनुपर्छ । दलहरूले चलाउने सरकार भनेको जनताको दानशीलताको सहजीकरण गर्ने निकाय हो । त्यसैले सरकार जति चरित्रवान्, स्वच्छ र पारदर्शी हुन्छ, जनतामा त्यति नै सहज दानवृत्ति प्रस्फुरित हुन्छ । यसैको नाम "प्रगतिशील साम्यवाद" हो ।

"समाजले दिएको सम्पत्ति म समाजलाई नै फर्काउँदै छु," आफ्नो लगभग सबै सम्पत्ति दानमा दिन चाहेपछि वारेन बफेटलाई प्रश्न सोध्ने क्रममा बिल क्लिन्टनले पाएको उत्तर हो यो ।

मानव समुदायलाई दानतर्फ प्रेरित गर्दै बफेट यस्तो मन्त्र दिनुहुन्छ, "म वास्तवमा त्यस्ता व्यक्तिको प्रशंसा गर्छु, जसले थोरबहुत राशि दान दिने गर्छन् । साथै जसले आवश्यकतामा पिल्सिएकाहरूका लागि दान दिन भनेर धन जोगाउन रेस्टुराँमा खाँदैनन् र सिनेमा हेर्दैनन् ।"

सर्वश्रेष्ठ युगधर्म

यी त केही प्रतिनिधि उदाहरण मात्र हुन् । देश र विदेशमा यस्ता सयौं उदाहरण भेटिन्छन्, जसले धनदानद्वारा सर्वकल्याण गरेका छन् । एक पटक पाइने मानव चोला र यसको सर्वाधिक सार्थकता दानमै निहित छ । दान अनेकौं किसिमका हुन्छन् । युग-समस्याहरूमाथि दृष्टिगोचर गर्दा यतिखेर विश्वको एउटा ठूलो जनसङ्ख्या आर्थिक अभावमा जिउन बाध्य छ ।

तसर्थ यतिखेर धनदान "युगधर्म" हो । धनदानद्वारा जब गाँस, बास, कपासको बन्दोबस्त हुन्छ तब मात्रै तपाईं कसैलाई ज्ञान र ध्यानदान गर्न सक्नुहुन्छ । हुन त धनभन्दा ज्ञान ठूलो हो । तर स्वामी विवेकानन्द र महात्मा बुद्धले भनेझैं भोको पेटले न भजन गाउन सक्छ न ज्ञानसाधना गर्न सक्छ ।

त्यसैले आजको युगधर्म भनेकै अंशदान हो । अंशदान भन्नाले आफ्नो उपार्जनको एक अंश सत्सेवामा लगाउनु । बुद्धवाणीमा यसलाई "समभाग" भनिन्छ । समभाग भनेको आफ्नो कमाइबाट आफ्नो मात्रै होइन, समाजका गरिब-दुःखी र अज्ञानीहरूका लागि पनि भाग छुट्याउनुपर्छ ।

एउटा उल्लेख्य उदाहरण

अंशदान र समभागको एउटा सजीव उदाहरण अखिल विश्व गायत्री परिवार हो । लगभग ११ करोड व्यक्ति र चार करोड घरधुरी यसका सदस्य छन् । प्रत्येक घरधुरीले दैनिक न्यूनतम एक रूपैयाँ अंशदान दिने प्रचलन छ ।

एक-एक रूपैयाँको अंशदानबाट यति ठूलो राशि भेला गर्ने यो दानमोडेल अत्यन्त अनुकरणीय छ । उक्त दानबाट प्राप्त धनराशि भोकालाई गाँस, बास, कपासदेखि लिएर अज्ञानीहरूलाई ज्ञानदान र प्रकृतिआमालाई श्रद्धादान जस्ता कार्यमा खर्च गरिन्छ ।

धनकुटाको मूलघाटमा सञ्चालित विश्रान्ति वृद्धाश्रम, सडक मानवलाई बटुलेर सेवासुश्रुषा गर्ने हेटौंडाबाट सुरू भएको मानव सेवा आश्रम वर्तमान समयमा नेपालमा अंशदान संस्कृतिको जीवन्त उदाहरण हुन् ।

धनदानको मर्म

शास्त्रवचन तथा महापुरूषहरूको मार्गदर्शनअनुसार आफ्नो कमाइको कम्तीमा पनि १० प्रतिशत भाग परमार्थमा लगाउनैपर्छ । असल उद्देश्यका निम्ति गरेको दानले आफ्नो बाँकी सम्पत्तिको समेत शुद्धीकरण गर्छ ।

प्रशस्त धनसम्पत्ति हुनेहरूले त यसरी दशांश दान गर्लान् । तर कमाइले जेनतेन गुजारा गर्नेहरूले कसरी दान गर्ने ? यस्तो प्रश्न धेरैको मनमा उठ्न सक्छ । यस प्रश्नको जवाफ बुद्धवाणीमा स्पष्ट रूपमा उल्लेख छ–

"तपाई घरगृहस्थी हुनुहुन्छ भने तपाईंले खर्च घटाएर या गाँसबाट निकालेर भए पनि दशांश दान गरेकै हुनुपर्छ । किनकि यसो गर्नु विवाहित गृहस्थीको परमधर्म हो ।"

पाश्चात्य विद्वान् एनी फ्याङ्कको पनि यस्तै मनसाय छ, "आजसम्म कुनै पनि व्यक्ति दान दिएर गरिब भएको छैन । एउटा भनाइ नै छ, तपाईंसँग दुई हात छन्, तीमध्ये एक हात तपाईंको आफ्नो सहायताका लागि हो र अर्को अरूहरूको सहायताका लागि ।"

यस तथ्यलाई मनन गर्ने हो भने दशांश उपार्जन दान गर्ने परम्परा अव्यावहारिक लाग्दै लाग्दैन ।

श्रमदान या समयदान

श्रमदान धनदानभन्दा श्रेष्ठ मानिन्छ । कारण के हो भने धनले पनि किन्न नसकिने समयलाई अरूको कल्याणार्थ श्रमदानद्वारा उपयोग गरिन्छ । यसलाई समयदान पनि भनिन्छ । स्वयम्सेवाको भावनाले गरिएको समयदान आन्तरिक शुद्धिको एउटा अभिनव माध्यम हो ।

धनदानले यदाकदा अभिमान र मपाईंत्व जन्माउन सक्छ । तर श्रमदान त्यस्तो हुँदैन । श्रद्धापूर्वक गरिएको श्रमदानले व्यक्तिको अभिमानलाई पखाल्न सहयोग गर्छ । उसलाई धरातलमा उत्रिएर सरलता बोध गर्न बाध्य बनाउँछ ।

धेरै पढालेखा गरेर नाम कमाएको व्यक्ति यदि कुनै श्रमदानको उद्देश्यले सरसफाइ अभियानमा लागेर जब हातले फोहोर उठाउन थाल्छ, त्यो सेवायज्ञले उसको अन्तःकरणको फोहोर पनि पखालिन थाल्छ । तपाईंले श्रमदान गरेर बनाएको कुलोबाट पानी बग्न थाल्यो भने तपाईंभित्रका कुण्ठा, असन्तोष र चिन्ताहरू पनि सँगसँगै बग्न थाल्छन् । त्यसैले श्रमदानमा दोहोरो फाइदा छ ।

कहिलेकाहीँ धनदानले गर्न नसक्ने काम श्रमदानले गर्छ । पानीमा डुब्न आँटेकोलाई बचाउन तत्क्षण श्रमदानको जरूरत हुन्छ । देवकार्य, सेवा शिविर पितृकार्य, यज्ञकार्य, सामूहिक प्रार्थना, वृक्षरोपण, सफाइ अभियान आदि कार्यमा त्यो व्यक्ति बढी पुण्यलाभी हुन्छ, जसले श्रमदान गर्छ ।

उपर्युक्त विभिन्न कारणलाई मनन गर्दै तपाईं दिनमा आधाएक घण्टा निःस्वार्थ सेवा, सफाइ, चेतना जागरण, देवकार्य या समाज निर्माणमा श्रम लगाउनुहुन्छ भने त्यसको परिणाम चामत्कारिक हुन्छ ।

श्रमदान या समयदानको अवधारणालाई ऋषिमहर्षिहरूले युगधर्म भनेका छन् । वास्तविक परिवर्तन, रूपान्तरण या धर्मस्थापना समयदानबिना सम्भव छैन ।

अग्रज चिकित्सक डा. गोविन्द केसी यसको जाग्रत उदाहरण हुनुहुन्छ । वर्षभरिको आफ्नो कमाइ जम्मा गरेर त्यसले औषधि किन्नुहुन्छ । औषधि काँधमा बोकेर अत्यावश्यक क्षेत्रतिर चिकित्सा सेवाका निम्ति श्रमदान गर्न निस्कनुहुन्छ । वर्षमा दुईचार पटकसम्म उहाँ यो कार्यमा लाग्नुहुन्छ ।

सद्विचार दान अर्थात् ज्ञान दान

भोको व्यक्तिलाई दिएको दानले केही समयको भोक मेटाउँछ । नाङ्गो व्यक्तिलाई गरिएको दानले एकदुई हिउँद बिताउँछ । अन्य भौतिक सामग्रीको दानले अभावग्रस्त व्यक्ति केही दिन लाभान्वित हुन्छ ।

यी सबै दानको तुलनामा ज्ञानदान तथा सद्विचार दान उत्तम दान हो । किनभने यसले व्यक्तिको जीवनभरिको सन्तापलाई नाश गर्छ । हुन सक्छ, जन्मजन्मान्तरको भवरोग पनि ज्ञानदानले मेटाइदिन सक्छ ।

भौतिक दानले मानौं, एक जनालाई जीवनभरिको आवश्यकता पूरा गर्ला रे । तर ज्ञानदानले उसको भावी पुस्तासम्मलाई बाटो देखाउने काम गर्छ ।

हाम्रो संस्कृतिमा गुरूशिष्य परम्परा ज्ञानदानको उत्कृष्ट पद्धति हो । जति पनि अवतार, महापुरूष तथा ऋषिमहर्षिहरूको नाम हामीले सुनेका छौं, ती प्रत्येकले जीवनपर्यन्त सद्विचार दानको निर्वाह गरेका उदाहरण छन् ।

महात्मा बुद्ध श्रावस्तीमा देहत्याग गर्न महानिर्वाणशय्यामा हुनुहुन्थ्यो । प्राणत्याग गर्न केही क्षण मात्रै बाँकी थियो । अन्तिम दर्शनका निम्ति लामबद्ध दर्शनार्थीहरूमध्ये एक व्यक्तिले अनुनय गऱ्यो, "भगवन् ! म हजुरबाट ज्ञान प्राप्त गर्न उत्कट अभिलाषी छु, कृपा गर्नुहोस् ।"

जीवनको अन्तिम श्वास लिँदै गर्दा पनि बुद्धले उसलाई ज्ञानदान दिएर मात्रै बिदा गर्नुभयो ।

हजारौं लाखौंको जीवनोद्धार

गुरूकुल, ऋषिकुल, विद्यापीठ, आश्रम, आरण्यक जस्ता किसिमकिसिमका ज्ञानदान केन्द्रहरू हाम्रो प्राच्य इतिहासमा स्थापित थिए । वर्तमान समयमा यिनको स्वरूप फेरिएर विश्वविद्यालय, बोर्डिङ स्कुल, कन्भेन्ट स्कुल, पुस्तकालय, इन्स्टिच्युट, एकेडेमी, शिक्षालय आदिका रूपमा सञ्चालित छन् ।

ज्ञान प्रवर्द्धन एवम् सद्‌विचार प्रचार-प्रसारको ध्येय राखी आज हजारौं आध्यात्मिक तथा सामाजिक संस्था या अभियान सञ्चालित छन् । यी र यस्ता संस्था तथा अभियानमा सहभागी हुनु या धन-मनले सहयोग गर्नु, यो नै ज्ञानदान हो ।

धन तथा भौतिक वस्तु दान गर्दा दान लिने पात्र योग्य हो कि होइन शङ्का भइरहन्छ । तर ज्ञानदानको खाँचो प्रत्येक व्यक्तिलाई हुन्छ । त्यसैले पनि यो दान अर्थपूर्ण हुन्छ । अरू दानले एक व्यक्ति, एक गाउँ या एक देशको कल्याण गर्छ । तर ज्ञानदानले समग्र समाज र मानव जगत्कै कल्याण हुन्छ ।

करोडौंको भीडमा एक व्यक्ति मात्रै ज्ञानवान् भयो भने उसले हजारौं, लाखौं अज्ञानीहरूलाई मार्गदर्शन गरी जीवनोद्धार गर्छ ।

ज्ञानदानको उत्तम रीति

कसैलाई ध्यानमार्ग, योगमार्ग, ज्ञानमार्गमा हिँड्ने प्रेरणा दिएर तपाईं ज्ञानदान गर्न सक्नुहुन्छ । कुसङ्गत त्यागेर सत्सङ्गततर्फ लाग्ने प्रेरणा दिनु, मादक या नशापदार्थ सेवन त्याग्न सहयोग गर्नु, निराशावादी विचार त्यागी आशावादी विचारको अनुगामी हुन सिकाउनु, प्रेरणादायी पुस्तक-ग्रन्थको अध्ययन गर्नु-गराउनु, विचार संयमको अनुशासन पालन गर्ने विधि सिकाउनु आदि कार्यमा जे-जसरी सहायता गरे पनि त्यसले ज्ञानदानको पुण्य दिलाउँछ ।

तत्कालीन अमेरिकी राष्ट्रपति क्लिन्टनले चलाएको विद्यादान अभियान "अमेरिका रिड्स" नामले प्रसिद्ध छ ।

गैरी कसम्यानले अमेरिकामा सञ्चालन गरेको "अमेरिका लर्न्स" नामक अभियान पनि यसै क्षेत्रमा क्रियाशील छ ।

सन् १९६९ देखि इजरायलमा सञ्चालित "होम इन्स्ट्रक्सन फर प्यारेन्ट्स अफ प्रि-स्कुल यङ्गस्टर्स" अभियान हालसम्म पनि क्रियाशील छ । डा. अबिमा लाम्बार्डद्वारा संस्थापित यो अभियान ज्ञानदानको एउटा अनुपम उदाहरण हो ।

नेपालमा विगत केही दशकदेखि सञ्चालित "समता निकेतन"लाई हामी ज्ञानदानको एउटा उत्कृष्ट नमुना मान्न सक्छौं ।

उपर्युक्त दानशैलीका अतिरिक्त दानका अन्य स्वरूप पनि समाजमा प्रचलित छन् । अङ्गदान, रक्तदान, आरोग्यदान, द्रव्यदान, देहदान, धान्यदान, अन्नदान, वाहनदान आदि । यीमध्ये कुनै पनि किसिमको दानमा हामी सहभागी भई दानशीलताको पारखी बन्न सक्छौं ।

"दानी हुनुअघि विचारवान् बन्नु अत्यन्त आवश्यक छ । सोचविचार नगरी कुपात्रलाई दान दिनु धनको दुरूपयोग हो," आचार्य श्रीराम शर्माज्यूको यो उद्गार भने दानपुण्य गर्दा कहिल्यै नभुलौं ।

लोभ र दानको सम्बन्ध

दान दिन त मन लाग्छ । तर के गर्ने ? लोभले तगारो हालिहाल्छ ।

दान भन्नेबित्तिकै धेरैलाई यस्तै हुन्छ होला । दान र लोभको बीचमा चल्ने द्वन्द्वमा प्रायः जित लोभकै हुन्छ । भनिन्छ, धन हुनेहरूमा लोभ झन् बढी हुन्छ । धन पनि हुने र मन पनि हुने अहोभागी हुनु भनेको जगत्कै श्रेष्ठ सौभाग्य हो ।

यथार्थमा उभिएर हेर्‍यो भने दानले धनको हानि कहिल्यै हुँदैन । बरू उचित दानले धनको अभिवर्द्धन गर्छ । दानले धनको विषयप्रति मनभित्र जमेर बसेको विकार हटाउँछ । विकाररहित मन आगामी दिनमा पुनः धनार्जन गर्न निःसन्देह सफल हुन्छ ।

लोभ एउटा विशेष मानसिक अवस्था हो । धन हुनु र नहुनुमा यसको सम्बन्ध छैन । कमाउने र थुपार्ने इच्छा अधिक तर व्यय गर्ने र दिने इच्छा कम हुनुलाई लोभ भनिन्छ ।

मनभित्र बाहिरी पदार्थ र द्रव्यको छायाँ परेपछि लोभवृत्तिको पदार्पण हुन्छ । प्रकृतिको विधिव्यवस्था यस्तो छ, विधाताले कसैलाई गरिब र कसैलाई धनी बनाउने भेदभाव गरेकै छैन । धनाढ्य र गरिबी मानिसको दृष्टिकोण हो, शैली हो । जीवन र प्रकृतिप्रति आस्था र विश्वास नहुनु नै लोभ हो ।

समस्त दुःख र रोगव्याधिको जड लोभै हो । जीवनका लागि अत्यावश्यक हावा, पानी, माटो, प्रकाशजस्ता तत्त्व प्रकृति स्वयम्‌ले निःशुल्क व्यवस्था गरेर राखिदिएको छ । लोभले ग्रसित मानिस यी निःशुल्क वस्तुबाहेक क्षणभङ्गुर र रोगकारक वस्तुको सङ्ग्रहलाई धन भन्ठान्छ र सोही लोभको गोरखधन्दामा जीवनभरि दौडिरहन्छ ।

लोभको शमन, धनको शुद्धीकरण

जसले लोभलालचको गोरखधन्दा र यसको अन्तर्रहस्य राम्ररी बुझ्छ, उसले दानलाई सहर्ष आत्मसात् गर्छ । उसले बुझेको हुन्छ कि दान धनको बर्बादी होइन, प्रकृति र समाज प्रणालीको विधिव्यवस्था हो । दान दिने गर्नाले व्यक्तिको अहङ्कार पनि सन्तुलित हुन्छ ।

शास्त्रकारहरूको अभिमतअनुसार उपार्जित धनपैसाको निश्चित अंश दान नगर्ने हो भने व्यक्तिको बुद्धि-विकास पनि अवरूद्ध हुन्छ । स्वआर्जित धनको केही हिस्सा आवश्यक एवम् शुभकार्यमा दिने गर्नाले लोभको ग्रन्थी, अहंको गाँठो र बुद्धिको ऐंजेरू क्रमशः शिथिल हुँदै जान्छ ।

धनको पूर्ण सदुपयोग

दानपुण्य नगरी जुन धनदौलत सञ्चय गरिन्छ, त्यसको भविष्य निश्चित रूपले दुःखदायी हुने आप्तपुरूषहरूको भनाइ छ । कमाएर थुपारेको धनको अन्तिम प्रयोग सन्तानलाई विरासतमा दिनु हो । यो कुरा कसले बुझ्ने कि तपाईंको सन्तान असल र उद्यमशील छ भने उसलाई तपाईंको धनै चाहिँदैन । खराब र नालायक छ भने तपाईंले दिएको धन केही दिनमै सिध्याउँछ ।

अधिकांश मानिस सन्तानमोहकै कारण धनसम्पत्ति जमाएर राख्छन् । अन्ततः त्यसको गति यहाँ भनिए जस्तै कि त त्यो धन नाश भएर जान्छ

कि त त्यसले सन्ततिलाई नै नाश गरिदिन्छ । तसर्थ बुद्धिमान् व्यक्ति आफ्ना शाखासन्तानलाई अंशबन्डामा धन होइन, ज्ञान, संस्कार र नामयश छाडेर जाने मनसाय राख्छ ।

यी सबै दृष्टिले मनन गर्दा दान नै धनको पूर्ण सदुपयोग हो । यसले लोभको शमन गर्छ । बाँकी धनको पनि शुद्धीकरण गर्छ ।

यसरी पनि गर्न सकिन्छ दान

- साप्ताहिक बिदाको दिन केही घण्टा समय निकालौं । परोपकारी संस्थाहरूमा जाऔं र सेवा, श्रमदान, सफाइ कार्य, स्वयम्सेवा जे सकिन्छ, प्रदान गरौं । यसले पूरै हप्ताभरिलाई रिचार्ज गर्छ ।
- एउटा खुत्रुके राख्ने र त्यसमा प्रत्येक दिन आफ्नो गच्छेअनुसार एक, दुई, पाँच, १० या ५० रूपैयाँ खसाल्ने । सङ्कलित राशिलाई एकमुष्ट जहाँ तपाईंको श्रद्धा छ वा जहाँ उपयुक्त लाग्छ, त्यहाँ दान दिने गर्नुहोस् ।
- साथीभाइ, सहकर्मी र छरछिमेकीहरूको समूह बनाई निश्चित रकम सङ्कलन गर्ने र त्यसबाट सेवाश्रम, बाल मन्दिर, अनाथालय, परोपकारी केन्द्र, ध्यान केन्द्र, साधना केन्द्र, आध्यात्मिक संस्था, परोपकारी अस्पताल, रक्तदान केन्द्र, सामाजिक तथा सामुदायिक सेवा केन्द्र आदिमा कुनै कर्मचारीको व्यवस्था गरिदिने अथवा आवश्यकताअनुसार निर्माण कार्य, सेवा कार्य, प्राविधिक कार्य, भोजन व्यवस्था आदिमा सहयोग गर्ने व्यवस्था मिलाउनु दानको उत्तम मोडेल हो ।
- घरका हरेक सदस्यको नाममा एउटा-एउटा खुत्रुके वा ज्ञानघट वा सेवाघटको व्यवस्था गरिदिने र तिनलाई इच्छानुरूप पैसा सङ्कलन गर्न प्रेरित गर्ने । सङ्कलित राशिलाई उनीहरूले चाहेको सेवाकार्यमा उनीहरूकै हातबाट दान दिन लगाउने गरौं, यसले दानसंस्कृतिको उत्थान हुन्छ ।
- प्राकृतिक प्रकोप, दुर्घटना, सरुवा रोगको प्रकोप तथा अन्य आकस्मिक विपत्तिमा परेका बखत आफ्नो सामर्थ्यअनुरूप श्रमदान, अंशदान,

सेवादान, मनोपरामर्श, सद्‌विचार दान दिएर दानकार्यमा सहभागी हुन सकिन्छ ।

- एक भारतीय भिखारी घरघरमा गएर किनेर नखाइएका तर म्याद बाँकी रहेका औषधि भेला गर्छन् र अस्पताल तथा स्वास्थ्य केन्द्रमा गई गरिबदुःखीहरूलाई निःशुल्क औषधि वितरण गर्ने गर्छन् । ती भिखारीको बास बस्ने थलो भने रेल स्टेसनको प्लेटफर्म हो । यस्तै कुनै प्रभावकारी दानशैली तपाईंहामी आफैं खोज्न र रोज्न सक्छौं ।
- उपहार वा कोसेली दिनुपर्ने अवसरहरूमा सकेसम्म ज्ञानदानस्वरूप जीवनोपयोगी पुस्तक दान गर्ने अभ्यास गर्नु राम्रो हुन्छ । नाशवान् वस्तु दान गर्ने प्रवृत्ति घटाउँदै जानु प्रस्तुत पाठको सारशिक्षण हो ।

छुटाउनै नहुने के ?

नियमित प्रार्थना

"अबको सय वर्षपछि यो दुनियाँमा एक मात्र चिकित्सा पद्धति जीवित रहनेछ र त्यसको नाम हुनेछ प्रार्थना चिकित्सा । अहिलेका औषधि, अस्पताल, अप्रेसन र अत्याधुनिक प्रविधि सबै प्रभावहीन हुनेछन्," चिकित्सा क्षेत्रका अनुसन्धाताहरूको अनुसन्धानको सार हो यो ।

जतिसुकै मै हुँ भने तापनि हरेक सांसारिक व्यक्तिको शक्ति र औकात अल्प, सीमित र मर्यादितै हुन्छ । त्यसैले ऊ कुनै असीम, अन्त्यहीन र सर्वशक्तिमान् अमूर्त सत्ताको आश्रय खोजिरहेको हुन्छ ।

उक्त सत्तालाई खुदा, अल्लाह, ईश्वर, परमात्मा, भगवान्, गड या अरू कुनै नाम दिएर मान्छेले जान्ने गरेको छ । एक सीमित र देहबद्ध मनुष्यलाई सर्वसमर्थ, सर्वव्यापक, सर्वशक्तिमान् शक्तिस्रोतसँग जोड्ने कडी नै प्रार्थना हो ।

वैश्विक चिकित्सा प्रणाली

यसो दृष्टि घुमाएर हेरौं, आजभोलि नै औषधिले काम गर्न छाडिसकेको आभास हुन्छ । लाग्छ, वास्तविक रोग पत्ता लगाउन अस्पताल र यन्त्र उपकरण विफल हुँदै गएका छन् । ठूला र नाम चलेका डाक्टरहरूसमेत वर्तमान चिकित्सा पद्धतिका विषयमा आफैं अन्योलग्रस्त छन् ।

यस्तो परिस्थितिमा केवल एकमेव चिकित्सा पद्धति "प्रार्थना चिकित्सा" बनी वैश्विक चिकित्सा प्रणालीका रूपमा प्रयोगमा आए कुनै अनौठो हुनेछैन ।

क्रिस्चियन साइन्सकी अभ्यासकर्ता तथा प्रसिद्ध प्रार्थना चिकित्सक एलिस मुर यसबारे भन्नुहुन्छ, "प्रार्थनामा रूपान्तरणकारी र आरोग्यदायी शक्ति अकुत मात्रामा हुन्छ । आध्यात्मिकतालाई पोषित गर्ने किसिमको क्षमता र बोधमाथि विश्वास राखी अन्तर्हृदयबाट गरिएको प्रार्थनाले शरीर र मनका जटिल रोगव्याधिलाई निको पार्ने क्षमता राख्छ ।"

यहाँ प्रार्थनालाई केवल चिकित्सा पद्धति मात्रै भन्न खोजिएको होइन, प्रार्थना मानव जीवनको एक अपरिहार्य भावोपचार हो । कुनै न कुनै रूपमा प्रार्थनाको सहारा नलिने मान्छे यो धर्तीमा एक जना पनि छैन ।

अङ्ग्रेज काव्यकार टेनिसन त यहाँसम्म भन्नुहुन्छ कि, "प्रार्थनाबिनाको मनुष्य जीवन पशुपन्छीको जस्तो निर्बोध हुन्छ । प्रार्थना जस्तो महाशक्ति स्रोतलाई उपयोग गरेर लाभ नलिनु भनेको व्यर्थको आडम्बरसँग टाँसिएर महामूर्खताको सिकार हुनु हो ।"

नैसर्गिक स्वभाव : नगर्ने को छ र ?

व्यक्ति जतिसुकै नास्तिक किन नहोस्, जतिसुकै भौतिकवादी किन नहोस्, दुःखकष्ट आइपर्दा उसको हृदयबाट प्रार्थना निस्किएकै हुन्छ । कहिलेकाहीँ नास्तिकहरू चोट पर्दा ईश्वरलाई गालीसमेत गर्छन् । प्रकारान्तरमा त्यो पनि प्रार्थना नै हो ।

भौतिकवादीहरू विषयभोगबाट रस आउन छाडेपछि थप रसानुभूतिको याचना गर्दै यताउता भौंतारिन्छन् । यो पनि एक किसिमको प्रार्थना नै हो । कहिल्यै भगवान्लाई याद नगर्ने व्यक्ति पनि अन्तिम घडीमा उसलाई याद गर्छ र उसको पुकार गर्छ ।

डाक्टरले अब आफूबाट पार लाग्दैन भनेर हात उठाइदिएपछि मान्छेहरू बिरामीका लागि भगवान् सम्झन्छन् । "हे प्रभु ! अब हजुरकै हातमा छ फलानोको जीवन" भनेर याचना गर्छन् ।

यसो गरेको तपाईंले पक्कै पनि देख्नु या सुन्नुभएको होला । महाकवि देवकोटाको *आखिर रहेछ श्रीकृष्ण एक* यसै यथार्थको उदाहरण हो ।

एक मनो-आध्यात्मिक स्वभाव

उपर्युक्त सन्दर्भहरूबाट के स्पष्ट हुन्छ भने प्रार्थना मानव जीवनको एक अभिन्न मनोआध्यात्मिक स्वभाव हो । हरेक व्यक्ति प्रार्थनासित जसरी

पनि जोडिएकै हुन्छ । उसले प्रार्थना गरेकै हुन्छ । फरक के मात्रै हो भने आध्यात्मिक आस्था तथा बोध नराखी गरेको प्रार्थना आत्मवञ्चना अर्थात् विडम्बना प्रदर्शन हो भने अध्यात्मिक आस्था तथा बोधपूर्वक गरिएको प्रार्थना आत्मनिवेदन हो ।

आत्मनिवेदनस्वरूप गरिने प्रार्थनाको शक्ति, प्रभाव र दायरा अघिल्लाको तुलनामा अधिक हुन्छ । मानिस जतिसुकै धनवान् र शक्तिवान् भए तापनि तात्त्विक रूपमा ऊ निरीह नै हुन्छ । अनेकौं सांसारिक क्रिया व्यापार र विषयगत विभीषिकाहरूको अगाडि प्रत्येक व्यक्ति असहाय अनुभव गर्छ ।

जिन्दगी जिउनु भनेको दुःखैदुःख र कष्टैकष्टको नदीमा हाम फाल्नु जस्तै हो । त्यस नदीमा प्रायः बाढीपहिरो आइरहेको हुन्छ ।

बाढीपहिरोको डरलाग्दो भेलबाट निस्किएर किनारमा केहीबेर सुरक्षित बसी लामो सास लिने मौका पाउँदा पक्कै पनि व्यक्तिले आराम महसुस गर्छ । प्रार्थना भनेको पनि ठीक यस्तै प्रक्रिया हो । अन्तर्हृदयमा आएको बाढीपहिरोबाट केहीबेर आराम लिने उपाय ।

एक अध्यात्म वैज्ञानिकले भनेका छन्, "ताताताता सांसारिक ज्वालाहरूबाट भतभती पोलिएकाहरूको जीवनमा पुनः शीतलता र हरियाली पुनरागमन गर्ने उपाय नै प्रार्थना हो ।"

सर्वमार्ग-सर्वधर्म प्रयोग

संसारका सबैजसो धर्ममा प्रार्थनाको प्रावधान र निरूपण छ । कुनैकुनै धर्ममा त प्रार्थनालाई नै सर्वश्रेष्ठ उपासना मानिएको छ । सनातन आर्यधर्मका सबैजसो ग्रन्थ प्रार्थनाका स्तुति, अर्चना, गायन, लय, श्लोक, सूत्र तथा ऋचाले भरिएका छन् ।

असतो मा सद्गमय, (असत्यबाट सत्यतर्फ लम्कौं); तमसो मा ज्योतिर्गमय (अन्धकारबाट प्रकाशतर्फ जाऔं); मृत्योर्मा अमृतं गमय (मृत्युबाट अमृततर्फ जाऔं) । यस्ता श्रेष्ठ प्रार्थनाले आर्यवाङ्मयहरू भरिपूर्ण छन् ।

इस्लाममा प्रचलित नित्य-नमाज प्रार्थनाकै विशिष्ट विधि हो । बौद्ध परम्परामा "मेत्ता भावना"को अभ्यास र यस्ता दर्जनौं प्रार्थना विधि प्रचलित छन् ।

इसाई परम्परामा प्रचलित खिस्टियन साइन्स र फेथ हिलिङ प्रार्थना विज्ञानकै प्रयोग हुन् । अन्य धर्मावलम्बीहरू पनि आआफ्नै संस्कृति र धर्मपरम्पराअनुरूप प्रार्थनाको अभ्यास गर्छन् ।

समभावको दृष्टि राखेर हेर्ने हो भने ज्ञात हुन्छ कि सम्पूर्ण धर्म र अभिमतहरूको मिलन बिन्दु भनेकै प्रार्थना रहेछ । तत्त्वतः प्रार्थनाद्वारा नै आत्मचेतनालाई परमात्मचेतनासँग जोड्ने, ऊसँग वार्तालाप गर्ने तथा उसमा एकत्व स्थापित गर्ने प्रयत्न गर्नु सबै धर्मपथको अन्तिम ध्येय रहेछ ।

एक आध्यात्मिक आरोहण

एक अङ्ग्रेजी भनाइ छ, "मेरो हृदयका नजिक व्यक्तिहरूसम्म जब मेरो पाखुरा अङ्कमाल गर्न असमर्थ हुन्छ, तब म प्रार्थनाद्वारा तिनीहरूलाई अङ्कमाल गर्छु ।"

प्रार्थनाले हाम्रो आध्यात्मिक भोक शान्त गर्छ । यसले धार्मिकता र अस्तिकताको पृष्ठपोषण गर्छ । प्रार्थनाको शक्तिले ईश्वरप्राप्ति र शरणागतिसम्म पुऱ्याउने विश्वास गरिन्छ ।

भनिन्छ, हामीले बोलेको कुरा भगवान्ले सुन्दैनन् । तर भावविह्वलतापूर्वक या श्रद्धाभक्तिपूर्वक गरेको प्रार्थनाको एक-एक शब्द भगवान् सुन्ने गर्नुहुन्छ । प्रार्थनाकै माध्यमद्वारा भगवद्प्राप्तिका अनेकौं प्रमाण शास्त्रमा भेटिन्छन् ।

तत्त्ववेत्ताहरू भन्छन्– जसलाई प्रार्थना गर्न आउँछ, उसले जप, तप, मन्त्र आदि नगरी कुनै पनि परमशक्तिसँग एकाकार हुने क्षमता प्राप्त गर्छ । प्रार्थनाका माध्यमबाट हामी भगवान्समक्ष आफ्ना इच्छा, भावना र विचार अभिव्यक्त गर्न सक्छौं । यो अभिव्यक्ति आफैंमा मनोचिकित्सा पनि हो । र, आध्यात्मिक आरोहणको खुट्किलो पनि हो । आध्यात्मिक आरोहण भनेकै आत्माको ऊर्ध्वयात्रा हो । असली शान्ति त्यहाँ मात्रै छ, जहाँ आध्यात्मिक आरोहण सम्पन्न हुन्छ ।

प्रार्थना हो, स्वयम्का लागि

अरू कसैका लागि गरिए तापनि प्रार्थना अन्ततः आफ्नै लागि बढी काम लाग्छ । ईश्वर पुकारेर उनको नाममा प्रार्थना गर्ने धार्मिक चलन

छ । तर, प्रार्थना ईश्वरका लागि भनिए तापनि आखिर प्रार्थना प्रार्थीका लागि हो ।

अरू कसैको राम्रो होस्, भलाइ होस्, स्वास्थ्यलाभ होस्, मङ्गल होस् भनेर याचना गर्दा उसलाई त्यसको सकारात्मक प्रभाव अवश्य नै पर्छ । तर त्योभन्दा बढी प्रभाव आफूलाई पर्छ । प्रार्थनाको लाभ प्रार्थना गर्ने व्यक्तिलाई किन बढी पर्छ भने यसले प्रार्थीको मन र हृदय धुने काम गर्छ । प्रार्थनाले द्वेष, डाह, ईर्ष्या, कुण्ठा र तनावसमेत घटाउँछ ।

मानिलिऊँ कि जोप्रति तपाईं द्वेष राख्नुहुन्छ, जसको प्रगति देखेर जल्नुहुन्छ, उसैको प्रगतिका लागि दिल खोलेर भलो चिताउँदै प्रार्थना गर्नुभयो भने तपाईंकै आत्मा हलुका हुन्छ । तपाईंकै मनको डाह घट्छ र मनमा शीतलता आउँछ । तपाईंकै हृदयको कुण्ठा शिथिल हुन्छ । फलस्वरूप तपाईंलाई नै लाभ पुग्छ ।

"प्रार्थना भगवान्लाई खुसी पार्ने विधि होइन, बरू प्रकारान्तरले आफूलाई खुसी पार्ने विधि हो," सोरेन किर्कगार्डको यो कथनले प्रार्थनाको मनोचिकित्सकीय सामर्थ्यलाई उजागार गरेको छ । भगवान् जो आफैंमा अजस्र ऐश्वर्य र अनन्त विभूतिहरूले भरिपूर्ण हुनुहुन्छ, उसलाई मान्छेले खुसी पार्नुको के औचित्य ?

मनोवैज्ञानिक प्रभाव

प्रार्थनाको मनोवैज्ञानिक आधार गुप्त र अचेतन मन हो । भगवान् र दानव, स्वर्ग र नर्क अनि सुःख र दुःखको परिकल्पना गर्ने यही मन नै हो । प्रार्थनाले मनलाई सकारात्मक अनुभूतिका लागि प्रशिक्षित गर्ने काम गर्छ । त्यसैले प्रार्थना स्वसङ्केतको विधि पनि हो । प्रार्थना गर्ने व्यक्तिका लागि यो एक प्रायश्चित् कर्म हो । यसले भित्रको द्वेषभाव र दोषभावलाई मेटाउँछ । सद्भाव र आत्मीयता स्थापित गर्छ । यसरी अन्तर्मन सद्भाव र आत्मीयताले भरिएपछि लाभान्वित हुने पहिलो पात्र त प्रार्थनाकर्ता नै त हो ।

प्रार्थनामा अनेकौं रोग निको पार्ने शक्ति हुन्छ । यसको प्रमाण प्राचीन साहित्यदेखि लिएर आधुनिक शोधअनुसन्धानहरूले प्रशस्त मात्रामा दिएका

छन् । हजारौं शोधअनुसन्धान यस क्षेत्रमा विश्वभरि आज पनि भइरहेका छन् । जो व्यक्ति प्रार्थना गर्दै छ, उसको र जसका लागि प्रार्थना गरिँदै छ, उसको पनि रोग-समस्या प्रार्थनाद्वारा निको हुने तथ्य उपलब्ध छन् ।

यस सन्दर्भमा महर्षि अरविन्दले भन्नुभएको छ, "सच्चा प्रार्थना वा पुकार-अभीप्साले अदृश्य शक्तिलाई सहायताका लागि आफूसम्म उतार्ने क्षमता राख्छ ।"

प्राणिक हिलिङ क्षेत्रका प्रसिद्ध विशेषज्ञ रिबेका बियर्डले *ऐभ्री मेन सर्च* नामक पुस्तकमा प्रार्थनाद्वारा क्यान्सरसम्मका रोग निको पार्ने शक्ति हुन्छ भन्ने तथ्य अनेकौं उदाहरणसहित वर्णन गरेका छन् ।

शक्तिशाली प्रार्थना कला

प्रार्थनाद्वारा प्राप्त गर्न नसकिने यो संसारमा कुनै पनि सफलता र साधन छैन । भुक्तभोगीहरू त यहाँसम्म भन्छन् कि काललाई पनि पराजित गर्ने क्षमता प्रार्थनामा हुन्छ । भौतिक र पराभौतिक अनि दैवी र परमदुर्लभ स्थिति पनि प्रार्थनाको भऱ्याङ चढेर हात पार्न सकिन्छ । यसैको अनुसरण गरेर जीवनका विकट र घोर दुःखकष्टलाई टार्ने व्यक्तिहरू पनि मानव इतिहासमा छन् ।

महात्मा गान्धीले कुनै सन्दर्भमा भन्नुभएको थियो, "म सारा दुःख, सारा कष्ट र सबैखाले सङ्घर्ष प्रार्थनाकै बलमा हाँसीहाँसी सामना गर्छु र हरेक प्रतिकूलतामा पनि प्रसन्न र प्रफुल्लित रहने प्रयत्न गर्छु ।"

सुरदुर्लभ तत्त्वको प्राप्ति गराउने तथा नर्कतुल्य दुःखकष्टबाट मुक्ति दिने प्रार्थनामा जेजति शक्तिसामर्थ्य छ, त्यो त्यसै प्राप्त हुने कुरा होइन । प्रार्थना गरेझैं गरेर, भनेको कुरा पूर्ण भइहाल्छ नि भन्दैमा यो फलित हुँदैन । सशक्त र फलदायी प्रार्थना गर्न जान्नु एउटा ठूलो कला हो । प्रार्थना कुनै तपस्याभन्दा कम हुँदैन । योग, तप, साधना जस्तै यसका अनेकौं विधिविधान छन् । परिस्थिति र मनस्थिति बदल्ने क्षमता राख्ने प्रार्थना जीवनको श्रेष्ठ पुरूषार्थ हो ।

प्रार्थना विज्ञानका अध्येताहरू यसलाई महान् उपासना भन्न रूचाउँछन् । भनिएको छ, प्रार्थना सर्वोत्कृष्ट उपासना विधि हो । "उप"

भनेको नजिकै या समीप र आसन भनेको बस्नु या प्रतिष्ठित हुनु हो। यसर्थ उपासना आफू स्वयम्को निकट जाने पद्धति हो। अतः यसलाई अन्तर्जगत्को यात्रा पनि भनिएको छ। प्रार्थनाको परिणाम देख्न चाहनुहुन्छ भन्ने आजै अन्तःकरणबाट प्रार्थना गरेर हेर्नुहोस्। सुपरिणाम नआउनेमा शङ्कै छैन।

सकाम प्रार्थना, मध्यम लाभ

मनमा कामना राखेर गरिने प्रार्थना सकाम प्रार्थना हो। सबैले बुझ्ने भाषामा भन्नुपर्‍यो भने यसलाई भाकल, याचना या मनोकामना भन्न सकिन्छ। साधारण व्यक्ति प्रायः प्रार्थी बनेर प्रार्थना गर्छ। कुनै वस्तु, शक्ति या लाभका लागि प्रार्थना गर्छ। कर्मकाण्डप्रधान परम्पराहरूमा जताततै सकाम प्रार्थनाको बाहुल्य छ।

पश्चिमी जगत्मा विकसित धर्मसम्प्रदायहरूले पनि यस किसिमको प्रार्थनालाई निकै आकर्षणका साथ प्रचार गरेका छन्। धर्म परिवर्तन गराउन केही धर्मले आज पनि सकाम प्रार्थनाको लोभ देखाउने गरेका छन्। क्यान्सर र एड्स जस्ता जटिल रोगसमेत यसद्वारा निको हुने प्रचार यत्रतत्र देखिन्छ। जबसम्म प्रार्थना सकाम भावले गरिन्छ, त्यहाँ केही न केही स्वार्थ जोडिएकै हुन्छ र त्यो परिपूर्ण हुँदैन।

सकाम प्रार्थनाले लाभ अवश्य दिन्छ। तर यसलाई उच्चकोटीको प्रार्थना मानिँदैन। यसले मनोवैज्ञानिक र भौतिक फाइदा अवश्य दिन्छ। तर आध्यात्मिक र पारलौकिक उपलब्धि नदिने अध्यात्मवेत्ताको अभिमत छ। पूर्वीय ऋषिमनीषिले मानव जीवनको सार्थकता परमार्थ अर्थात् परसेवा र निष्काम सेवामा मानेका छन्।

निष्काम प्रार्थना, उत्तम लाभ

सारा संसारको भलो होस्, प्रत्येक प्राणीको कल्याण होस्, सबैको मङ्गल होस्, दुःख कसैलाई नहोस्। सर्वत्र शान्ति, प्रेम, आनन्द र आरोग्यको प्राप्ति होस्। हाम्रा पूर्वजले यस्ता अनेकौं मन्त्र, विधि र उपाय प्रस्तुत गरी निष्काम एवम् परमार्थी प्रार्थनाका अभ्यासी हुन प्रेरित गरेका छन्।

मेरो र मेरा आफन्तको भलो होस्, बाँकी अरूको के मतलब भन्ने सङ्कुचित याचना हाम्रो परम्पराको अङ्ग होइन । यस्तो सङ्कुचित प्रार्थना सकाम प्रार्थनाको उपज हो । प्रार्थना जब स्वार्थी र मतलबी मान्छेको मुखबाट निस्कन्छ, त्यो सकाम प्रार्थनामा बदलिने प्रबल सम्भावना रहन्छ ।

यसविपरीत जब निष्काम प्रार्थना जोकसैको श्रीमखुबाट निस्कन्छ, त्यसले समग्र परिवेशलाई दिव्य र प्राणवान् बनाइदिन्छ । यस्तो प्रार्थना एक व्यक्ति या एक समूहको प्रयासमा गरिन्छ । तर यसको प्रभाव भने अनेक व्यक्ति र समूहमाथि पर्छ ।

निष्काम प्रार्थनाकै तत्त्वदर्शनबाट हाम्रा पूर्वज भविष्यद्रष्टाहरूले "सत्यं शिवं सुन्दरम्"को परिकल्पना गरेका हुन् । विधिपूर्वक गरिएको निष्काम प्रार्थनाले प्रार्थीलाई "सत्-चित्-आनन्द"को पराकाष्ठामा स्थापित गराउने सामर्थ्य राख्छ ।

फलामलाई सुन बनाउने "पारस", सम्पूर्ण मनोकामना पूर्ण गर्ने "कामधेनु" र सर्वदा ज्ञान र आनन्दवर्षा गर्ने "कल्पवृक्ष"को परिकल्पना शास्त्रकारहरूले निष्काम प्रार्थना पद्धतिलाई नै आधार बनाएर गरेका हुन् भन्ने विश्वास गरिन्छ ।

कृतज्ञता अभिव्यक्ति

व्यक्तित्वको शोभा भनेकै कृतज्ञता हो । कृतज्ञताबिना सभ्यता, संस्कार र शिष्टाचार अपूर्ण मानिन्छन् । मान्छेले आफूले जेजति आर्जन गरेको हुन्छ या स्वामित्वमा पाएको हुन्छ, त्यसलाई उसले आफ्नो परिश्रमको परिणाम भन्ठान्ने भूल गरेको हुन्छ । यथार्थमा हेर्ने हो भने उसको परिश्रम भनेको माध्यम मात्रै हो । जेजति आर्जन र स्वामित्व हो, त्यो सबै अरूहरूको कृपा हो ।

जन्म अर्कैले दिन्छ । शिक्षादीक्षा अर्कैले दिन्छ । भोजनपानी दिने अर्कै हो । विवाह अर्कैसँग हुन्छ । सास फेर्ने काम पनि अरू कसैले नै गराएको हुन्छ । अन्त्यमा मरेपछि घाट पनि अरूहरूले नै पुऱ्याउँछन् ।

जजसले जेजे भने पनि आखिर जिन्दगीको आदिदेखि अन्त्यसम्मको जीविका अरूहरूकै कृपा र आशीर्वादबाट चलेको हुन्छ । यस वास्तविकतालाई

आत्मसात् गर्दै ती सबैप्रति कृपानुभूति गर्नु नै कृतज्ञता हो । कृतज्ञता अभिव्यक्त गर्नुभन्दा ठूलो अर्को प्रार्थना नै छैन ।

प्रतिपल धन्य सम्झने बानी

आफूलाई प्रतिपल धन्य सम्झने व्यक्तिको जीवन साँच्चै धन्य हुन्छ । केवल मेरो र मेराका उपसर्गहरूबाट आच्छादित व्यक्ति अन्ततः दुःखी हुनैपर्छ । धन्यवाद सबै वादहरूमा सर्वश्रेष्ठ वाद हो । धन्यवादको विपरीत अहंवाद सबै वादहरूमा सर्वघातक वाद हो । अचेलका मानिसलाई यो अहंभावले भित्रभित्रै सिध्याएको छ । त्यसैले आजभोलि न अभिवादन प्रेमभावले गरिन्छ, न धन्यवाद अहोभावले ।

अभिवादनका खातिर गरिने प्रणामले परिणाम बदल्छ । अहोभावपूर्वक गरिने धन्यवादले सुखवादको अभिवर्द्धन गर्छ । जसले यो गणित राम्रोसँग बुझ्छ, उसको जीवन स्वतः धन्यधन्य हुन्छ । यदि कसैमा कुरूपता र दुर्गुण नै छ भने पनि धन्यवादसँगै प्रकट हुने शिष्टाचारले त्यसलाई ढाकछोप गर्छ र तत्कालका लागि सुसंस्कृत देखाइदिन्छ ।

आस्तिक हुने कि नास्तिक ?

आखिरमा हुनैपर्छ आस्तिक

एकछिनका लागि तर्कबुद्धिलाई विराम दिनुभयो भने र भित्रभित्रै गम्नुभयो भने तपाईंले आफूलाई पूर्णरूपेण आस्तिक पाउनुहुनेछ ।

तपाईं जन्मसिद्ध आस्तिक हो भने यसो गरेर हेर्दा तपाईं आफूलाई आध्यात्मिक पाउनुहुनेछ । तपाईं धार्मिक हो भने तर्कबुद्धिलाई विश्राम दिएर घोरिँदा तपाईंले आफूलाई मानव धर्मको उपासक पाउनुहुनेछ । तपाईं कर्मकाण्डी हो भने यसो गरेर हेर्दा तपाईंले आफूलाई तत्त्वभेदी पाउनुहुनेछ ।

आस्तिकता एउटा त्यस्तो जीवनदृष्टि हो, जसले व्यक्तिलाई थप परिष्कृत, परिपूर्ण तथा अनुग्रहित महसुस गर्ने अवसर प्रदान गर्छ । र जिन्दगीलाई परिपूर्ण हुन प्रेरित गर्छ ।

यथार्थ जेजे भए तापनि

आज हामी अनेकौं वाद, सिद्धान्त, मान्यता र धारणाको चपेटामा छौं । जीवन, जगत् र अस्तित्वलाई व्याख्या गर्ने आआफ्नै भाषा र पद्धति विकसित भएका छन् ।

यथार्थ जेजे भए तापनि मूलतः हाम्रा प्रत्येक रक्तकोषमा आस्तिकता नै बग्छ । किनकि हामी ऋषिमुनिका सन्तान हौं । मानवीय वंशाणुको नैसर्गिक विशेषता नै आस्तिकता हो ।

भूतकालका केही भोगवादी दार्शनिकले नास्तिकताको पक्षमा राम्रै वकालत गरे । तर त्यो आस्तिकताको प्रतिशोध मात्रै थियो, नास्तिकताको प्रतिपादन थिएन । भूलवश हामीमध्ये केही व्यक्ति त्यो नास्तिक मान्यतामा

रूमल्लिएका हुन सक्छौं । तर मूल रूपमा हाम्रो डिएनए आस्तिक भ्रूणबाटै विकसित भएर यहाँसम्म आएको छ । हिलोमा गाड्दैमा सुन गोबर हुँदैन । गोबरले ढाक्दैमा हीराको गुण मेटिँदैन । आयातित नास्तिकवाद या भौतिकवादी तर्क राख्दैमा मूल बिर्सनु आफैंलाई मूल्यहीन मान्नु हो ।

बौद्ध र जैन दर्शन पछिल्लो कालखण्डमा विकसित आस्था प्रणाली हुन् । यी दर्शनमा प्रतिपादित नास्तिकता ईश्वरको अस्तित्वलाई अस्वीकार होइन, उसलाई अनभूति गर्ने वैकल्पिक अवधारणा मात्र हो । नभए किन बनाइन्थे, बुद्ध र महावीरका मूर्ति र मन्दिरहरू ?

आस्तिक कि नास्तिक ?

चुनावमा मतदान नगर्नु आफ्नो खुसीको कुरा हो । तर मतदान गऱ्यो भने आफूले चुनेको उम्मेदवारलाई जिताउने मौका पाइन्छ । ठीक यसैगरी ईश्वर मान्ने, नमान्ने छुट सबैलाई छ । तर ईश्वरमा विश्वास राख्यो भने उसको सृष्टि रचनाको आनन्द उठाउने अवसर पाइन्छ ।

यो लेखको उद्देश्य अस्तिकता या नास्तिकताको पक्षमा पाठकलाई अभिप्रेरित गर्नु होइन । यसको उद्देश्य हातमा दियालो राखिदिनु हो, ताकि यसको प्रकाशमा पाठक उत्तम बाटो हिँडून् र आफूलाई भित्रैदेखि प्रज्वलित राख्न सकून् भन्ने हो ।

दार्शनिक जे कृष्णमूर्ति आस्तिकता र नास्तिकताको द्वन्द्वमा कहिल्यै फस्न नहुने सल्लाह दिनुहुन्छ । उहाँको चोटिलो दर्शनले भन्छ, "आफूभित्रको आत्मप्रकाश प्रज्वलित गर । त्यसको प्रकाशले बाटो आफैं पहिल्याउनेछ । आफू स्वयम् आफ्नो मार्गदर्शक हो, गुरू हो । अरू गुरूको चक्करमा किन पर्छौ ?"

चाख्दै नचाखी के थाहा ?

जिब्रोले चाखेपछि मात्रै कुनै चीजको स्वाद थाहा हुन्छ । चाख्दै नचाखी के थाहा ? ईश्वरको सत्तालाई चाखेपछि मात्रै थाहा हुन्छ कि ईश्वर कस्तो छ भनेर । चाख्दै नचाखी ईश्वरीय अस्तित्वको स्वाद के थाहा ? स्वाद चाखिसकेपछि त्यसको अर्थ छ कि छैन या चाहिने वस्तु हो कि होइन, चाख्नेले निर्णय लिने कुरा हो ।

आस्तिक हुने कि नास्तिक भन्ने विवाद वास्तवमा ईश्वरतत्त्व चाख्न नसक्नेहरूको विषय रहेछ । ईश्वरतत्त्वको स्वाद चाख्ने नाममा जो अरू नै चीजको स्वाद चाख्नेतर्फ लागेको हुन्छ, उसैले त्यहाँ गएर विवाद उत्पन्न गर्दो रहेछ । ईश्वरतत्त्वको रसास्वादन गर्ने यात्रामा हिँडेको व्यक्ति कतिखेर आस्तिक हुन्छ, उसैलाई थाहै हुन्न ।

वास्तवमा आस्तिक या नास्तिक हुने या बन्ने कुरा होइन, स्वयम् स्थापित हुने कुरा हो । त्यसकारण तत्त्ववेत्ताहरू भन्छन्, "स्वाद चाख्नेतर्फ लाग, स्वादै नचाखी स्वादमाथि तर्कवितर्क गर्नेतर्फ नलाग । ईश्वर शब्दलाई लिएर मतभेद नगर, बरू ईश्वरतत्त्वको खोजीका उपायहरूबारे मतभेद गर । किनकि ईश्वर शब्दमा होइन, दृष्टिकोण र अनुभवमा हुन्छ ।"

स्वभावमै छ आस्तिकता

बाहिरबाट हावा नछिर्ने बाकसभित्र कुनै जीवलाई राखिदिएर हेरौं । केही समयपछि त्यसको मृत्यु निश्चित छ । तर सोही जीव जन्मनुभन्दा अगाडि हावा नछिर्ने आमाको गर्भमा महिनौं जीवित रहन्छ । यसलाई ईश्वरीय देन नभने के भन्ने ? एउटा सानो आकारको बीज माटोमा रोपिन्छ । केही कालपश्चात् सोही बीज अखण्ड फल, फूल, रस, स्वाद र प्राणका रूपमा प्रकट हुन्छ ।

शरीरभित्र प्रवेश गरेको आहार कसरी रगत, वीर्य र आयु बन्छ ? रहस्य बडो विचित्रको छ । यदाकदा पटमूर्ख अभिभावकको सन्तान महापण्डित बन्छ । कहिलेकाहीँ यसको ठीक उल्टो पनि हुन्छ । सानो उज्यालो चाहियो भने कि त बत्ती बाल्नुपर्छ कि त बिजुली चाहिन्छ । तर सिङ्गो धर्तीलाई प्रकाशित गर्ने सूर्यलाई न रिचार्ज गर्नुपर्छ, न विद्युतीय तार जोड्नुपर्छ । सूर्यपिण्डको रहस्य त्यत्तिकै अवर्णनीय छ ।

के यी आधार होइनन् ?

मान्छेलाई पेट भर्ने सीप सिकाउन अनेकौं विद्यालय-विश्वविद्यालयले काम गर्छन् । तर प्रेम, यौन र भोजन जस्ता विषय भने कसैले सिकाउनुपर्दैन । के यी सबै रहस्यभित्र ईश्वरीय सत्तालाई विश्वास गर्ने आधार छैनन् ?

सृष्टिमा ईश्वर विद्यमान छ र ऊ नै सर्वोपरि सत्ता हो भन्ने विश्वास ढिलोचाँडो प्रत्येक व्यक्तिमा आउँछ । कसैमा जन्मजात आउँछ भने कसैमा जिन्दगीले हन्डर खुवाएपछि आउँछ । तात्त्विक दृष्टिले हेर्ने हो भने प्रतीत हुन्छ कि ईश्वर नै सबैभन्दा निकटको आफन्त हो ।

ईश्वरसँगको जस्तो सम्बन्ध अरू कोही कसैसँग हुँदैन । सबै भौतिक नातासम्बन्ध जन्मसँगै आरम्भ हुन्छन् र मृत्युसँगै समाप्त हुन्छन् । केवल एउटा सम्बन्ध छ, जो एक होइन, अनेक जन्मसँग सम्बन्धित छ, त्यो सम्बन्ध हो, ईश्वरसँगको सम्बन्ध ।

कुतर्क झिक्न छाडे पो

आफ्नो अविभाज्य सम्बन्धलाई निर्वाह गर्न ईश्वर अनेक रूपरङमा प्रकट हुन्छन् । शिशुअवस्थामा वात्सल्यमयी आमा ईश्वरको सर्वश्रेष्ठ रूप हो । उनको निष्कपट स्नेह र ममत्वले भरिपूर्ण आमाको दूध ईश्वरीय प्रसाद हो । अलि ठूलो भएपछि यो सुन्दर प्रकृति, शिक्षादीक्षा दिने गुरूवर्ग, प्रेमप्रणय प्रदान गर्नेहरू र अन्ततः समग्र विश्ववसुधा ईश्वरका विविध रूप प्रतीत हुँदै जान्छन् ।

ईश्वरको अस्तित्व कणकणमा, अणुअणुमा छ भन्ने यथार्थबोध कतिपय व्यक्ति उमेर बढेसँगै बिर्सन्छन् । ईश्वरको सत्ताभन्दा धन र विषयभोगको सत्ता बढी दृष्टिगोचर हुन्छ । त्यस्ता व्यक्ति तब नास्तिक कहलाउँछन् ।

तर यथार्थमा ती नास्तिक होइनन्, आस्तिकता भुलेका ईश्वरपुत्र हुन् । किनकि आस्तिकता मनुष्यको स्वभावमै निहित छ । आस्तिकता सृष्टिको स्वभावमै विद्यमान छ ।

वैदिक ग्रन्थमा भनिएको छ, "विश्वानि देव" अर्थात् ईश्वर सृष्टिको प्रत्येक घटकमा सर्वव्याप्त छ ।

*श्रीमद्भगवद्गीता*को उद्घोष छ, "पश्यामि देवास्तव देव देहे सर्वभूतविशेष सङ्घानि ।" अर्थात् हे ईश्वर ! म हजुरभित्र सबै चराचर प्राणीलाई देखिरहेको छु ।

मौलिक-नैसर्गिक मानव वृत्ति

आस्तिकता मानवको नैसर्गिक गुण हो । मानव इतिहासकै सर्वप्राचीन आर्य सभ्यता र वाङ्मयले यसको पुष्टि गरेको छ । धेरैजसो प्राच्य ग्रन्थहरू

आस्तिकताकै आधारभूमिमा प्रतिस्थापित भएर लेखिएका छन् । प्रचलनमा रहेका प्रायः संस्कृति र परम्पराको डोर भनेकै आस्तिकता हो ।

आस्तिकता र ईश्वरलाई व्याख्या गर्ने शब्द र भाषा भिन्न होलान् । तर प्रत्येकको रगत र वंशाणुमा ईश्वरविश्वास प्रवाहित भएकै हुन्छ । जीवन र जगत्को कणकणमा ईश्वरीय सत्ता संव्याप्त छ भन्ने मान्यता नै पूर्वीय दर्शनको केन्द्रीय धारणा हो ।

उपनिषद्मा "ईशावास्यमिदं सर्वं यत्किञ्चित् जगत्यां जगत्" भनेर उक्त धारणाको सत्यतालाई उजागर गरिएको छ ।

यसरी आस्तिकता जन्मजात नैसर्गिक स्वभाव हो भन्ने तथ्य अकाट्य प्रमाणित भइसक्दा पनि अझै आस्तिक हुने कि नहुने भन्ने सवाल उठाउनु व्यर्थको प्रयास मात्रै हो । आजभोलि सुन्न र देख्नमा आएका उपभोगवाद, उग्रवाद, अतिभौतिकवाद, उपभोक्तावाद, प्रत्यक्षवाद एउटा बिन्दुमा पुगेपछि वाक्कदिक्क हुने अवस्था आउँछ । अनि त्यतिखेर मान्छे आस्तिकतावादको बाटो समाउन थाल्छ ।

भविष्यमा कुनै न कुनै दिन यदि आस्तिक हुनैपर्छ भने आजैदेखि पक्का आस्तिक किन नहुने ?

यति भन्दा पनि कसैलाई यदि नास्तिकै हुनु छ भने कृपया एक पटक महान् पाश्चात्य विचारक भोल्तेयरको यो कथनलाई मननचाहिँ गर्नु होला है–

"ईश्वर छैनन् नै भने पनि एक पटक खोजेर हेर्नुचाहिँ जरूरी छ ।"

जागे पो देखिन्छ ईश्वर

"हामी प्रतिक्षण ईश्वरबाट घेरिएका छौं । तर हामी मूर्च्छित छौं । त्यसैले उसको दर्शन हुँदैन । मूर्च्छा जगत् हो । मूर्च्छा संसार हो । अमूर्च्छा ईश्वर हो ।"

गुरू ओशोको यो भनाइ नास्तिक मात्रै होइन, आस्तिकको समेत सातो लिने किसिमको छ । ईश्वर छ भनेर विश्वास गर्नु मात्रै आस्तिकता होइन ।

"ईश्वरको सत्तामा विश्वास गर्नु मात्रै पनि आस्तिकता होइन । तात्त्विक रूपले आस्तिकता विश्वास होइन, अनुभूति हो ।"

आस्तिकतावादका युगप्रवर्तक आचार्य श्रीराम शर्माको माथि उद्धृत अभिमत कथित आस्तिकहरूलाई अर्को झटारो हो । असली आस्तिकता के हो त ? आचार्य शर्माकै शब्दमा, "ईश्वर छ, यो केवल बौद्धिक विश्वास हो । ईश्वरलाई आफ्नो हृदयमा अनुभव गर्नु, सम्पूर्ण चराचर जगत्मा उसको सत्तालाई दृष्टिगत गर्नु र त्यस अनुभूतिले रोमाञ्चित हुनु असली आस्तिकता हो ।"

आफूलाई ईश्वरमा र ईश्वरलाई आफूमा

तत्त्ववेत्ताहरूको खोजलाई आधार बनाएर भन्नुपर्दा आस्तिकताको अनुभूतिले ईश्वरको समीपतालाई प्रतिक्षण अनुभव गराउँछ । आस्तिक व्यक्ति जगत्लाई ईश्वरमा र ईश्वरलाई जगत्मा ओतप्रोत भएको देख्ने गर्छ । ऊ आफूलाई ईश्वरमा र ईश्वरलाई आफूमा बाहेक फरक अनुभव कदापि गर्दैन ।

यी विशिष्ट लाभहरूबाट लाभान्वित हुन आस्तिक हुँ भनेर मात्रै हुँदैन, जागेको र ब्यूँझिएको आस्तिक हुनुपर्छ । अचेल कतिपय धर्मध्वजी आफूलाई आस्तिक भन्न रूचाउँछन् । प्रवचन र कर्मकाण्डका नाममा चित्रविचित्रका प्रदर्शन गर्छन् । कथित आस्तिकहरूका यस्ता क्रियाकलापले पनि यदाकदा नास्तिकहरूको कर्तुतलाई आगोमो घिउ थप्ने काम गर्छन् ।

आचार्यश्रीको भनाइलाई साभार गर्ने हो भने आस्तिकताको पृष्ठभूमिबाट उत्पन्न धर्ममा प्रदर्शन भन्ने कुरै हुँदैन । सामान्यतया जो व्यक्ति धर्मकर्ममा लागेका हुन्छन्, तिनैलाई आस्तिक मानिन्छ । कुरो ठीकै पनि हो, आस्तिक व्यक्तिद्वारा धर्म-प्रवृत्तिको विकास हुन्छ । तर जो व्यक्ति धर्मकर्ममा लागेको छ, ऊ आस्तिक नै हुन्छ भन्ने जरूरी हुँदैन ।

आचार्य श्रीराम शर्मा अगाडि भन्नुहुन्छ, "बिहान दुईदुई घण्टाघण्टी बजाउनेहरू, ठूलोठूलो स्वरमा प्रार्थना गाउनेहरू र घण्टौं आसन-प्राणायाम गर्नेहरू पनि आफ्नो व्यावहारिक जीवनमा निकृष्ट स्वार्थ तथा सङ्कीर्ण मानसिकताको आश्रय लिने गर्छन् । मानौं कि छुद्र कुरामा झूटो बोल्न, दुईचार पैसाका लागि नचाहिँदो हरकत गर्न, आफ्नैहरूलाई असहयोग गर्न, अरूलाई पछारेर आफू मात्रै अगाडि बढ्न, ईर्ष्या-द्वेषले ग्रसित हुन,

हरेक समय लोभलालचपूर्ण व्यवहार गर्न तिनलाई सामान्य कुरा लाग्छ भने त्यस्ता व्यक्तिको पूजापाठ केवल प्रदर्शन हो । तिनको जीवनमा आस्तिकता रत्तिभर छैन भन्ने जान्नुपर्छ । यसविपरीत जो व्यक्ति एक क्षण पनि धर्मकर्म गर्दैन । तर पनि मान्छेको उचित मूल्याङ्कन गर्ने गर्छ, समाजप्रति आफ्नो दायित्व परिपालना गर्छ, सबैलाई ईश्वरको रूप मानेर ईर्ष्या-द्वेष गर्दैन; जसको हृदय प्रेम-सहानुभूति तथा समताभावले भरिएको छ भने त्यो नै सच्चा धार्मिक तथा आस्तिक व्यक्ति हो ।"

आँखा उघ्रेको भए पो

यति हुँदाहुँदै पनि विडम्बना के छ भने मान्छेहरू धार्मिकता र आस्तिकताको मूलतत्त्व नहेरी प्रदर्शन र तडकभडकको लहरमा बग्ने गर्छन् । फेरि एक पटक भन्न मन लाग्छ, आँखा खुलेको भए पो छुट्टिन्छ छद्म र सक्कलीमा भिन्नता ।

एक पटक एउटा माछोले उसका साथीभाइलाई सोधेछ, "म सधैंजसो यो सागर भन्ने शब्द सुन्ने गर्छु । जता फर्किए पनि यसकै नाम सुन्छु । कसैले त भनिदेऊ, म कसरी खोजूँ सागरलाई ? कहाँ र कस्तो छ सागर ?"

कतै त्यही माछाको जस्तो अवस्था त छैन हाम्रो ? रातदिन पलपल उनै ईश्वररचित जगत्मा निवास गर्नु छ । उनै ईश्वरीय सत्ताको प्राणवायु धारण गरेर जीवित हुनु छ । तलमाथि, दायाँबायाँ, बाहिरभित्र र स्थूल सूक्ष्म अस्तित्व ग्रहण गर्नु छ । यसका बाबजुद फेरि प्रश्न गर्ने, खै कहाँ छ ईश्वर ? पुनः एक पटक भन्न मन लाग्यो, जागे पो देखिन्छ त ईश्वर ।

ईश्वर कहाँ छ ? कहाँ भेटिन्छ ? कस्तो छ ? श्वासप्रश्वासबिना जीवनको कल्पना जसरी निराधार हुन्छ, त्यसैगरी यो प्रश्न पनि निराधार ठहरिन्छ । ईश्वर कुनै वस्तु नै होइन, जसलाई अरू चीज खोजेझैं खोज्दा भेटियोस् । न यो कुनै हराएको वस्तु हो, पुनः खोजेर भेटिन्छ ।

ईश्वर एउटा अनुभूति हो । आत्मानुभव हो, र प्राणाधार हो । आँखा नउघारी र अन्तर्चक्षु नजागीकन कहाँ भेटिएला त्यस्तो सर्वव्याप्त परमतत्त्व ईश्वर ?

आस्तिकताको चौतर्फी प्रतिफल

हरपल हरक्षण सम्बल दिने; सहारा, आधार र आश्रय दिइरहने कोही त पक्कै छ । विपत्तिको बेला भवसागरमा डुब्न नदिने कोही त छ । अस्तित्वमाथि कुनै न कुनै सर्वशक्तिमान् सत्ताको छत्रछायाँ अवश्य छ । आस्तिक व्यक्ति यस्तैयस्तै अनुग्रहहरूबाट प्रतिक्षण लाभान्वित हुने गर्छ ।

तर नास्तिक भने यस्तो परमदुर्लभ लाभबाट सदा वञ्चित रहन्छ । आस्तिकताको भावनाले अनुप्राणित व्यक्ति परमात्माको सहारा महसुस गरेर "निर्भय र निश्चिन्त" हुन्छ । ईश्वरमाथि अगाध विश्वास राख्ने व्यक्ति त मृत्युदेखि पनि भयरहित रहन्छ । जहाँ भय हुँदैन, त्यहाँ नै प्रफुल्लता, प्रसन्नता र आनन्दको झरना बग्न थाल्छ ।

आजको मान्छे पाइला-पाइलामा भयग्रस्त बाँचिरहेको छ । चितामा जल्नेहरूको तुलनामा चिन्तामा जल्नेहरूको सङ्ख्या दुनियाँभरि अधिक छ । ईश्वरीय सत्तामाथि सच्चा आस्था राख्ने व्यक्तिको मनबाट चिन्ता, भय र त्रास क्रमशः आफैं हटेर जान्छ ।

एक तत्त्वदर्शीको भनाइअनुसार "आस्तिक व्यक्तिभित्र निहित ईश्वरीय विश्वास र परमात्मामय अनुभूति उसको हृदयलाई प्रसन्न र उज्ज्वल बनाउनमा सहायक हुन्छ । त्यस्ता व्यक्तिको भावतलमा सदासर्वदा परमात्माको निवास हुन्छ, फलस्वरूप सुरक्षित हृदयमा आसुरी वृत्तिले आक्रमण गर्ने प्रश्नै उठ्दैन ।"

आत्मविश्वास, आत्मबल र उत्साहपूर्ण मनोदशा आस्तिकताको अर्को प्रतिफल हो । ईश्वरमा अखण्ड विश्वास राख्ने व्यक्ति जस्तोसुकै विषम र कठिन परिस्थितिमा पनि हार मान्दैन । उसले आफ्नो अन्तर्मनमा त्यस्तो धारणा बनाएको हुन्छ कि जीवनमा दुःखकष्ट तथा अभाव आउनु पनि उसैको खेल हो । विषम परिस्थिति स्वयम्लाई बलियो बनाउन ईश्वरले लिएको परीक्षा हो । परीक्षामा उत्तीर्ण हुने शक्ति पनि उसैले दिन्छ । हार पनि उसैको, जित पनि उसैको । आफू त केवल निमित्त मात्र हो ।

यसरी आफूलाई ईश्वरीय रङ्गमञ्चको खेलाडी मान्ने साहस केवल आस्तिक मानसमा मात्रै उत्पन्न हुन्छ ।

महर्षि अरविन्दले एक प्रसङ्गमा भन्नुभएको थियो, "अल आर इन्भाइटेड, फ्यू आर चुजन ।" अर्थात् आमन्त्रण सबैलाई गरिएको हुन्छ । तर छनोटमा पर्नेहरू सीमित हुन्छन् । परमात्माको कृपानुभूतिमा छानिएर आस्तिक बन्न सके अरू कुराको के भय ?

समस्या अनेक, समाधान एक

नास्तिकता फैलिएर हो वा आस्तिकता नबुझेर हो, एउटा ठूलो जमात अहिले "खाऊ, पिऊ र मोज गर"मा लिप्त छ । अहिले रोप्ने तुरून्तै फल खाइहाल्नुपर्ने प्रवृत्ति बोकेको अर्को जमातको पनि यहाँ बाहुल्य छ । आफू र आफ्नाबाहेक सबैलाई तुच्छ र हेय ठान्ने अनि सोहीअनुरूप मपाइँत्व प्रदर्शन गर्ने तेस्रो वर्गका मान्छेको आज कतै पनि कमी छैन ।

हत्या, हिंसा, लुटपात, चोरी, ठगी, व्यभिचार र भ्रष्टाचारले समग्र विश्ववसुधा आक्रान्त छ । आखिर नचाहँदानचाँहदै यो सबै किन भइरहेको छ त ?

मूलतत्त्वमा पुगेर सत्यतथ्य खोज्ने हो भने कुरा त्यहीँ पुगेर टुङ्गिन्छ कि मान्छे कलियुगी भए, धर्म बिर्सिए, ईश्वरलाई विस्मृत गरे, परमात्माको रचनालाई अवहेलना गरे ।

यथार्थ यही नै हो र सम्पूर्ण समस्याको समाधान पनि अन्ततः आस्तिकतामै छ । ईश्वर न्याय, सहअस्तित्व र प्रेमको शक्तिपुञ्ज हो । जहाँ यी सद्‌गुणको अभ्यास हुन्छ, त्यहाँ विध्वंस र दुराचरणले चलखेल गर्ने कुरै आउँदैन ।

एक अज्ञात स्रष्टाको शब्द यहाँनिर साह्रै सान्दर्भिक देखिन्छ, "आस्तिकताको अर्थ हो, ईश्वर मान्नु । मान्नुको अर्थ हो, उसको अनुयायी हुनु । अनुयायी हुनुको तात्पर्य हो, उसको आदेश, निर्देश र आदर्श मर्यादामा चल्नु । जो यी भावरस बोकेर हिँड्छ, उसले कसरी ईश्वरको यो समाजरूपी सुन्दर बगैंचालाई तहसनहस गर्ला त ? धिक्कार छ धर्म र कट्टरताका नाममा हिंसा, विध्वंस र त्रास फैलाउनेहरूलाई ।"

प्रसिद्ध वैज्ञानिक अल्बर्ट आइन्स्टाइनले कुनै प्रसङ्गमा भन्नुभएको थियो, "मेरो नजरमा ईश्वर यो संसारमा व्याप्त एक महान् नियम हो ।"

उनले भन्न खोजेको महान् नियमको अभिप्रायः यहाँको मर्यादा, नैतिकता तथा विधिव्यवस्था हो ।

आस्तिकता र नैतिकता

वर्तमान युगको एउटा अर्को खतरनाक चुनौती अनैतिकताको निर्बाध विस्तार हो । यो तथ्य बुझ्न गाह्रो छैन कि ईश्वरमा विश्वास राख्नेले ईश्वरीय नियममा निश्चय नै विश्वास राख्छ । ईश्वरको नियममा विश्वास नराख्ने व्यक्ति प्रकारान्तरले ढोंगी हो, पाखण्ड हो । त्यस्तो व्यक्ति धर्मक्षेत्र र मानवताकै कलङ्क हो । अन्यथा आस्तिक व्यक्ति अनिवार्य रूपमा नैतिकवान् हुन्छ । महापुरूषहरूले भनेका पनि छन्, "ईश्वर भनेको सत्प्रवृत्ति, सद्गुण र श्रेष्ठताको समुच्चय हो ।"

व्यक्तिलाई नैतिक बनाउन दण्ड, सजाय र जेलनेल खासै प्रभावकारी नहुने यथार्थ त जताजतै देखिएकै छ । त्यसैले होला, कतिपय सरकार तथा प्रशासन हिजोआज अपराधी तथा कैदीलाई पुनः नैतिक बनाउन ध्यान, ईश्वर उपासना, योग, सत्सङ्ग, स्वाध्यायको प्रयोग गरिरहेका छन् ।

तपाईंले सुन्नुभएको होला– ठूलाठूला पदधारण गर्नुअघि पदाधिकारीहरू ईश्वर, सतनाम, खुदा या अल्लाहको नाममा शपथ लिन्छन् । यसो गर्नुको कारण स्पष्ट छ कि ईश्वरको नाम लिएर पनि अनैतिकता र भ्रष्टाचार गर्नु घोर निन्दनीय एवम् कुमार्गगामी चरित्र हो ।

सगौरव भन्नुपर्ने हुन्छ– आस्तिक हुनुको प्रतिफल यति धेरै छन् कि यो सानो लेखमा सीमाबद्ध गर्न सम्भव छैन । साथै यसको अनुभव गर्न कुनै धर्माधिकारी या कर्मकाण्डी पनि भइरहनुपर्दैन ।

यसो गरे अनुभव गर्न थाल्नुहुनेछ

एकक्षण नेत्र बन्द गरेर बस्नुहोस् । आफ्नो वर्तमानप्रति सचेत हुनुहोस् ।

लामो गहिरो आठदस पटक सास लिने-छाड्ने गर्नुहोस् । अब हृदयतललाई अन्तर्मुख बनाउने प्रयत्न गर्नुहोस् । वरिपरिको प्रकृति, हावा, धर्ती, आकाश र समयको भावमय स्मरण गर्नुहोस् । आज तपाईं जुन ठाउँमा हुनुहुन्छ, आज तपाईं जेले चिनिनुहुन्छ । यो वर्तमानलाई पनि याद गर्नुहोस् ।

खाली हात आएको तपाईंको स्वामित्वमा आज जेजे छ । यी सबै कुराप्रति तपाईं गहनतापूर्वक अनुभूतिको सतहमा ओर्लनुभयो भने केही क्षणपछि तपाईं ईश्वर अनुग्रह अनुभव गर्न थाल्नुहुनेछ । तपाईंको भ्रम, अहंभाव र लघुता क्रमशः उत्सर्जित हुँदै जानेछन् ।

यो अभ्यास प्रतिदिन दोहोऱ्याई-तेहऱ्याई गर्दै जान थाल्नुभयो भने केही दिनपश्चात् तपाईं आफूलाई ईश्वरीय सत्ताको समीप पुगेको अनुभूति गर्नुहुनेछ ।

फसिएला नि घाटाको सौदामा

मनुष्य जीवनको सर्वजघन्य अभिशाप "अति चातुर्य" हो । यो ठम्याइ अनेकौं अध्यात्मवेत्ता मनस्वीहरूको हो । मानव जातिमाथि अर्को आधुनिक कलङ्क "भावनाशून्य भौतिकवाद" हो । यसलाई अर्को भाषामा अनियन्त्रित वैज्ञानिक आविष्कार भने हुन्छ । सुरूदेखि आजसम्मको मानव जगत्ले भोग्नुपरेको तेस्रो अभिशाप के हो भने अदृश्य चेतन शक्तिलाई इन्कार गर्नु ।

यी तीनै अभिशापको जडमा क्रियाशील तत्त्वको नाम नै नास्तिकवाद हो । कतिपय व्यक्ति, बुद्ध तथा महावीर जस्ता महात्माहरूले त ईश्वरीय सत्तालाई अस्वीकार गरे भने हामीले किन मान्ने भनेर कुतर्क पनि गर्छन् । यस्तो दिग्भ्रमित धारणाले आखिर घाटा तिनैलाई पुऱ्याएको छ । बुद्ध र महावीरले ईश्वरतत्त्वलाई व्याख्या गर्ने योगपूर्ण विवेक प्रयोग गरेका मात्रै हुन् । तर इन्कार गरेको भन्न मिल्दैन । ईश्वरतत्त्वलाई इन्कार गरेको भए गुम्बा, माने र जैन मन्दिरमा प्राणप्रतिष्ठित चरित्र के हो त ?

आखिर कुनै पनि धर्म र दार्शनिक परम्पराले आस्तिकतामाथि धावा बोलेका छैनन् । बरू नास्तिकताको दुष्परिणाममाथि चेतना जगाएका छन् । धार्मिक र दार्शनिक आँखाले हेर्दा नास्तिकता सधैं घाटाको सौदा प्रमाणित भएको छ । हिटलरको अन्तिम गति आत्महत्या थियो । चार्वाक्को दर्शनको अन्तिम गति प्रभावहीन उपदेशमा सीमित हुनुबाहेक अर्को देखिएन । के उदाहरण पर्याप्त छैन ?

यसलाई के भन्ने ?

नास्तिक जमातमा प्रायः भौतिक विज्ञानको क्षेत्रका व्यक्तिहरू देखिन्छन् । तर यो पनि सत्य होइन । धेरैजसो वैज्ञानिकहरूमा कस्तो प्रवृत्ति देखिएको छ भने आलोकाँचो र सिकारू हुन्जेल उग्रनास्तिक हुने र पछि यथार्थबोध हुँदै गएपछि आस्तिकतातर्फ ढल्कने । अनि अन्तिमअन्तिममा पुगेपछि ईश्वरीय शक्तिको पक्षमा अभिमत दिँदै हिँड्ने, यस्तो काम गरेको देखिन्छ ।

महान् वैज्ञानिक आइन्स्टाइनले जीवनको अन्तिम घडीमा आध्यात्मिक खोजमा लाग्न नपाएकोमा पश्चात्ताप गरेका थिए ।

सुप्रसिद्ध वैज्ञानिक रिचार्डसनको कथन थियो, "विश्वका असङ्ख्य समस्या तथा मानिसको मानसिक प्रक्रियालाई वैज्ञानिक साधन, गणित तथा यन्त्रहरूका आधारमा समाधान गर्न सकिँदैन । भौतिक विज्ञानदेखि पर पनि कुनै अत्यन्त विशाल र अज्ञात क्षेत्र बाँकी नै छ, जसको खोजीका लागि अरू नै कुनै साधन प्रयोग गर्नुपर्ने हुन्छ । त्यसलाई अध्यात्म भने पनि हुन्छ या अरू नै नाम पनि दिन सकिन्छ ।"

आखिर श्रीकृष्ण रहेछ एक

यो त एउटा प्रतिनिधि कथन हो । यस्ता सयौं कथन उपलब्ध छन्, जसलाई आधुनिक वैज्ञानिक जगत्का शीर्ष पुरूषहरूबाट अभिव्यक्त गरिएका छन् । वर्तमान समाजमा दृष्टि घुमाउने हो भने पनि विज्ञान, भौतिकी, इन्जिनियरिङ या अन्य प्राविधिक विषय अध्ययन गरेकाहरू बढीजसो धर्मअध्यात्मको क्षेत्रमा संलग्न रहेको पाइन्छ ।

पहिलेको जस्तो विज्ञान अहिले कट्टर देखिँदैन । घोर नास्तिक देखिँदैन । विश्वभरि नाम चलेका वैज्ञानिकहरू जस्तो कि कान्ट, होल्टज, हक्सले, मिल, हेल्सका नास्तिकतावादी विचारधारा अब लगभग शिथिल भइसकेका छन् । आजभोलिको विज्ञान क्षेत्र क्रमशः सूक्ष्म चेतना विज्ञान, पराविज्ञान, पराभौतिकी, क्वान्टम भौतिकी, विश्वविज्ञान, अध्यात्म विज्ञान, आत्मविज्ञानको अध्ययन-अन्वेषणतर्फ गतिशील छ ।

प्रस्तुत वस्तुस्थितिका आधारमा उभिएर के भन्नु तर्कसङ्गत हुन्छ भने महाकवि लक्ष्मीप्रसाद देवकोटाले भनेजस्तै सबै वैज्ञानिक प्रगतिको अन्तिम गन्तव्य पनि यही हो, "आखिर श्रीकृष्ण रहेछ एक ।"

तर्कले होइन, तथ्यले बुझौं

नास्तिकतावादी विचारधाराको पक्षमा वकालत गर्ने केही राजनीतिक र साहित्यिक सिद्धान्तहरू अद्यावधि क्रियाशील छन् । साम्यवाद तथा द्वन्द्वात्मक भौतिकवाद नास्तिकताका प्रबल पक्षधर मानिन्छन् । कुनै पनि वाद आफैंमा नराम्रो हुँदैन । यद्यपि यथार्थ सबैको आँखाअघि छर्लङ्ग छ । यी वादहरूलाई मार्गदर्शक मानेर हिँड्नेहरूमध्ये धेरैजसो व्यक्ति जीवनको उतरार्द्धमा ईश्वरवादी तथा धर्मप्रेमी भएको देखिन्छ ।

हाम्रो सनातन परम्परा पनि मूलतः साम्यवादबाटै अनुप्राणित छ । सबैजसो सनातन धर्मदर्शनको आधार पनि साम्यवाद नै हो । तर, त्यो साम्यवाद आध्यात्मिक साम्यवाद हो । त्यो साम्यवाद आत्मचेतनाप्रधान साम्यवाद हो, भौतिक वस्तुपरक साम्यवाद होइन । वेद, वेदान्त, उपनिषद् र गीताले जसरी साम्यवादको प्रतिपादन गरेका छन्, आधुनिक साम्यवादले एक छेउ पनि छुन सकेको छैन ।

आधुनिक साम्यवाद समाजको विकासक्रममा केही तत्कालीन असमानता तथा समस्याको सम्बोधन गर्न प्रतिपादन गरिएको देखिन्छ । त्यसलाई शाश्वत र कालजयी भन्न सकिने कुनै आधार छैन । किनकि आवश्यकता र समस्या समयक्रमसँगै बदलिने गर्छ । यसलाई समकालीन साम्यवादका पक्षधरहरूले पनि स्विकारिसकेका छन् ।

रक्ताणुमै आस्तिकता बग्छ

पछि गएर ओढेको सिद्धान्तलाई आधार मानी लोकाचारवश नास्तिक हुनु अप्राकृतिक कदम हो । हामी ऋषिसन्ततिहरूको रक्ताणुमा आस्तिकता प्रवाहित छ । हामीभन्दा अगाडिका हजारौं पुस्ताले नै यसको संवरण गरेका छन् । हाम्रो संस्कृति र ज्ञानपरम्परालाई आज पूरै विश्व ग्रहण गर्न आतुर छ ।

"सा प्रथमा संस्कृतिर्विश्ववारा" भनेर हाम्रो संस्कृतिलाई विश्वको आदिम र सर्वश्रेष्ठ संस्कृतिको दर्जा प्राप्त छ । यसलाई देवसंस्कृति, ऋषिसंस्कृति, वैदिक संस्कृति, सनातन संस्कृति जस्ता नामले सुशोभित गरिएको छ ।

कुनै व्यक्ति एक सीमित भूखण्डभित्र कुनै समयविशेषको आवश्यकतालाई सम्बोधन गर्न जन्माइएको साम्यवादलाई धारण गरेर यत्रो महान् धरोहर जहाँ हजारौं आत्मद्रष्टाहरूको अथक अन्वेषण र त्याग छ, त्यसलाई नचिन्ने भूल गर्छ भने त्यसलाई विडम्बनाबाहेक अरू के भन्न सकिन्छ र ?

अन्त्यमा लेखकीय निवेदन यो छ– आस्तिकतावाद अर्थात् नैसर्गिक साम्यवादको बेलैमा पहिचान गरियोस् । जिन्दगीलाई उत्तरोत्तर ज्ञान, प्रेम, शान्ति र आनन्दतर्फ अग्रसर गराइयोस् ।

सर्वोपरि सद्‌गुण कुन ?

क्षमाशीलता

भनिन्छ, जसमा क्षमा दिने सामर्थ्य हुँदैन, ऊ कुनै पनि क्षण असन्तोष र द्वेषको अग्निमा जल्न पुग्छ । क्षमा नगर्ने र नमाग्ने प्रवृत्ति जसमा जति बढी हुन्छ, ऊ त्यति नै घमण्डी, क्रोधी र अशान्त हुन्छ । क्षमा दिनु आफैंमा सर्वश्रेष्ठ, सर्वसुलभ र सर्वहितकारी चिकित्सा हो ।

सामान्यतया मान्छेको स्वभावमा दिने कार्यभन्दा माग्ने कार्य सजिलो हुन्छ । क्षमाको सन्दर्भमा पनि दिनुभन्दा माग्नु सजिलो छ । दुनियाँकै सरलतम माग्ने काम पनि नगर्नु के अकर्मण्यता होइन ?

निजी जीवनमा क्षमा शान्तिको स्रोत हो । सामाजिक जीवनमा क्षमा नैतिक अनुशिक्षण हो । यही क्षमा आध्यात्मिक जीवनमा एक अपरिहार्य साधना हो ।

क्षमाशीलताको सुमार्ग

"जब मैले महसुस गरें कि मलाई वर्षौंवर्ष जेलमा यातना दिने जेलरप्रति मेरो क्रोधले भयङ्कर रूप लिँदै छ, तब मैले मभित्रको क्रोधलाई जसरी पनि हटाउनुपर्छ भन्ने बोध गरें । मैले ऊप्रति यस्तै क्रोधयुक्त घृणा गर्दै गएँ भने भविष्यमा म जेलको ढोकाबाट बाहिर गए पनि ऊ मसँगै जानेछ । जब कि म सम्पूर्ण रूपले स्वतन्त्र हुन चाहन्थें । तसर्थ मैले त्यो घटना र उसप्रतिको क्रोधलाई भित्रैदेखि क्षमा गरिदिएँ ।"

आदर्शवादी नेता नेलसन मन्डेलाको माथिको उद्‌गार क्षमाशीलताको विलक्षण नमुना हो । २८ वर्षसम्म जेलमा यातनासहित बिताएर जेलमुक्त

हुँदा पनि कुनै प्रतिशोध नराखी क्षमाशीलता प्रदर्शन गर्ने महान् नेता मन्डेलाबाट तपाईंहामीले किन नसिक्ने ?

"माफी चाहन्छु", "क्षमा गर्नुहोला", "माफ पाऊँ", "आइ एम सरी" जस्ता शब्दावली तपाईंको दैनिकीमा स्वतःस्फूर्त प्रयोग हुने गरेका छन् भने तपाईं क्षमाशैलीको पथमा आरूढ हुनुहुन्छ । जब तपाईं क्षमा याचना अर्थात् माफ माग्ने यो अमूल्य प्रवृत्तिलाई अन्तर्हृदयबाट अनुभव गर्नुहुन्छ, तपाईं अरूलाई साँच्चिकै क्षमा दिन पनि जान्नुहुन्छ ।

भिन्न र विशिष्ट गुण

गल्ती गर्नु मानवीय स्वभाव हो । क्षमा गर्नु ईश्वरीय स्वभाव हो । गल्ती पटकपटक दोहोऱ्याउनुचाहिँ दानवीय स्वभाव हो । सायदै त्यस्तो मान्छे नहोला, जसको हातबाट गल्ती नहोस् । मनुष्य एक प्रकारले गल्तीको "पुतला" हो ।

मानवलाई दानवमा खस्न नदिन भनेर होला, भगवान्ले क्षमाशीलताको आविष्कार गरे । क्षमा मानव चोलाको सर्वश्रेष्ठ आभूषण हो । गल्तीरूपी फलामलाई क्षमारूपी पारसमा स्पर्श गराएपछि त्यो सुन बन्छ । आत्मदर्शी महापुरूषको भनाइमा व्यक्तिको आचरणको शोभा भनेकै पारसतुल्य क्षमाशीलता हो ।

पुनः एक पटक स्मरण गर्नुहोस्– निजी जीवनमा क्षमा शान्तिको स्रोत हो । सामाजिक जीवनमा क्षमा नैतिक अनुशिक्षण हो । यही क्षमा आध्यात्मिक जीवनमा एक अपरिहार्य साधना हो । अध्यात्मपथका पथिकहरू क्षमायाचनालाई प्रायश्चित् अनुष्ठानका रूपमा अपनाउँछन् । आजभोलिको कलियुगी जमातलाई यो कुरा नपच्न पनि सक्छ, यद्यपि क्षमाशीलताको महिमा अपरम्पार छ ।

अति विशिष्ट गुण

भगवान् इसामसी "क्षमा"का ज्वलन्त प्रतिमूर्ति हुनुहुन्थ्यो, "तिमीलाई कसैले गालामा हिर्कायो भने फेरि अर्को गाला थापिदेऊ ।" यहाँसम्मको क्षमादान मनुष्यमा हुनुपर्छ भन्ने जिससको सन्देश विश्वास गर्न असजिलो होला । तर पनि यो परमसत्य हो ।

भगवान् श्रीकृष्ण गीतामा भन्नुहुन्छ, "क्षमा मानवको दैवी सम्पदा हो ।" (गीता ११/४) । वैदिक र औपनिषदिक आप्तपुरूषहरू सबैले क्षमालाई दिव्यगुणको उपमा दिएका छन् ।

आद्यशङ्कराचार्यको अभिमतानुसार अप्रतिकारको भावना नै क्षमा हो । यो तिरस्कार र प्रतिकारभन्दा पूर्णतः भिन्न गुण हो र यो अति विशिष्ट गुण हो ।

क्षमाको हिसाबकिताब

कसैलाई क्षमा दिनु वास्तवमा उसका लागि होइन, आफ्ना लागि हो । स्वभावतः जब तपाईं कसैलाई माफ गर्नुहुन्छ, ऊमाथि ठूलो गुन लगाए जस्तो भान हुन्छ । कसैकसैलाई त क्षमा दिएर नैतिक विजय पाएको वा उदारता प्रदर्शन गर्ने मौका पाएको भन्ने पनि लाग्छ । तर यथार्थ अचम्मको छ । कसैलाई माफ गर्न त्यति सजिलो छैन ।

मनोवैज्ञानिक अध्ययअन्वेषणका आधारमा भन्ने हो भने शत्रु या विरोधीलाई माफ गरिदिनु या ऊप्रति सहानुभूति राख्ने कोसिस गर्नु उसलाई घृणा गर्नु तथा बद्नाम गर्नुभन्दा धेरै कठिन हुन्छ ।

"ल मैले तँलाई माफ गरिदिएँ" भनेर भन्न सजिलो छ । तर भित्रबाट ऊप्रति शुभभाव उब्जाउन निकै गाह्रो छ । कतिपय व्यक्ति कसैलाई माफी त दिने तर ऊबाट विमुख हुने, ऊसँग मतलबै नभएको गर्ने जस्तो गर्छन् । वास्तवमा यो सक्कली माफी होइन ।

एक आन्तरिक प्रतिक्रिया

युनिभर्सिटी अफ बिस्कसिन-मेडिसिनका शिक्षा मनोविज्ञानका प्राध्यापक एवम् इन्टरनेसनल फरगिभनेस इन्स्टिच्युटका सहसंस्थापक रोबर्ट एन राइटले २० वर्षदेखि निरन्तर क्षमादान विषयमाथि अध्ययन गरे ।

प्रसिद्ध पुस्तक *फरगिभनेस इज योर च्वाइस*का लेखक समेत रहेका राइटले भनेका छन्, "क्षमा दिनु भनेको आफूलाई ऊप्रतिको दुर्भावनाबाट बाहिर निकाल्नु हो । बरू सकिन्छ भने उसको भलाइ गर्नु हो, ऊसँग दूरी बनाउनु होइन । क्षमा एक किसिमको आन्तरिक प्रतिक्रिया हो, जसमा कुनै सर्त-नियम रहँदैन ।"

सद्गुण निम्त्याउँछ क्षमाभावले

क्षमा जति शुद्ध हुन्छ, त्यसले दिने भावनात्मक उपहार पनि त्यति नै शुद्ध हुन्छ । विख्यात ध्यानगुरू दीपक चोपडा *एजलेस बडी, टाइमलेस माइन्डमा* लेख्नुहुन्छ, "तपाईं तब मात्रै अरूलाई क्षमा दिन सक्नुहुन्छ, जब तपाईंमा समस्यालाई दिलैदेखि बाहिर निकालेर फ्याँक्ने क्षमता हुन्छ । साथै असली क्षमा त्यो हो, जसमा फेरिफेरि त्यही कुरामा क्षमा गर्नु नपरोस् ।"

धेरैजसो व्यक्ति यसै कुरामा चिप्लिन्छन् । माफी एउटा त्यस्तो औषधि हो, जसले जरासम्म पुगेर घाउचोटलाई उन्मूलन गर्न सक्छ । प्रेम र सौहार्दतालाई खत्तम पार्ने जहरलाई पनि यसले निर्मूल पार्छ । क्षमा र असल गुण सदैव सँगसँगै हुर्कन्छन् । जहाँ क्षमा हुन्छ, त्यहाँ उत्तमता, उत्कृष्टता, दिव्यता र पवित्रता अभिव्यक्त हुने बाटो खुल्छ । यी असल गुण धारण गर्न र व्यवहारमा क्रियान्वित गर्न मस्तिष्क र हृदय दुवै सशक्त एवम् निर्मल हुनुपर्छ ।

मस्तिष्क र हृदय दुवैको कायाकल्प

व्यक्तिको मस्तिष्क र हृदय दुवैलाई उत्कृष्टता प्रदान गर्ने मानवीय रसायन नै क्षमा हो । यी दुई अन्तःउपकरणको बीचमा सन्तुलित समन्वय स्थापना गर्ने काम पनि क्षमाशीलताले नै गर्छ ।

नेल्सन मन्डेला यस सन्दर्भमा भन्नुहुन्छ, "मेरो अनुभवमा क्षमाले मनुष्यको हृदयलाई पूर्वअवधारणाहरूबाट र दिमागलाई पूर्वविचारहरूबाट मुक्त गरी निर्मल बनाउने काम गर्छ । यसले मानिसलाई कुनै कुरा सिक्न, प्रगति गर्न र महान् बनाउन सिकाउँछ ।"

पूर्वीय आख्यानहरूमा क्षमा विज्ञानबारे गणितीय व्याख्या गरिएको छ । यसलाई दैवी र आसुरी दुई किसिमको उपमा दिइएको छ । ब्रह्माण्डपुराणको एक प्रसङ्गमा क्षमालाई देवीको नाम दिएर स्तुति गरिएको छ । यसै पुराणको कुनै अर्को प्रसङ्गमा यसलाई ब्रह्मराक्षसी उपमा दिइएको छ ।

पौराणिक ग्रन्थमा क्षमालाई राक्षसी उपमा दिनुको अभिप्रायः प्रतीकात्मक छ । यसअनुसार कुनै दोषी या अपराधीलाई क्षमादान दिएर छाडिदिंदा उसले पुनः कुसंस्कारको वशीभूत भई थप अपराध वा कुकर्म गर्न सक्छ ।

महान् योगी श्री अरविन्दले पनि भन्नुभएको छ, "क्षमादानले यदाकदा अव्यवस्था र अराजकता पनि फैलाउने गर्छ । यसले समाजलाई कमजोर बनाउँछ र व्यक्तिलाई क्षीण बनाउँछ । यसर्थ क्षमा आसुरी पनि हो ।"

सर्वोत्कृष्ट चिकित्सा : क्षमा चिकित्सा

"क्षमा दण्डभन्दा पनि सशक्त कुरा हो । दण्ड दिने काम मानवले गर्छ । जब कि क्षमादान देवताले मात्रै गर्न सक्छ । दण्डमा उत्तेजना हुन्छ, शान्ति हुँदैन । यसविपरीत क्षमाले शान्ति पनि दिन्छ र आनन्द पनि ।"

भर्तृहरिको प्रस्तुत नीतिवचनमा जुन "शान्ति" र "आनन्द" शब्द प्रयोग भएको छ, यी दुई शब्द तत्त्वतः मानव जीवनका सर्वोपरि पुँजी हुन् ।

तन, मन र जीवनका सबै रोगको समग्र चिकित्सा भनेकै शान्ति र आनन्द हो । तात्त्विक र वैज्ञानिक दुवै दृष्टिले विश्लेषण गर्दा क्षमा एक अद्वितीय चिकित्सा पद्धति हो भन्ने पुष्टि हुन्छ । यस परिप्रेक्ष्यमा विश्वभरि अनेकौं किसिमका वैज्ञानिक अध्ययन पनि भएका छन् ।

मूल रूपमा त क्षमा एक उत्कृष्ट स्वचिकित्सा हो । स्वचिकित्सा अर्थात् आफ्ना लागि आफैंले अपनाउने उपचार प्रणाली । जो व्यक्ति अरूलाई भित्रैदेखि क्षमा दिन सक्छ, ऊ अनेकौं सम्भावित विकारहरूबाट बेलैमा जोगिन्छ ।

"फरगिभनेस हिरो"का नामबाट चर्चित व्यक्तित्व "आर्कविसप डेसमाड टुटु" माफी दिनुको स्वचिकित्सापरक फाइदा दर्साउँदै भन्नुहुन्छ–

"आफ्नो हित चाहनेले जीवनमा माफी दिने प्रवृत्ति बसाल्नुपर्छ । म क्षमा यसकारण दिने गर्छु कि मैले क्षमा गरिनँ भने त्यो प्रतिशोधले क्रोध, दुर्भावना र लालच उत्पन्न गराउने र अन्ततः त्यसले म आफैंलाई नष्ट गरिदिन्छ ।"

रमाइला रमाइला अध्ययन

प्रख्यात अध्येता चारकोट वेन ओयेनले क्षमाको चिकित्सात्मक महत्त्वमाथि रमाइला अध्ययन गरेका छन् । एक विशेष अनुसन्धानका क्रममा उनले सहभागीहरूलाई आफूमाथि आहत गर्ने व्यक्तिलाई सम्झन लगाए । सम्झनेबित्तिकै आफ्ना विरोधीप्रति प्रतिशोध बढ्नु स्वाभाविक थियो ।

अचम्मको यथार्थ त के पत्ता लाग्यो भने विरोधीहरूलाई सम्झँदा मात्रै तिनको रक्तचाप बढ्न गयो । रक्तचाप बढ्नुका साथै मुटुको अप्राकृत धड्कन, अनुहारको मांसपेसीमा तनाव, हातखुट्टामा पसिना पनि आएको देखियो । सँगसँगै रिस बढ्ने, मनमा दुःख लाग्ने, बेचैनी हुने र अनियन्त्रित हुनेसम्मका प्रतिक्रियासमेत प्रकट भए । विरोधीलाई सम्झिनुको परिणामस्वरूप यस्तो परिवर्तन आउनु एउटा पीडादायक विषय थियो ।

अध्ययनको पछिल्लो चरणमा अध्ययनकर्ताले तिनै सहभागीहरूलाई आफ्ना विरोधीप्रति आत्मीय सहानुभूति प्रकट गर्ने र दिलैदेखि माफ गरिदिन आग्रह गरे । केहीबेर यस किसिमको भावनात्मक प्रयोगपश्चात् ती सहभागीहरूको मनोशारीरिक अवस्थाको जाँच गर्दा परिणाम थप चाखलाग्दो निस्कियो ।

यस पटक तिनै सहभागीको शारीरिक उग्रता र प्रतिक्रियामा पर्याप्त कमी आएको पाइयो । उनीहरूको शरीरमा तनावको कुनै लक्षण थिएन । साथै विरोधीलाई क्षमा दिएको अनुभूति गरेको केही बेरमै सबै कुरा सामान्य अवस्थामा फर्किएको भेट्टाइयो ।

माफ नगर्नु घोर कष्टकारक

माफ नगर्ने प्रवृत्ति आफैंमा कष्टकारक हुने र यसले अन्ततः असाध्य रोगसमस्या उत्पन्न गराउने खतरा उच्च रहन्छ । माफ नदिनु भनेको कुनै न कुनै रूपमा घृणा तथा द्वेषभावलाई पृष्ठपोषण गर्नु हो । प्रतिशोधको भावनालाई बढीभन्दा बढी उत्तेजित गर्छ यसले ।

प्रतिशोधको दशामा व्यक्ति क्रोधको आगोमा जल्न पुग्छ । सँगसँगै उसको भावनामा ठेस पुग्छ र अन्ततोगत्वा त्यसले बिरामीले झैं गलाउँछ । कहिलेकाहीँ त क्षमाहीनता र प्रतिशोधले व्यक्तिलाई गलत बानीबेहोरा अँगाल्नसमेत बाध्य बनाउँछ ।

क्षमाहीनताका यिनै असरहरूमाथि अनुसन्धान गर्ने प्रयास भर्जिनिया कमनवेल्थ युनिभर्सिटीका नैदानिक मनोविज्ञानविज्ञ प्रोफेसर एभरेट वर्दिङ्टनले गरेका छन् ।

जोखिम बढाउन भूमिका

अनुसन्धान गर्ने क्रममा उनले के पनि पत्ता लगाए भने व्यक्तिको क्षमा नदिने बानीले तनावसम्बन्धी असाध्य रोग, जीर्ण रोग, प्रतिरोधात्मक क्षमतामा कमी र हृदयजन्य रोगको जोखिम बढाउन भूमिका खेल्छ ।

कतिपय अवस्थामा माफ गर्न नजान्नाले हाम्रो पेटसमेत अस्तव्यस्त हुन पुग्छ । माफी नदिने अनि मनमा गहिरो प्रतिशोध बोकेर हिँड्नाले पेटको अल्सर, टोक्जिक गोइटर तथा अन्य पेटसम्बन्धी बिरामीसमेत हुन सक्ने प्रबल सम्भावना हुन्छ ।

यो तथ्य डा. एसआई म्याक्मिलनले आफ्नो पुस्तक *नन अफ दिस डिजिज*मा स्पष्ट रूपमा उल्लेख गरेका छन् । पेट तथा पाचन प्रणालीलाई रोगग्रस्त मात्रै बनाए त जसोतसो उपचार गरेर निको पारिएला । तर क्षमा नदिने स्वभावका कारण दिमाग तथा मानसिक स्थितिमा पर्ने असर कसरी ठीक गर्ने ?

रूढीवादिता होइन, वैज्ञानिकता

यस विषयमा *करेज टु फरगिभ द फ्रिडम नट टू* नामक पुस्तककी रचयिता नैदानिक मनोविज्ञान विशेषज्ञ जेनिस एब्राहम स्प्रिङको भनाइ छ, "जति पटक तपाईं नराम्रा कुरालाई याद गरेर प्रतिशोध उत्पन्न गर्न दिमागलाई दबाब दिनुहुन्छ, त्यति नै पटक तपाईं क्रोध र अक्षमताको सिकार बन्नुहुन्छ ।"

उहाँ अगाडि लेख्नुहुन्छ– "एक पटक उठ्ने रिसले शरीरमा के कति प्रभाव पार्छ, तपाईंलाई राम्ररी थाहा छ । त्यस्तो रिस जब पटकपटक उठ्न थाल्छ, त्यसले शरीर र मनको के गति बनाउँछ, तपाईं आफ्नै सोच्नुहोस् ।"

क्षमा नदिनाले जेजति मानसिक एवम् शारीरिक कष्ट जन्मिने गर्छन्, ती सबै "शान्ति", र "आनन्द"का बाधक तत्त्व हुन् । तसर्थ शान्ति र आनन्द हात पार्न चाहनेहरूले हरसम्भव क्षमाशील हुने प्रयत्न गर्नुपर्छ । क्षमा दिँदा क्षमा गर्ने व्यक्ति जति लाभान्वित हुन्छ, क्षमा पाउने पनि त्यति नै लाभान्वित हुन्छ । यो स्वाभाविक कुरा हो ।

चामत्कारिक सुधार

२० वर्षको अन्तरालमा विस्कासिन विश्वविद्याललले गरेको एक बृहत् शोधअध्ययनले के दर्साउँछ भने जुन व्यक्तिलाई क्षमा दिन लागिएको हो, उसको मनोवैज्ञानिक अवस्थामा चामत्कारिक सुधार ल्याउँछ ।

आफ्नो गल्तीमा आत्मप्रताडना भइरहेको बेला प्रतिपक्षले "ल तिमीलाई माफ भयो" भनिदिँदा मात्रै पनि हृदयको बोझ कति हलुका हुन्छ, तपाईंले पनि महसुस गर्नुभएकै होला ।

विख्यात मनोचिकित्सक कार्ल मेनिन्जरले भन्नुभएको थियो, "मैले मेरो अस्पतालका बिरामीलाई तिमीहरूको अपराध "मैले माफ गरिदिएँ" यति पाँच शब्द मात्रै भनिदिने हो भने तीमध्येका तीनचौथाइ व्यक्ति भोलिपल्टै ठीक भएर आआफ्नो घर फर्कन्थे ।"

अजम्बरी बुटी बराबर

गल्ती गर्नेका लागि क्षमा साँच्चै अजम्बरी बुटी जस्तै हो । यसले दोषभावना भरिएको मनमा तुरून्तै आशाको किरण जगाउँछ । जीवनलाई रसमय बनाउन सहयोग गर्छ । कतिपयमा त क्षमाभावले आयुसमेत लम्ब्याउँछ । त्यसैले त "क्षमा असमर्थका लागि मानवीय गुण हो भने समर्थका लागि भूषण हो ।"

भगवान् वेदव्यासको उपर्युक्त कथन आधुनिक समयमा पनि उत्तिकै शाश्वत छ । आजभोलि मान्छेमा सन्तुष्टि हराउँदै गएको छ । शोधअध्ययन भन्छ– क्षमा माग्न र दिन सिक्नुहोस् । सन्तुष्टिको स्तर बढाउनुहोस् । सन्तुष्टि नै त्यो रसायन हो, जसले जीवनमा रसमयता र आशावादिताको वृद्धि गर्छ ।

अमेरिकाको लुथर कलेजका मनोवैज्ञानिक लारेन विलियम, मार्क मुसिक र सुजेन एवरसन मिलेर करिब एक हजार पाँच सय व्यक्तिमाथि गरिएको शोधअध्ययनले यो कुरा प्रमाणित गरेको छ । क्षमाभावनाले सन्तुष्टिस्तरमा बढोत्तरी ल्याएसँगै डर, छटपटी र दुःखका लक्षण घट्ने तथ्य पनि सोही शोधले उद्घाटित गरेको छ ।

थरीथरी सम्पत्तिको लाभ

व्यक्तिमा जति बढी माफी दिन सक्ने तत्परता हुन्छ, त्यति नै बढी सकारात्मक हुने अवसर पनि प्राप्त हुन्छ । यो तथ्य उक्त अध्ययनको अर्को निष्कर्ष थियो ।

क्षमा नामक मानवीय शीलगुणमाथि आजसम्म गरिएका अनेकौं शोधअध्ययनहरूको सारसङ्क्षेपलाई कसरी पनि भन्न सकिन्छ भने माफी नदिने बानीले व्यक्तिको शरीरमा महत्त्वपूर्ण हार्मोनको निष्कासनमा प्रत्यक्ष अवरोध उब्जाउँछ ।

यो अवरोधले पछि गएर सङ्क्रमणविरूद्ध लड्ने र रोगाणु, जीवाणु, मौसमजन्य परिवर्तनसँग प्रतिकार गर्ने क्षमतामा ह्रास आउँछ, परिणामस्वरूप हामी रोगी हुन्छौं ।

यसको ठीक विपरीत क्षमाको अभ्यासले शान्ति, आनन्द र स्वास्थ्य तीनै थरी सम्पत्तिको लाभ प्राप्त हुन्छ । क्षमाशीलताको अभ्यासले शरीरमा दीर्घकालीन प्रसन्नता र स्वास्थ्य अभिवर्द्धन गर्ने महत्त्वपूर्ण हार्मोनलाई स्रावित गर्ने भूमिका खेल्छ ।

यसो गरे कसो होला ?

- फ्रेड लुस्किनले भने जस्तै क्षमा एक साहसिक फैसला हो । आफ्नो साहसलाई परिपोषित गर्ने क्षमाको अभ्यास गर्नुपर्ने अवसर आएमा कहिल्यै पछि नहटौं ।
- जति धेरै मनोकामना, त्यति धेरै प्रतिशोध । जति प्रतिशोध त्यति नै पीडा । त्यसैले मनोकामना सकेसम्म नपालौं । अनावश्यक आशाअपेक्षा नराखौं । यसो गर्नाले क्षमावृत्तिलाई टेवा पुग्छ ।
- सबैजसो मानिस राम्रो र भलो नै गर्न चाहन्छन् । संस्कारवश गल्ती भइहाल्छ । म पनि आखिर मान्छे नै हुँ । त्यसैले आइपरेको खण्डमा म माफी दिन पछि हट्दिनँ । किन नसोच्ने यसरी ?
- क्षमा समर्थता र श्रेष्ठताको पनि द्योतक हो । आफूलाई कायर बनाउने प्रतिशोध किन राख्ने ? क्षमा दिएर आफूलाई समर्थशाली अनुभव गरौं ।

- आफ्नै परिश्रमको पसिना र आर्जनले जीविका चलाऔं । पराश्रित बन्नु पाप हो । आत्मलम्बी बन्न सके क्षमाशीलता आफैं बढ्छ ।
- विभिन्न वैज्ञानिक शोधअनुसन्धानअनुसार क्षमा दिने प्रवृत्ति पशुपक्षीहरूमा पनि हुन्छ । गाई, बाँदर, कुकुर, हात्ती जस्ता जनावरमा क्षमाको भाषा बुझ्न सक्ने क्षमता हुन्छ । यसरी जनावर त माफी लिनेदिने गर्छन् भने म त मानव पो हुँ त । यो एउटा सोच्ने तरिका हो ।
- प्रायश्चित् व्रत, मौन व्रत, उपवास, कल्पसाधना, चान्द्रायण व्रत, क्षमादान अनुष्ठान, क्षमापूजा जस्ता कृत्यहरूको सहयोगमा हामी हाम्रो क्षमाशैलीको विकास गर्न सक्छौं ।
- सानोतिनो गल्तीमा प्रतिक्रिया गर्दा "म यसका लागि माफी चाहन्छु" भनेर आफ्नो कुरा सुरू गर्ने गरौं । तपाईं मान्नुहोस् नमान्नुहोस्, क्षमा माग्नु हरेक व्यक्तिको आभूषण हो ।

प्रेरणादायी क्षमादान

- नेल्सन मन्डेला (पूर्वराष्ट्रपति, दक्षिण अफ्रिका) : मेरा दुःखद र कष्टकर घटनाहरूलाई मैले बिर्सिदिएँ । मलाई यातना दिनेहरू सबैलाई मैले माफ गरिदिएँ । त्यो मेरो जीवनको आश्चर्यजनक पल थियो । त्यो पलले मलाई पूरै बदलिदियो ।
- हिलारी क्लिन्टन (पूर्वअमेरिकी विदेशमन्त्री) : म आफ्नो वैवाहिक सम्बन्ध र परिवारलाई जोगाएर राख्न चाहन्थें । मेरा श्रीमान्लाई माफ गरेर मैले मेरो सिङ्गो परिवारलाई बचाउने काम गरें । विवाह एउटा त्यस्तो सम्बन्ध हो, जसको माध्यमबाट दाम्पत्यमा जोडिएका दुई व्यक्तिलाई एकआपसबारे सबै कुरा थाहा हुनुपर्छ ।
- पोप जोन पाल-२ (विशिष्ट इसाई धर्मगुरू, अमेरिका) : मलाई गोली हान्ने व्यक्ति र मेरो बीचमा (जेलमा गएर भेटेको बखतको कुराकानी) भएको कुराकानी गोप्य नै रहोस् । मैले उसलाई मेरो आफ्नै भाइ जस्तो मानें र उसले गरेको जघन्य अपराधलाई मैले माफ गरिदिएँ । मेरो पूर्ण विश्वास छ, ऊप्रति । मलाई लाग्छ, यही भाइका कारण मैले जेलमा बस्दा मदर मेरीको स्नेह, पुग्दो सुरक्षा र राम्रो स्याहारसुसार पाएँ । मैले जे पाएँ, त्यो घातक गोलीभन्दा बढी नै मजबुत थियो ।

गल्ती स्विकार्ने अद्भुत कला

अरू कला जस्तै आफ्नो गल्ती स्वीकार गर्नु पनि एक असाधारण कला हो । धेरैजसो व्यक्ति यो कलाबाट वञ्चित हुन्छन् । गल्ती स्वीकार गर्ने र उचित तरिकाले क्षमायाचना गर्ने कलाले भविष्यमा जन्मिन सक्ने कुण्ठा, अपराधबोध तथा पश्चात्तापको ग्रन्थीलाई बेलैमा रोकथाम गर्छ ।

पश्चात्तापको ग्रन्थी बढ्ने बानी पर्‍यो भने त्यसले पूर्वतापलाई पनि आमन्त्रित गर्छ । कुनै कार्य गर्नु या बोल्न सुरू गर्नु या प्रस्तुति दिनुअघि नै बिग्रने हो कि, कुनै गल्ती पो हुने हो कि भनेर मनलाई पूर्वचिन्ता हुनुलाई पूर्वताप भनिन्छ । पश्चात्ताप होस् या पूर्वताप यी दुवै चीज सुखशान्तिका बाधक हुन् । तसर्थ "गल्ती स्वीकार" हरेकले सिक्नुपर्ने कला हो ।

आफ्ना तर्फबाट गल्ती भएको छ भने यथाशक्य छिटो गल्ती स्वीकार गरी क्षमायाचना गर्नु अत्यावश्यक जीवनकौशल हो । यसले भविष्यको अस्पष्टता र प्रतिशोधलाई शमन गर्छ । जोसँग क्षमा मागिँदै छ, ऊसँग गल्ती गर्दाको बखत र वर्तमानमा आफ्नो मनभित्रको भावनालाई जस्ताको तस्तै प्रस्तुत गर्ने प्रयास गर्नुपर्छ ।

प्रेमपूर्ण शब्दको प्रयोग

आफूले क्षमा माग्दा मात्रै होइन, अरूलाई आफूले क्षमा दिनुपर्ने अवस्था आएको खण्डमा पनि उसको भावनात्मक मूल्यको हेक्का राख्नुपर्छ ।

कसैले क्षमा माग्दै गर्दा तपाईंको मुखबाट "ल ! भइहाल्यो, तिमीले गल्ती स्वीकार गर्‍यौ, राम्रै भो । एक पटकलाई माफ गरिदिएँ, तिम्रो बेहोरा हेर्दा त माफ गर्न नहुने थियो । तै पनि भइगो" जस्ता कटुशब्द निस्कनु राम्रो होइन । "केही छैन, यस्तो हुन्छ, हामी आआफ्ना काममा लागौं कि, मेरो पनि केही गल्ती भए क्षमा पाऊँ है" जस्ता प्रेमपूर्ण शब्दको प्रयोग त्यस बखत गरिनुपर्छ ।

कसैलाई क्षमा गर्नु व्यक्ति वा घटनालाई बेवास्ता गर्नु या बिर्सनु होइन । कसैकसैबाट सुन्ने गरिन्छ, "म यो कुरा कहिल्यै बिर्सन्नँ । त्यसैले म क्षमा पनि गर्दिनँ ।"

त्यस्तै कसैकसैको मुखबाट "जबसम्म उसले गल्ती स्वीकार गर्दैन, म कदापि क्षमा गर्दिनँ" भनेको सुनिन्छ । कोही त "म यो कुरालाई सात जन्म भुल्दिनँ, एक दिन बदला लिएरै छाड्छु" जस्ता धारणासमेत बनाउँछन् ।

यस सन्दर्भमा एउटा अत्यन्तै उपयोगी तथ्य हृदयङ्गम गर्न जरूरी छ, त्यो के भने क्षमा विशेषतः तपाईंका लागि हो, उसका लागि होइन । उसले क्षमा मागे पनि नमागे पनि क्षमा नदिंदा आघात तपाईंलाई बढी हुन्छ । उसले भूल स्विकारे पनि नस्विकारे पनि क्षमाले तपाईंको स्वास्थ्य, कुशलता र भोलिको जीवनलाई सुखमय बनाउँछ ।

प्रसिद्ध लेखक पास्कल बाउटेको शब्दमा भन्नुपर्दा "गहिरो निद्रा, आवेगरहित जीवन र रिसइबीमुक्त सोच तपाईंलाई क्षमा गर्दा मात्रै हात लाग्छ ।" मनोवैज्ञानिक रोबर्ट सनराइटको भनाइ पनि यस्तैयस्तै छ ।

उनी भन्छन्, "आफूलाई ठेस पुऱ्याउनेलाई माफ गर्न इन्कार गर्ने व्यक्तिले सारा बोझ टाउकोमा लिएर त हिंड्छ हिंड्छ, भए जति सबै शक्ति त्यसैमा नष्ट गर्छ । व्यक्ति जोसँग रिसइबी राखेर हिंड्छ वास्तवमा ऊ त्यसैको वशमा हुन्छ । रिसइबी राख्ने व्यक्तिले नस्विकारे पनि यो सत्य हो ।"

आखिर कुन पेसा रोज्ने ?

नवीनतम आजीविकाशैली

पेट पाल्न अर्थात् जिजीविषा चलाउन केही न केही गर्नैपर्ने हुन्छ । अबको जमाना पहिलेको जस्तो छैन । धेरै कमाउन र सानदार जीवन बाँच्न डाक्टर, इन्जिनियर, व्यापारी, म्यानेजर या वकिल नै बन्नुपर्छ भन्ने छैन । देश र दुनियाँको परिभाषा बदलिएको छ ।

त्यसैले यस प्रकरणमा हाम्रो नवीनतम आजीविका या उपार्जन केकस्तो हुनुपर्छ या हुन सक्छ ? अबको जमाना र वर्तमान विश्वपरिदृश्यमा केकस्ता सम्भावना छन् ? हाम्रो पेसा-व्यवसाय पेट प्रजननका निमित्त मात्रै नभएर आत्मविकासका लागि किन हुन नसक्ने ? आदि विषयवस्तुमाथि गहन चर्चा गरिनेछ ।

केवल पैसा र त्यो पनि छिटोभन्दा छिटो आर्जन गर्ने ध्याउन्नमा आत्मरूचिको पेसालाई दबाउनु हुँदैन । वास्तविक सुखसन्तोष आर्जित पैसाले होइन, व्यावसायिक निमग्नताबाट मात्रै प्राप्त हुन्छ । मन परेको पेसामा तन्मयता, निमग्नता, रसिकता, सार्थकता र आत्मविकास हासिल हुन्छ ।

कस्ता मानिसको खोजीमा छ त युग ?

यस प्रश्नको बिम्बात्मक उत्तर प्रसिद्ध विद्वान् डेबिड डब्ल्यूआरको कथनमा निहित छ, "पृथ्वी ग्रहलाई अब अधिक सफल मान्छेको आवश्यकता छैन । यसलाई अब शान्तिदूत, आरोग्यसाधक, सुधारक, कथावाचक र प्रेमवान्हरूको आवश्यकता छ । वास्तवमा यस धरालाई त्यस्ता व्यक्तिको

खाँचो छ, जसले कम्तीमा पनि आफ्नो वरिपरिको वातावरणलाई सुन्दर बनाउन सकोस् ।"

अघिल्ला पङ्क्तिहरूमा उहाँ भन्नुहुन्छ– "नैतिक साहसले युक्त त्यस्ता वीरहरूको आवश्यकता छ, जो यस संसारलाई निवासयोग्य र मानवोचित बनाउने मार्गमा सङ्घर्ष गर्न इच्छुक छन् । यी सबै विशेषताहरूको सम्बन्ध सफलताको त्यो परिभाषासँग छैन, जसलाई हामी सफलता भनी परिभाषित गर्छौं ।"

विद्वान् डेबिडको यो अन्तर्दृष्टियुक्त उद्‌गारले यदि हाम्रो गिदी छुन्छ भने हामीले हाम्रा छोराछोरीलाई सफल मान्छे बनाउने महत्त्वाकाङ्क्षा त्यागनैपर्छ । सफल हुने नाममा मान्छेले धर्म, कुल, परम्परा, मातापिता, सदाचार, भावसंवेदना सबै कुल्चिइसकेको छ । एकातिर यो दुर्दशा त छँदै छ, अर्कोतिर मानिस आफैं व्याकुल, अशान्त र व्यग्र छ । आज समाजका सबैजसो पेसा र व्यवसायका मानिस यस्तो द्विकोणीय भवरोगबाट आक्रान्त छ ।

यस परिप्रेक्ष्यमा तपाईं, हामी र भावी पुस्ता सबैले युगानुकूल जीविकोपार्जनको माध्यम अपनाउनु श्रेयस्कर हुनेछ ।

काम या पेसा रोज्दा

कमाइ बढी हुने काम गर्ने कि सन्तुष्टि बढी हुने काम गर्ने ? कुनै नवयुवालाई यस्तो प्रश्न सोध्ने हो भने उत्तर कस्तो आउला ? केहीलाई छाडेर अवश्य पनि अहिलेको द्रव्याकाङ्क्षी बहुमत युवापुस्ता पैसाकै पक्षमा उभिनेछन् । तर तिनलाई के थाहा ? पैसाले कुनै दिन भविष्यमा जिन्दगीको पासा र दिशा पल्टाइदिन पनि सक्छ । त्यस्तो कहिल्यै नहोस् त पैसा भन्ने चीजै यस्तो हो कि यसले आफूसँगै पीडा, पतन, पश्चात्ताप र पाप पनि सँगसँगै लिएर आउनेछ । त्यतिबेला आत्मसन्तुष्टि खोजेर पनि भेटिँदैन । न त हातको पैसाले कतै सन्तुष्टि किन्न नै पाइन्छ ।

त्यसबखत व्यक्ति त्यही पैसा बगाएर शान्ति, सन्तुष्टि, विश्रान्ति, अमनचैन र निद्रा खरिद गर्न कामबाट छुट्टी मागी निस्कियो भने त्यो घटना अनौठो हुनेछैन । र, आज यस्तै भइरहेको छ ।

आत्मा जे गर्दा रमाउँछ

बेरोजगारी या बाध्यतालाई दोष दिई जुन पायो, त्यही कामकाज अपनाउनु बुद्धिमानीयुक्त कदम होइन । संसार विशाल छ । यहाँ अर्बौंको जनसङ्ख्या छ । संसारमा हजारौं-लाखौं प्रकारका पेसा, व्यवसाय र कामकार्य छन् ।

आफ्नो आत्मा जे गर्दा रमाउँछ, जुन क्षेत्रमा आफ्नो प्रतिभा प्रस्फुटित हुन्छ, त्यो नै तपाईंको आफ्नो काम हो । आजको व्यावसायिक र उपभोक्तावादी जमानामा कामले उदरपूर्ति गर्न पुग्दैन भन्नु सरासर भूल हो ।

आज पानी, हावा, फोहोरमैला र फूलको व्यापार गर्नेहरूसमेत अर्बपति छन् । रमाइलोका लागि सिर्जना गरिएको सामाजिक सञ्जाल संसारकै धनी व्यवसाय बनेको छ । पर्यटक या पाहुनालाई बाटो देखाउने वा दोभासेको काम गरेरै प्रशस्त पैसा कमाउनेहरू सफलताको कहानी बनेका सयौं उदाहरण छन् ।

विचार र कर्मको परिपोषण

काम या पेसालाई सानोठूलो भन्नु नीच दृष्टिकोण हो । विकसित तथा सम्भ्रान्त देशमा प्रत्येक कामलाई समान दृष्टिले हेरिन्छ । शिक्षक जस्तो विश्वसम्मानित पेसालाई समेत तल्लो दृष्टिले हेर्ने हाम्रो समाज कर्मविज्ञान बुझ्दैन, अचम्म लाग्छ । यो एउटा महान् अपसंस्कृति हो । पैसालाई सबैथोक मान्ने, तर कामलाई उचनीच भनेर विभेद गर्नु बुद्धिमान्हरूको मूर्खता मात्र हो ।

आत्मरूचिद्वारा अपनाइएको पेसाले नै व्यक्तिलाई उत्कर्षमा लैजान्छ । साथै पैसा पनि यस्तैले कमाउँछन् । जिन्दगी जीविकोपार्जनको मात्रै वस्तु होइन, यसले आत्मविकास, आत्मउत्थान र आत्मउन्नयनको समेत अपेक्षा राख्छ ।

यी तीनै अपेक्षालाई व्यक्तिको नियमित दिनचर्या, क्रियाकलाप र विचारले प्रभावित गर्छ । त्यसैले जिन्दगीमा त्यस्तो काम गरेर जीविकोपार्जन गर्नुपर्छ, जसद्वारा विचार र कर्मको पनि परिपोषण होस् । पेटको मात्रै परिपोषण त पशुपन्छीले पनि गरेका हुन्छन् ।

खुसी हुन कि खुसी हुँदै

कुनै पनि काम जब खुसी हुन गरिन्छ, त्यसले खुसी दिन पनि सक्छ, नदिन पनि सक्छ । असफल हुने डर पनि उत्तिकै रहन्छ । तर जब खुसीका साथ कुनै काम गरिन्छ, त्यसको परिणाममा अवश्य नै खुसी र सफलता प्राप्त हुन्छ । अक्सर व्यक्ति काम गर्दै खुसी हुँदै गर्न चाहँदैनन् । काम सकिएपछि खुसी हुन चाहन्छन् । जब कि काम कहिल्यै सकिँदैन ।

आज खुसी नहुने, भोलि हुने । भोलि के भएपछि खुसी हुने ? काम सफल भएपछि, मनोकामना पूर्ण भएपछि, उचित श्रेय पाएपछि मात्रै खुसी हुने । अफिसमा खुसी नहुने घर गएपछि खुसी हुने । अफिस टाइममा खुसी नहुने, साँझ परेपछि मात्रै खुसी हुने । घरपायक सरुवा भएपछि मात्रै खुसी हुने । घर बनाउने काम सकिएपछि मात्रै खुसी हुने । छोराछोरी हुर्किएपछि मात्रै खुसी हुने ।

त्यस्तो भोलि सायद कहिल्यै आउँदैन, जुन दिन तपाईंको एउटा पनि काम शेष नरहोस् । असम्भव । तर पनि मान्छे किन आज र अहिल्यै खुसी हुँदैन ?

काम गर्दागर्दै खुसी

विवेकवान् त्यो हो, जो आजै, अहिल्यै, भर्खरै र काम गर्दागर्दै खुसी हुन जान्दछ । "जो अहिल्यै खुसी हुन जान्दैन, त्यो कहिल्यै खुसी हुँदैन ।"

यो महामन्त्र प्रत्येक पेसा र व्यवसायमा अपनाइनुपर्छ । यस महामन्त्रलाई जीवनमन्त्र र कर्ममन्त्र मानेर काममा दत्तचित्त हुनेहरू नै आज विश्वविख्यात उद्यमी, व्यापारी, कलाकार र वैज्ञानिक बन्न सफल भएका छन् ।

वैज्ञानिक आविष्कारक थोमस अल्बा एडिसन जब खोजकार्यका लागि प्रयोगशालामा घुस्थे, उनी दिनरात, भोकप्यास, निद्राआराम र मनोरञ्जन नभनी पूर्णतः निमग्न हुन्थे ।

केसम्म भनिन्छ भने, एक पटक उनले प्रयोगशालाभित्र चिया लिएर आएकी आफ्नी श्रीमतीलाई समेत हजुरलाई मैले चिनिनँ, परिचय पाऊँ

भनेर सोधेका थिए । यसरी मदमत्त भएर काममा रसास्वादन गर्ने किसिमको काम रोज्ने साँच्चिकै भाग्यमानी व्यक्ति हो ।

जीविकोपार्जनको नवीन आयाम

जन्मिइसकेपछि जसरी पनि पेट पाल्नैपर्ने हुन्छ । व्यक्ति जस्तोसुकै महान् वा ठूलो मान्छे किन नबनोस्, पेटको सवालले उसलाई सधैं चिमोटिरहेकै हुन्छ । जीविकोपार्जन प्रत्येक मनुष्यको अपरिहार्य नियति हो ।

केवल पेट भर्नकै लागि भनेर यो सुन्दर जीवनलाई घोटाउनु र खपाउनु नपरोस्, त्यस्तो पेसा रोज्न जान्नु एउटा ठूलो कला हो । समयले कोल्टे फेरेको छ । फलानो पेसा व्यवसाय नै सर्वाधिक उत्तम हो भन्ने समय अब छैन । वर्तमान समाज, आधुनिक मानवपुस्ता र बदलिँदो जीवनशैलीका कारण अब तपाईं नयाँनयाँ विधामा प्रवेश गरी आफ्नो आजीविका चलाउन सक्नुहुन्छ । केही उदाहरण–

१. **जीवनशैली प्रशिक्षक** : अन्ततः सबैका लागि परमप्रिय वस्तु स्वयम्‌को जीवन हो । जीवन जिउने तरिका क्रमशः विस्मृत हुँदै छ । परिणामस्वरूप अनेकौं मनोशारीरिक रोगव्याधि, समस्या तथा विखण्डनहरू जन्मिइरहेका छन् । सारा दुनियाँ जीवन जिउने उचित तौरतरिका सिक्न चाहन्छ । खुसी, शान्ति, प्रसन्नता र स्वास्थ्य फर्काउन चाहन्छ । यस परिस्थितिमा समाजमा धेरै जीवनशैली प्रशिक्षकको खाँचो छ ।

   जीवनशैली प्रशिक्षक बन्न सिकाइने दर्जनौं संस्था तथा शैक्षिक केन्द्र यत्रतत्र खुलिरहेका छन् । योग विज्ञान, आहार विज्ञान, प्रसन्नता विज्ञान, भावना विज्ञान, मनोनियन्त्रण विज्ञान, सम्बन्ध विज्ञान, द्वन्द्व निवारण विज्ञान, अध्यात्म विज्ञान, ध्यान विज्ञान आदि विषयहरूको जानकारी यस पेसामा लाग्नेहरूले सिक्नुपर्ने हुन्छ ।

२. **योग-ध्यान प्रशिक्षक** : यतिखेर संसारभरि योगको क्रेज छ । लाखौंलाख कुशल योग प्रशिक्षकको आवश्यकता छ । अर्बभन्दा अधिक जनसङ्ख्या भएको चीन, तनाव उन्मुख युरोप, प्रतिस्पर्धा ग्रसित अस्ट्रेलिया, उपभोक्तावादको पराकाष्ठामा पुगेको अमेरिका जस्ता

भूखण्डमा योगको तीव्र माग छ । हाम्रो समाज पनि क्रमशः योगप्रति आकर्षित हुँदै गएको छ ।

योग विज्ञानको प्रयोग आज आएर बहुआयामिक बनेको छ । खासगरी योगको अवलम्बन तीन क्षेत्रमा हुने गरेको छ– उत्कर्ष अर्थात् प्रबन्धन, चिकित्सा अर्थात् स्वास्थ्य संवर्द्धन र आध्यात्मिक उन्नतिको क्षेत्रमा । विश्वभरिका अनेकौं व्यापारिक एवम् व्यावसायिक प्रतिष्ठानले आफ्नो समग्र विकासका निम्ति योगलाई पनि आत्मसात् गर्न थालेका छन् ।

शारीरिक-मानसिक स्वास्थ्य एवम् तन्दुरूस्ती प्राप्तिका लागि आजको दिनमा योग सर्वत्र ग्राह्य भइसकेको छ । यस परिप्रेक्ष्यमा कुशल, दक्ष र विज्ञ योगाचार्य बनेर आफू पनि स्वस्थ र अरूलाई पनि स्वस्थ बनाउने पेसा आफैंमा एक गरिमामय पेसा हो ।

३. **वैकल्पिक चिकित्साविज्ञ वा थेरापिस्ट** : एक्युप्रेसर, एक्युपन्चर, रेकी, प्राणिक हिलिङ, यज्ञ थेरापी, एरोमा थेरापी, मर्म थेरापी, हिप्नो थेरापी, डिटोक्सिफिकेसन, क्रिस्टल हिलिङ, प्रार्थना हिलिङ, स्प्रिचुअल हिलिङ, इमोसनल हिलिङ, म्युजिक हिलिङ, साउन्ड थेरापी, डान्स थेरापी, इमोसनल्ली फोकस थेरापी (इएफटी), ब्याच फ्लावर, एक्सेस कन्सियसनेस, सौन्दर्य चिकित्सा आदिजस्ता अनेकौं वैकल्पिक उपचार वा हिलिङका विधा आजभोलि प्रचलित छन् ।

आफ्नो शैक्षिक एवम् अन्तर्ज्ञानपरक योग्यताका आधारमा तपाईं कुनै पनि विधामा प्रवेश गर्न सक्नुहुन्छ । आयआर्जनका दृष्टिले पनि उपरोक्त विधाहरू मनग्ने राम्रा मानिन्छन् । अर्कोतिर, आफू र आफ्नो परिवार पनि लाभान्वित हुन्छ ।

४. **मनोपरामर्शदाता या मनोचिकित्सक** : मानव मर्मज्ञहरू अब यस्तो अनुमान गर्न थालेका छन् कि केही वर्षपछि हर घर र संस्थामा मनोपरामर्श वा मनोचिकित्साको शिविर चलाउनुपर्ने हुन्छ । कारण स्पष्ट छ, तनाव या डिप्रेसनजन्य मनोविकार सर्वत्र बढ्दो आँकडामा छ । यस क्षेत्रमा पूर्णकालीन तथा पार्टटाइम पेसाका रूपमा असङ्ख्य मनोविज्ञहरूको आवश्यकता छ । चाहे गाउँघर होस्, चाहे विकसित

महानगर, चाहे अविकसित देश या समाज होस्, चाहे पूर्ण सम्भ्रान्त मुलुक, सबै ठाउँमा कुशल मनोविशेषज्ञको खोजी भइरहेको छ ।

पाश्चात्य मनोविज्ञानसँग पूर्वीय दर्शन वा ज्ञानपद्धतिलाई फ्युजन गरेर मनोचिकित्सा प्रदान गर्न सक्ने हो भने यसको सम्भाव्यता असीमित छ । अर्थोपार्जनका दृष्टिले पनि यो पेसा कुनै डाक्टर या बैङ्करभन्दा कम छैन । वर्तमान समयमा देशविदेशका अनेकौं विश्वविद्यालयमा क्लिनिकल साइकोलोजी, साइको-काउन्सिलिङ वा साइकोथेरापीका कोर्स सञ्चालित छन् । सुरूमा स्थापित हुन केही सङ्घर्ष बेहोर्नुपर्ने हुन सक्छ । तर पछि गएर यो पेसा अत्यन्तै आत्मसम्मानयुक्त जीविकोपार्जन बन्न सक्छ ।

५. **लाइफ कोच या जीवन विशेषज्ञ** : जीवनलाई समग्र रूपले उत्कृष्ट बनाउन सिकाउने विधालाई लाइफ कोचिङ भनिन्छ । व्यक्तित्वको बहुआयामिक विकास तथा आन्तरिक र बाह्य क्षमताहरूको अभिवर्धन गर्ने विधि एवम् प्रक्रिया यसअन्तर्गत प्रयुक्त हुन्छन् । प्रत्यक्ष-अप्रत्यक्ष यसको मनोवैज्ञानिक एवम् दार्शनिक आधार वैज्ञानिक अध्यात्मवाद हुने गर्छ । आज यसको ठूलो माग छ ।

औद्योगिक घरानादेखि लिएर शैक्षिक संस्था साथै सरकारी गैरसरकारी सङ्घसंस्थादेखि लिएर सुरक्षा निकायलाई समेत यसको खाँचो छ । एक कुशाग्र जीवन विशेषज्ञ अर्थात् लाइफ कोच बनेर प्रशस्त आयआर्जन गर्न सक्ने पर्याप्त सम्भाव्यता छ । यो त्यस्तो पेसा हो, जसमा आत्मकल्याण पनि छ र लोककल्याण पनि निहित छ ।

६. **प्रेरक वक्ता मोटिभेसनल ट्रेनर/स्पिकर** : भौतिकवाद, विज्ञान-प्रविधि र उपभोक्तावादको चरम विकासका बाबजुद आज निराशा, उदासी, नकारात्मकता, पलायनवादिता तथा दिक्दारीपन बढ्दो क्रममा छ । यस समस्याको समाधान हामीलाई प्रेरणादायी प्रशिक्षण ता मोटिभेसनल ट्रेनिङका माध्यमबाट प्राप्त हुन्छ । एक दक्ष ट्रेनरले सयौं व्यक्तिलाई एक-दुई घण्टाको बसाइमै सधैंका लागि आशावादी र सकारात्मक बनाउन सक्छ । यस किसिमका ट्रेनर, प्रशिक्षक या लेखकहरू नाम, दाम र सम्मान तीनै दृष्टिले सम्पन्न हुने सम्भावना रहन्छ ।

आफूभित्रको लेखन क्षमता, वक्तृत्वकला र अभिव्यक्ति क्षमतालाई प्रस्फुटित गरी एक उदयीमान मोटिभेसनल ट्रेनर, कोच या राइटर बन्ने सामर्थ्य हामी सबैमा छ ।

७. **आहार एवम् पोषण परामदर्शता या विशेषज्ञ** : आहार एवम् पोषण विज्ञानको क्षेत्रमा कुशलता वा दक्षता हासिल गरेर आफूलाई स्थापित गराउन सक्ने सम्भावना जोकसैमा लुकेको छ । यसलाई उमेर, पढाइ र लिङ्ग केहीले पनि छेक्दैन । आजभोलि प्रत्येक अस्पताल, स्वास्थ्य-संस्था तथा फिटनेस क्लबलाई आहारविज्ञको आवश्यकता छ । यस क्षेत्रमा लाग्नेहरूलाई तलब सुविधा पनि राम्रो हुन्छ । निजी स्तरमा स्वतन्त्र रूपले सेवा प्रदान गर्नेहरूले पनि प्रशस्त कमाइ गर्न सक्छन् ।

आहारशैली तथा पोषण विज्ञानसम्बन्धी उपयोगी र सुविस्तृत पुस्तकको बजारमा अहिले पनि खाँचो छ । यस पङ्क्तिकारले पहिलो पुस्तकका रूपमा *खाने कसरी पिउने कसरी* नामक पुस्तक रचना गरेको थियो । आज यो २५ हजारभन्दा बढी प्रति छापिइसकेको छ । स्वयम्, स्वयम्को परिवार र सिङ्गो समाज यस पेसा व्यवसायबाट लाभान्वित हुन्छ, व्यक्ति इमानदारीका साथ यस क्षेत्रमा लाग्ने हो भने । हिजोआज कतिपय शैक्षिक संस्था तथा विश्वविद्यालयहरूले यस विषयमा डिग्री पनि दिने गर्छन् । विशिष्ट योग्यताका रूपमा औपचारिक डिग्री लिन सके त झन् सुनमा सुगन्ध थपिन्छ ।

८. **स्पा, हेल्थ क्लब या लाइफस्टाइल क्लिनिक सञ्चालक** : कतिपय पाश्चात्य देशमा वर्तमानमा किसिमकिसिमका लाइफस्टाइल क्लिनिकहरू खुलेका देखिन्छन् । हेल्थ क्लबतर्फ नयाँ पुस्ताको गहिरो आकर्षण छ । स्पा खोलेर पञ्चकर्म चिकित्साअन्तर्गतका स्टिमबाथ, साउना, मालिस, ज्याकुजी, ब्युटी ट्रिटमेन्ट, डिटक्सिफेसन जस्ता सेवा प्रदान गर्ने व्यापारिक सेवा केन्द्र करिबकरिब विश्वभरि नै फैलिइसकेका छन् ।

यस सन्दर्भमा नेपाल जस्तो सहरीकरण र आधुनिकतातर्फ उक्लिँदो मुलुकमा स्पा हेल्थ क्लब तथा लाइफस्टाइल क्लिनिकप्रति

चौतर्फी आकर्षण छ । पर्यटकका लागि पनि यो एक महत्त्वपूर्ण विधा हो । मध्यमस्तरको लगानीमा स्थापना गर्न सकिने र मागका हिसाबले पनि आकर्षणको क्षेत्र भएकाले यस विधालाई जीविकोपार्जनको माध्यम बनाउन सकिने पर्याप्त आधार छन् ।

९. **पर्यावरण संरक्षक वा विशेषज्ञ** : पूरै विश्व आज पर्यावरण विनाश र प्रदूषणको चपेटामा छ । हरेक राष्ट्र यसप्रति चिन्तित छन् । अर्बौं-खर्बौं पैसा पर्यावरण बचाउ र प्रकृति संरक्षणको नाममा खर्च भइरहेको छ । हालै मात्र चर्चा र चासोमा आएको यो क्षेत्र अत्यन्त संवेदनशील क्षेत्र हो । वर्तमान समयमा यस विषयमा अनेकौं विश्वविद्यालय, अनुसन्धानमूलक सङ्घसंस्था तथा सरकारी-गैरसरकारी निकाय सक्रिय छन् । कुशल, प्रकृतिनिष्ठ एवम् इमानदार पर्यावरणविद्को सर्वत्र खाँचो छ ।

यस क्षेत्रलाई जीविकोपार्जनको माध्यम बनाउन सके यसमा दोहोरो लाभ छ । पेटको पनि पूजा, प्रकृतिको पनि पूजा । सुयोग्य वातावरण इन्जिनियर बनेर नाम र दाम अनि पुण्यसमेत आर्जन गर्न चाहनेहरू यस विधामा सदा आमन्त्रित छन् ।

१०. **ग्रामीण विकास एवम् गौविज्ञान विज्ञ** : जमाना अब प्रकृति र गाउँतर्फ फर्कँदै छ । त्यसमाथि पनि हाम्रो मुलुक गाउँमा निवास गर्छ । ग्रामीण विकासको मेरूदण्ड गाई हो । गौवंशमा आधारित गौकृषि प्रणालीको सम्बन्ध हाम्रो स्वास्थ्य, खेतीपाती, पोषण, लघुउद्यम, घरखर्च, आहार तथा स्वास्थ्य, संस्कार परम्परा, पशुप्रेम आदि कुरासँग जोडिएको छ । क्यान्सर र ट्युमर जस्ता असाध्य रोगव्याधि निको पार्ने क्षमता स्थानीय प्रजातिको गोमूत्र तथा पञ्चगव्यमा निहित छ ।

गाउँ र गाईको अभिन्न अन्तर्सम्बन्ध हाम्रो वैदिक संस्कृतिको विशेषता हो । हर गाउँलाई समृद्ध, सुन्दर र सुस्वस्थ बनाउन सके मात्रै देशको स्थायी प्रगति सम्भव छ । हाम्रो गाउँठाउँको विकासका लागि हाम्रै प्राचीन शिक्षा पद्धति, कृषि पद्धति, गौपालन पद्धति र मानवीय संवेदना प्रयोग गर्नु जरूरी छ । पाश्चात्य र आयातित विधि या प्रारूप प्रयोग गरेर हाम्रो गाउँको उत्थान हुने भए विश्वकै सर्वश्रेष्ठ ग्रामीण विकासयुक्त देश हाम्रै हुने थियो । किनकि यहाँ आज जति

बढी एनजिओ, आइएनजिओ हाम्रो ग्रामीण विकासमा लागेका छन्, त्यति सायद कतै पनि नहोलान् ।

अतः हाम्रो देशलाई यतिखेर हजारौं-लाखौं स्थानीय ग्रामीण विकास एवम् गौविज्ञान विशेषज्ञको आवश्यकता छ । मातृभूमिको सेवा र आफ्नो पनि सेवा दुवै दृष्टिले अत्युपयोगी यस पेसालाई अपनाउन सक्ने साहसी तपाईं पनि बन्न सक्नुहुन्छ ।

११. **आधुनिक एवम् सुशिक्षित कृषक** : पढेलेखेको मानिसले खेतीपाती गर्नै हुँदैन भन्ने विषाक्त मानसिकतालाई नबदलेसम्म व्यक्ति, समाज र राष्ट्रको कल्याण हुनेवाला छैन । पुरानो समयमा सबैभन्दा श्रेष्ठ आजीविका खेतीकिसानी मानिन्थ्यो । अहिले बुद्धि उल्टो भएको छ । मीठो र ताजा सबैलाई चाहिने, खेती गर्न कोही नचाहने । सफा र स्वादिलो फलफूल सबैलाई चाहिने, रूखबिरूवा गोडमेल गर्न कोही तत्पर नहुने । शुद्ध र निर्मल जल सबैलाई चाहिने, पानी बचाउन कोही नचाहने ।

यसलाई देशको दुर्भाग्य नभने के भन्ने ? आज झन्डै ५० प्रतिशत खेतबारी बाँझो छ । सामान्य दालतरकारी मात्रै होइन, धेरैजसो खाद्यान्न विदेशबाट महँगोमा आयात गर्नुपरेको अवस्था छ । यस विषम परिस्थितिमा आधुनिक र सुशिक्षित प्रकृतिप्रेमी कृषकको सर्वत्र आवश्यकता छ । धैर्य र भाग्यको परीक्षा दिन सक्नेहरूका लागि कृषिक्षेत्रमा आज पनि पर्याप्त आम्दानी छ । खेती गर्ने काममा वास्तवमा फाइदै फाइदा छ ।

श्रम गर्नाले स्वास्थ्य प्राप्त हुन्छ । ताजा, स्वादिलो र जैविक खाद्य परिकार खान पाइन्छ । साथै, सच्चा कृषकले सदैव धर्ती माताको अनुग्रह पाइरहेको हुन्छ । खाद्यवस्तुको मूल्य यतिखेर उच्च बिन्दुमा पुगेको छ । तसर्थ नयाँ पुस्ता यसप्रति आकर्षित हुनु नितान्त आवश्यक छ ।

अन्नदाता आमा यी नै हुन्

हाम्रो जीवनमा दुई आमाको महत्त्वपूर्ण स्थान छ । एक जन्मदाता आमा र दोस्रो अन्नदाता आमा । जन्मदातृ आमाले एक पटक जन्म

दिन्छिन् र केही वर्षको पालनपोषणपश्चात् गरिखान पठाउँछिन् । दोस्री आमा अर्थात् अन्नदातृ आमा, जसले हामीलाई प्रत्येक दिन दुई पटक जन्म दिन्छिन् । अन्न भनेकै जन्म हो । अन्न सेवन गर्न पाइएन भने केही दिनमा जीवनै समाप्त हुन्छ । त्यसैले अन्नदातालाई जन्मदाता भनिएको हो ।

जसले हामीलाई दिनमा कम्तीमा दुई पटक जन्माउँछ र त्यो पनि जीवनपर्यन्त जन्माइरहन्छ, त्यो आमाको नाम हो हाम्रो कामकाज । कामकाज अर्थात् हाम्रो पेसा वा व्यवसाय वा जागिर वा व्यापार या खेतिपाती । आफ्नो पेसा व्यवसायलाई माया गर्नु भनेको आमालाई माया गर्नुभन्दा पनि श्रेष्ठ कुरा हो । जसले अन्नदाता आमालाई श्रद्धा, सम्मान र प्रेम गर्दैन, ऊ कदापि सुखी हुँदैन । यो अकाट्य सत्य हो ।

हाम्रो संस्कृतिमा अन्नलाई ब्रह्म मानिएको छ । जसले ब्रह्मरूपी अन्न प्रदान गर्छ, अन्नदाता ब्रह्मको पनि पितासमान मानिन्छ । अन्नदाताको अवमूल्यन या अपमान माता र पिता दुवैको अवमूल्यन हो ।

जुन काम, पेसा, व्यवसाय, संस्था, सरकार या धर्तीले हामीलाई जीवित रहने आधारस्वरूप अन्न उपलब्ध गराउँछ, ऊप्रति सदैव कृतज्ञ रहनुपर्छ । यो कृतज्ञताभाव जसमा जति बढी हुन्छ, त्यति नै बढी उन्नतिशील, प्रसन्न र सन्तुष्ट रहने सौभाग्य पाउँछ ।

उपार्जन शैलीबारे थप ज्ञान

- कहिल्यै पनि र कसैलाई पनि आत्मरूचिविपरीत या मन नपरेको कामलाई पेसा-व्यवसाय बनाउन बाध्य नबनाऔं, प्रेरित नगरौं ।
- आफ्ना सन्ततिलाई सानैदेखि आन्तरिक अभिरूचि र अन्तर्निहित क्षमताबारे सचेत गराऊँ । उसलाई जे विषय पढ्न र जे बन्न मन छ, त्यसमा सहयोगी बनौं, बाधक नबनौं ।
- किशोरावस्थामा टेकेको व्यक्तिले आफ्नो आन्तरिक अभिरूचि केमा छ भनी जान्ने कला सिक्नैपर्ने हुन्छ । ध्यान, परामर्श, आन्तरिक क्षमताको प्रस्फुटन, आत्मसंवाद (अटो सजेसन) आदि विधिद्वारा यो कला सिक्न सकिन्छ ।

- गरिआएको पेसा-व्यवसाय-जागिर-खेतिपाती यदि मन नपरेको वा रसहीन लागेको छ भने यसलाई बदल्ने साहस गर्नुपर्छ। र आत्मरूचिको नयाँ काम सुरू गर्नुपर्छ ।
- केवल पैसा र त्यो पनि छिटोभन्दा छिटो आर्जन गर्ने ध्याउन्नमा आत्मरूचिको पेसालाई नदबाऔं । वास्तविक सुखसन्तोष आर्जित पैसाले होइन, व्यावसायिक निमग्नताबाट मात्रै प्राप्त हुन्छ। मन परेको पेसामा तन्मयता, निमग्नता, रसिकता, सार्थकता र आत्मविकास हासिल हुन्छ ।

र यी पनि कुरा मननीय

- वैदेशिक रोजगारी तथा विदेश पलायनले व्यक्तिलाई आफ्नो रूचिको काम या पेसाबाट वञ्चित गराउने खतरा रहन्छ । यस स्थितिमा परिस्थितिको दास नबनी मनस्थितिअनुसार चल्ने हिम्मत गरौं । गरिखानु मात्रै ठूलो कुरा होइन, खुसी हुँदै गरिखानु ठूलो कुरा हो ।
- कतिपय बाबुआमा आफैंले गरिआएको पेसा-व्यवसाय छोराछोरीले पनि गरून् भन्ने चाहन्छन् । सन्ततिको वास्तविक प्रगति र सफलताका दृष्टिले यसो गर्नु त्यति न्यायोचित मानिंदैन। सन्तानभित्रको प्रतिभा, क्षमता र व्यक्तित्व जे गर्दा निखारिन्छ, उसलाई त्यसै क्षेत्रमा अघि बढ्न प्रेरित गर्नुपर्छ। यसका निम्ति अनुकूल वातावरण प्रदान गरौं। बाधक नबनौं ।
- "मानिसले सफल बन्ने होइन, असल बन्ने प्रयास गर्नुपर्छ," अल्बर्ट आइन्स्टाइनको यस कथनले भने जस्तै नयाँ पुस्तालाई सधैं असल बन्ने र तदनुरूप जीविकोपार्जन अपनाउने सल्लाह दिनुपर्छ। वास्तवमा सफलता कसैको हातमा हुँदैन, सत्प्रयास र सत्कार्य मात्रै व्यक्तिको हातमा हुन्छ ।

जीविकोपार्जनभित्र रमाउने कला : दलाई लामा

विख्यात आध्यात्मिक गुरू दलाई लामासँगको संवाद र सान्निध्यतामा आधारित द *आर्ट अफ ह्याप्पिनेस एट वर्क* नामक कृति होबार्ड कटलरले

लेख्नुभएको हो । विश्वका अनेकौं भाषामा अनूदित यो कृति स्वव्यवसाय अर्थात् कामकाजमा कसरी आनन्दित हुन सकिन्छ भन्ने उपायहरूले भरिपूर्ण छ ।

वैज्ञानिक एवम् अनुभवगम्य तर्क-वितर्कका साथ पुस्तकमा समाविष्ट कामकाजको अवधिमा कसरी खुसी रहने भन्ने विधि तथा उपायहरू यस्ता छन्–

- स्वप्रवृत्तिअनुकूल काम या पेसाको चयन गर्नुपर्छ
- समुचित विश्लेषण कला सिक्न छाड्नुहुँदैन
- आफू स्वयम्लाई बुझ्ने कोसिस सतत जारी राख्नुपर्छ
- सन्तुष्ट हुने बानी प्रगाढ गर्दै जानुपर्छ
- सहकर्मीहरूलाई साथ दिन छाड्नुहुँदैन
- विवादबाट यथाशीघ्र उम्कने प्रवृत्ति अपनाउनुपर्छ
- निरन्तर उद्देश्यको खोजी गरिरहनुपर्छ

तपाईंले राजेको कार्य जतिसुकै कठिन किन नहोस्, आफ्नो प्रवृत्ति बदलेर र आन्तरिक शक्तिको उपयोग गरेर तपाईं त्यसलाई सजिलोसँग गर्न सक्नुहुन्छ । कामकाजी कलाबारे उपर्युक्त भनाइ राख्दै पुस्तकभित्र एक अर्को प्रसङ्गमा दलाई लामा भन्नुहुन्छ, "सहकर्मीहरूसँग तालमेल राख्न नसक्नु अप्रसन्नताको सर्वोपरि कारण हो ।"

चिरयुवा बन्ने हो ?

यौवन होस् त यस्तो

आस्ते भग आसीनस्योर्ध्वास्तिष्ठति तिष्ठवः ।
शेते निपद्य मानस्य चराति चरतो भगश्चरैवेति ॥

- एतेरेव ब्राह्मण-३/३

अर्थात् जो व्यक्ति कुनै उद्यम नगरी बसेर खान्छ, उसको भाग्य पनि बसिरहन्छ । जो उभिन्छ, उसको भाग्य पनि उभिन्छ । जो सुतेर समय बिताउँछ, उसको भाग्य पनि सुत्छ र जो निरन्तर अघि बढ्छ, उसको भाग्य पनि अगाडि बढिरहन्छ । अर्थात् कि कर्मद्वारा नै भाग्य बदलिन्छ ।

अखण्ड कर्मशीलताद्वारा जो भाग्यरेखा बदल्न समर्थ हुन्छ, त्यो नै युवा हो । र, जसले युवाशक्तिलाई सिर्जनाको दिशाधारामा समाहित गराउँछ, त्यो यौवन हो । यौवन जीवनको उत्कर्ष हो । मानवहरूको भीडमा त्यसलाई नै शूरवीर भनिन्छ, जसले जीवनको यौवनलाई उद्देश्यहीन रहन दिँदैन ।

यौवन जीवनको सौभाग्योदय

यौवन जीवनको सौभाग्योदय हो । यौवन हरेकको जिन्दगीमा प्रविष्ट हुने अनमोल वसन्त हो । जसले यौवनलाई समात्न सक्छ, त्यसको जीवन मोतीतुल्य हुन्छ । जसले समात्न सक्दैन, जिन्दगी ओइलिएको लहरो बनेर एक दिन विनष्ट हुन्छ ।

यौवन विचित्रको चीज हो । प्रायः यसको मूल्य बितेर गइसकेपछि मात्रै थाहा हुन्छ । तर जसले यसलाई बेलैमा चिन्छ र यसको मलजल गर्छ, उसको जीवन इतिहासको नक्षत्र बनेर चिरप्रतिष्ठित हुन्छ । भनिन्छ, "यौवन माटाको भाँडा जस्तै हुन्छ । थोरै मात्रै चोटले माटाको भाँडा

फुट्न सक्छ । तर जोगाएर चलायो भने दशकौं चल्छ । जतन गरेर राखेको जोबन जब फक्रन्छ, जीवनलाई वरदानै वरदान दिन्छ ।"

सौन्दर्य, रूपलावण्य, जवानी, जोस, आकर्षण, कान्ति यी सबै सम्पत्ति फक्रँदो यौवनका सौगात हुन् । यौवनको रक्षा गर्नु यी तमाम सम्पत्तिको रक्षा गर्नु हो । सुरक्षित यौवनको फूलबारीमा मात्रै नैसर्गिक सुख, स्वप्रस्फुटित आनन्द तथा मौलिक आरोग्य उद्‍घाटित हुन्छ ।

मानव मात्रको प्रणधारा हृदयशील प्रेम हो । प्रेम नभएको जीवन मुर्दातुल्य मानिन्छ । यस्तो सञ्जीवनी समान प्रेमको उद्‍गमबिन्दु पनि यौवन नै हो । भनिन्छ, "यौवनलाई स्वर्ग मान्ने हो भने प्रेम र सौन्दर्य स्वर्गका दुई महासुख हुन् ।"

युवाशक्ति सर्वोपरि शक्ति

युवाशक्ति राष्ट्रशक्ति हो । युवाशक्ति युगशक्ति हो । युवाशक्ति समयशक्ति हो । कर्मशील युवा कुनै पनि राष्ट्रको भाग्यनिर्माता हुन्छ । उद्यमशील युवा नै उज्ज्वल भविष्यको आधारस्तभ हो ।

तर जब युवाशक्ति कर्मशीलताभन्दा भाग्यभरोसामा निर्भर हुन्छ, वर्तमान र भविष्य दुवै युगमाथि अन्धकार छाउँछ । आजको युवा यदाकदा भाग्यवादी भइरहेको भान हुन्छ । कताकता ऊ थोरै कर्म गर्ने तर प्रतिफलचाहिँ धेरै खोज्ने प्रवृत्तिको सिकार भएझैं लाग्छ ।

कुनै पनि कामको प्रतिफल सामान्यभन्दा अधिक खोज्ने महत्त्वाकाङ्क्षाले व्यक्तिलाई स्वार्थी र अविवेकी बनाउँछ । यस्ता व्यक्ति चाँडोभन्दा चाँडो धनी र सफल हुन चाहन्छन् । शीघ्रातिशीघ्र धनी र सफल हुने अन्धआकाङ्क्षा सोचे जस्तो सजिलै पूर्ण हुँदैन ।

यसो भएपछि ऊभित्र अपराधवृत्ति जन्मन थाल्छ । अन्ततोगत्वा व्यक्ति अकर्मण्य हुने, दुईनम्बरी धन्दा गर्ने, लागुपदार्थ सेवन गर्ने, धोकाधडी तथा ठगीतर्फ आकर्षित हुने प्रवृत्तिको सिकार हुन्छ ।

कर्मशील यौवन

वर्तमान समय भाग्यवादी होइन, कर्मवादी युवाको खोजीमा छ । थाहा भएकै कुरा हो, अधिकांश युवाशक्तिको यौवन भविष्यको चिन्ताले

चाहिनेभन्दा बढी नै ग्रसित छ । आगामी जिन्दगीप्रति चिन्ताग्रस्त हुनु नौलो कुरा होइन । तर यसले व्यक्तिलाई अकर्मण्य बनाउँछ । यस्तो व्यक्तिले थाहै नपाई वर्तमानको अवहेलना गरिरहेको हुन्छ । शास्त्रमा भनिएको छ–

गते शोको न कर्तव्यो भविष्यं नैव चिन्तयेत् । वर्तमानेन कालेन वर्तयन्ति विचक्षणाः ॥

अर्थात् बितेर गएको समयको चिन्ता कहिल्यै गर्नुहुँदैन । आउँदै नआएको भविष्यको चिन्तामा डुब्नु पनि बुद्धिमानी होइन । बुद्धिमान् व्यक्ति वर्तमानमा जिउँछ र तदनुरूप कर्म गर्छ ।

"करिअरको टेन्सन"ले आक्रान्त वर्तमान युवापुस्ताले यो शास्त्रवचन राम्रोसँग मनन गर्न आवश्यक छ । यसो भन्दै गर्दा करिअरको चिन्तै नगर्नु भन्ने होइन । चिन्ता होइन, चिन्तन गर्ने र तदनुरूप कर्मशील रहने भन्न खोजिएको हो ।

आज बीउ रोप्ने, भोलि नै फल टिप्न खोजिहाल्ने अधैर्य भाग्यवादी सोचको परिणाम हो । योभन्दा पृथक् कर्मशील युवा त्यस्तो हुन्छ, जो आफूलाई निरन्तर तिखार्दै लैजान्छ र आफ्नो तीक्ष्ण व्यक्तित्वलाई उपयोग गर्दै सुन्दर भविष्यको निर्माण गर्छ ।

यस्ता युवाको पर्खाइमा

टेरिफक्स नामका एक ज्वलन्त युवाको प्रेरणादायी कर्मशीलता सबैका लागि उदाहरण बनेको छ । टेरिफक्स सन् १९५८ मा क्यानडामा जन्मिए । दुर्भाग्यवश उनलाई खुट्टाको क्यान्सर (मेलिग्नेन्ट ट्युमर) भयो । चिकित्सकले उनको एउटा खुट्टा काटिदिए । उनी २२ वर्ष हुँदा यस्तो घटना भयो ।

यति हुँदा पनि उनी चिन्तित भएनन् । उनले सोचे– म जति बाँच्छु, एकएक क्षणको उपयोग गर्छु । निरन्तर कर्मशील रहन्छु र केही नयाँ काम गरेर मात्रै प्राण त्याग गर्छु ।

उनको मनोबल अत्यन्त उच्च थियो । उनको सङ्कल्प-बल पनि त्यत्तिकै प्रबल थियो । यसबीच उनले एउटा योजना बनाए, एक खुट्टाले

म्याराथन दौड सुरू गर्ने । म्याराथुन दौडको उद्देश्य आफूजस्ता कैयौं क्यान्सरपीडितहरूका लागि प्रेरणा प्रस्तुत गर्ने र क्यान्सरविरूद्ध लड्न धनराशि जुटाउने ।

तपाईंलाई विश्वास नलाग्ला, एक खुट्टाले उनी निरन्तर एक सय ४३ दिन दौडिए । अविराम उनको म्याराथनले पाँच हजार तीन सय ७३ किलोमिटरको यात्रा पूरा गर्‍यो । उनको अविचलित साहसले युरोप-अमेरिकाका दर्जनौं देश पार गर्‍यो । उक्त महाअभियानमार्फत उनले झन्डै छ सय ५० मिलियन डलर धनराशि बटुले । उक्त धनराशि क्यान्सर उपचारार्थ क्रियाकलापमा खर्च गर्ने उद्देश्यले एक कोषमा जम्मा गरे । यो उदाहरणीय अभियान पूरा गरेर उनको २४ वर्षको उमेरमा मृत्यु भयो ।

यो हो कर्मशीलता । उनी कहिल्यै आत्महीन भएर बसेनन् । क्यान्सरको पीडा दुनियाँलाई पोख्ने र अरूको दयापात्र भएर जिउने काम गरेनन् । जति बाँचे, प्रत्येक पल, प्रत्येक क्षणको अर्थपूर्ण प्रयोग गरेर बाँचे ।

भाग्यवादीहरूका लागि युवानक्षत्र टेरिफक्सको यो कदम एउटा परिवर्तनकारी झापड हो । सतत कर्मशीलताको जीवन्त उदाहरण हो । मातृभूमि नेपाल पनि आज यस्तै युवा कर्मयोद्धाको पखाइमा छिन् ।

प्रतिभावान् बन्ने साधना

आफूलाई प्रतिभावान् नबनाउने तर जागिरमा तलबचाहिँ धेरै खोज्ने प्रवृत्तिले आज ठूलो युवा जमात पीडित छ ।

त्यस्तो जागिर पाइयोस्, हाजिरबाहेक केही गर्नु नपरोस् ।

परीक्षामा सर्वश्रेष्ठ कहलाउन पाइयोस् । तर पढाइलेखाइ भने गर्नै नपरोस् ।

मीठोमीठो खान पाइयोस् । तर पकाउने र फलाउने काम गर्नै नपरोस् ।

योग्यता, क्षमता र व्यक्तित्व चम्काउन ध्यान नदिने तर सोसफोर्स र नातावाद-कृपावादबाट पदप्रतिष्ठा हासिल गर्ने महात्त्वाकाङ्क्षीहरूको भीड आज यत्रतत्र छ ।

युवाशक्तिभित्र फस्टाउन थालेको यो नै सर्वाधिक घातक क्यान्सर हो । विडम्बना भन्नुपर्छ, यो प्रवृत्ति बढ्दो क्रममा छ । जब कि हरेक युवाले हृदयङ्गम गर्नुपर्ने यथार्थ के हो भने प्रतिभावान्का लागि संसारको जुनसुकै सिट खाली छ । जुनसुकै देशमा स्वागत छ र जुनसुकै मान्छे तपाईंको अनुयायी हुन तयार छ । संसारकै प्रतिष्ठित गुगल कम्पनीमा प्रमुख कार्यकारी अधिकृत बने ४३ बर्से सुन्दर पिचाई । उनी भनसुन र चाप्लुसीले होइन, प्रतिभावान् बनेर त्यो स्थानमा पुगे ।

असङ्ख्य प्रेरक उदाहरण

फ्रान्स जस्तो लामो प्रजातान्त्रिक पृष्ठभूमि भएको देशमा भर्खरै निर्वाचित राष्ट्रपति इम्यानुएल म्याक्रोनको जीवनी हेर्नुहोस् । सुन्दा अपत्यारिलो मात्रै होइन, अकल्पनीय लाग्छ । उनले एक वर्षअगाडि मात्रै राजनीतिक दल खोले । अर्को वर्ष भएको चुनावमा जनताबाट चुनिएर युवा राष्ट्रप्रति बने । प्रतिभावान् बन्ने साधनाको विजयका लागि योभन्दा ठूलो उदाहरण अर्को के होला ?

नेपालको स्याङ्जामा अति सामान्य परिवारमा जन्मिएका व्यक्ति बालकृष्ण सुवेदी, जो अहिले आचार्य बालकृष्णका नामले विश्वप्रसिद्ध छन् । पूर्वीय योगदर्शन एवम् आयुर्वेदमा विशेषज्ञता राख्ने आचार्यजी अब छिट्टै विश्वका धनवान्हरूको सूचीमा पर्ने निश्चितप्रायः छ । हाल उनी भारतको धनवान्हरूको सूचीभित्र परिसकेका छन् । दुई छाक राम्रोसँग खान कठिन हुने परिवारमा जन्मिएर आज यो स्थानमा पुग्नुका पछाडि एउटै कारकतत्त्व छ– त्यो हो उनको प्रतिभावान् बन्ने साधना ।

प्रतिभावान् बन्नु एक जीवनसाधना हो । जन्मँदै सबैले योग्यता, क्षमता, सामर्थ्य लिएर आएको हुँदैन । दृढता, धैर्य एवम् सतत सङ्कल्प लिएर आलस्यमुक्त भई निरन्तर ज्ञान र कौशल बढाएपछि स्वतः प्रतिभा प्रस्फुटन हुन थाल्छ ।

युगऋषि आचार्य श्रीराम शर्मा भन्नुहुन्छ, "जसले असम्भव मानिएको कामलाई सम्भव गराएर देखाउँछ, त्यो नै प्रतिभा हो ।"

हुनैपर्छ आत्मबल सम्पन्न

युवा कर्मशील छ, प्रतिभावान् पनि छ । तर आत्मबलरहित छ भने त्यो विद्युत्‌बिनाको यन्त्र जस्तो मात्रै हुन्छ । पखेटाबेगरको पन्छी जसरी उडान भर्न सक्दैन, त्यसैगरी आत्मबलबिना युवाजोस लक्ष्योन्मुख हुन सक्दैन । आत्मबल भनेको चुनौती, विषमता, कठिनाइ र आरोहअवरोहलाई विवेकसम्मत तरिकाले सामना गर्ने जीवन ऊर्जा हो ।

जहाँ आत्मबल सबल हुन्छ, त्यहाँ शरीरबल र मनोबल स्वतः सक्रिय हुन्छ । अटुट आत्मबलले अन्ततः ब्रह्मबल जन्माउँछ । ब्रह्मबल त्यो बल हो, जसको उपस्थितिमा जीवनले कदापि हार्दैन ।

जस्तोसुकै विघ्न र आक्रमण किन नआओस्, आत्मबलले भरिपूर्ण व्यक्ति प्राणवान्, ऊर्जावान्, सामर्थ्यवान् त हुन्छ नै, ऊ धैर्यवान् र विवेकवान् पनि हुन्छ ।

आजका अधिकांश युवा तातो जोसले त सम्पन्न छन् । तर अटुट आत्मबलले दरिद्र छन् । यसै कारणले गर्दा सानातिना कारणले नै मनोरोग र डिप्रेसनको सिकार हुन पुग्छन् । खासगरी हाम्रो युवा जमात भीडमा उफ्रिँदा साहसी जस्ता देखिन्छन् । तर एक्लो हुँदा ठीक विपरीत बलहीन, ओजहीन, शक्तिहीन लाग्छन् ।

यसरी पल्लवित होस् यौवन

अथर्ववेद ७/७३/१० मा उल्लेख छ– *अग्ने शर्ध महते सोभगाय ।* यसको अर्थ हो– वैभव अर्थात् ऐश्वर्यले आत्मबलसम्पन्न उत्साहीहरूकै पाउ चुम्दछ । आत्महीन हुनु, दुर्बल हुनु एक प्रकारको पाप हो ।

स्वामी विवेकानन्द भन्नुहुन्छ, "बलहीनता नै सबैभन्दा ठूलो पाप हो ।"

आत्मबलले भरिएको युवा नै हरेक परिस्थितिलाई मनस्थितिअनुरूप बदल्ने क्षमता राख्छ ।

के तपाईं पनि आत्मबलसम्पन्न युवा बन्न चाहनुहुन्छ ? त्यसो हो भने कृपया तपाईं यी उपाय अपनाउनुहोस्–

नियमित योग व्यायाम गर्ने, प्राणायाम गर्ने (प्राणायामले प्राणवान् बनाउँछ) र कम्तीमा ३० मिनेट नियमित ध्यान गर्नुहोस् । आस्तिकतामा

विश्वास गर्ने, झूटा नबोल्ने र नगर्ने, अध्ययनशील हुने, महापुरूषहरूको प्रेरणादायी जीवनी पढ्ने, नयाँनयाँ र कठिन स्थानको यात्रा गर्ने, यी कार्य गर्दै रहनुहोस् ।

त्यस्तै, उच्च आत्मबल भएकाहरूसँग मित्रता गर्ने, समयसमयमा त्यस्ता व्यक्तिहरूसँग संवाद गर्नुहोस् । एउटा साधारण प्रतिज्ञा या सङ्कल्प लिने र त्यसलाई पूर्ण गर्ने । दोस्रो चरणमा त्योभन्दा ठूलो प्रतिज्ञा गर्ने त्यसलाई पनि पूर्ण गर्ने ।

यसरी क्रमशः ठूलोठूलो सङ्कल्प लिने र त्यसलाई प्राणपणले पूर्ण गर्दै जाने गरेमा आत्मबलमा जादुमय अभिवर्द्धन हुन्छ । लागुपदार्थ, नशापदार्थ, दुर्व्यसन, कुलत, कुसङ्गत छ भने त्याग्नु राम्रो हुन्छ, अन्यथा आत्मबल बढ्न गाह्रो छ ।

युवा होस् त यस्तो

सबल युवा– समर्थ राष्ट्र
संस्कारवान् युवा– सुदृढ राष्ट्र
उद्यमशील युवा– समृद्ध राष्ट्र
अनुशासित युवा– सशक्त राष्ट्र
संयमित युवा– सन्तुलित राष्ट्र

भन्न खोजिएको के हो भने देशको युवा जस्तो हुन्छ, राष्ट्रको नक्सा त्यस्तै हुन्छ ।

हाम्रो देश युवा देश हो । किनकि यहाँ कुल जनसङ्ख्याको आधा भाग युवाशक्तिले भरिएको छ । कतिपय पाश्चात्य विकसित देश वृद्ध देश भइसकेका छन्, जहाँ युवा साह्रै थोरै र वृद्धवृद्धा अत्यधिक मात्रामा छन् । जस्तो कि जापान, नर्वे, जर्मनी आदि ।

युवा शब्दको उल्टो "वायु" शब्द हुन्छ । वास्तवमा युवा त्यो हो, जो वायुझैं प्रवाहमान एवम् गतिशील हुन्छ । उमेर कलिलै तर जोस शून्य छ भने त्यो युवा होइन । जब कि उमेर पाको तर जोस र प्राण उच्च छ भने त्यो युवा हो ।

फक्रनैपर्छ यौवन युवा वयमा

युवामा यौवन हुन्छ । यौवन भनेको उन्नतिशील जिन्दगी, ऊर्ध्वगामी जिन्दगी । यौवन त्यो हो, जसले आफूजस्तै अरू सयौँलाई जन्म दिन्छ । ओइलिएको वृक्षले अरूलाई शीतलता दिँदैन । सुकेको बीउ माटोमा परे पनि उम्रँदैन । यसैलाई यौवनशून्यता भनिन्छ । यौनवशून्य युवा मातृभूमिको भार मात्र हो । यसमा सिर्जनात्मकता हुँदैन । युवा भन्नेबित्तिकै सृजनशील हुनैपर्छ ।

उदाहरणका रूपमा आद्यशङ्कराचार्य । उनी जम्मा ३२ वर्ष बाँचे । तथापि उनी नित्यनिरन्तर सिर्जनशील रहे । त्यति उमेरभित्रै उनले विश्वप्रतिष्ठित ग्रन्थ रचना गरे, भाष्य गरे । चार धाम र चार पीठ स्थापना गरे । पदयात्रा गर्दै हजारौं कोश यात्रा गरे । यसैलाई युवाशक्ति भनिन्छ । आज नेपाल आमा यस्तै युवासन्तति खोजिरहेकी छन् ।

उपनिषद्मा एउटा भनाइ छ, "युवा स्यात्" अर्थात् सदैव युवा बन । यसको अभिप्रायः शरीरले मात्रै तन्नेरी बनिरहनुहोस् भनेको होइन ।

सदैव प्राणवान् बनौं ।

ऊर्जावान् बनौं ।

कर्मशील बनौं ।

प्रतिभा परिष्कारमा निरन्तर लागिपरौं ।

सदैव आत्मबलले भरिपूर्ण बनौं ।

"युवा स्यात्" यो कथनको अर्थ यही हुनुपर्छ । अर्थात् केवल युवा होइन, यौवन बर्साउँदो युवा र युवा भन्न मिल्ने युवा बन ।

खोइ बुझेको मान्छेको भावना ?

भावनाशैलीको तत्त्वदर्शन

जिन्दगीको केन्द्रबिन्दु भावशक्ति हो । भावशक्ति नहुँदो हो त मान्छे र मेसिनमा कुनै भिन्नता हुने थिएन । रोबोट-मानव आज आधुनिक मानवभन्दा दक्ष र तीक्ष्ण भइसकेको छ । मान्छेलाई महिनौं लाग्ने काम यसले केही घण्टामै सिध्याउँछ । आखिर रोबोट यन्त्रमानव हो, भावसंवेदनायुक्त मानव होइन ।

समस्त दिमागी दक्षता, भौतिक सक्रियता, निर्माणात्मक प्रतिभा र शारीरिक सुगठन एकातिर अनि हृदयबाट निस्कने भावनाशक्ति अर्कातिर । तराजुमा जोख्ने हो भने भावनाशक्तिको पल्ला सदैव भारी हुन्छ ।

मन्दिर जाऊँ पत्थर भेटिन्छ, मस्जिद जाऊँ खाली ठाउँ देखिन्छ, चर्च जाऊँ सुलीमा झुन्डिएको मानिस भेटिन्छ, गुरूद्वारा जाऊँ छोपिराखेको ढिस्को पाइन्छ, गुम्बा-माने पुगौं ढोलक-नगरा देखिन्छ । ईश्वर त कतै पनि देखिँदैन ।

यो कुरा कसले बुझ्ने कि ईश्वर निर्जीव मूर्ति वा आकारमा होइन, हृदयको अनुभूतिद्वारा मात्रै देखिन्छ, भेटिन्छ र पाइन्छ । हृदयभित्रको सहज भावधारालाई जीवन सिर्जनात्मक ऊर्जामा रूपान्तरित गर्नु नै हाम्रो हृदयशैली हो ।

एक आधुनिक छोराको कथा

लगभग तीन वर्षपूर्व सुन्नमा आएको घटना हो यो । उच्चशिक्षा हासिल गरेको, हुनेखाने घरमा हुर्केको एक अधबैंसे १५-२० वर्षदेखि अमेरिका बस्दै आएको थियो । मूल रूपले त्यो व्यक्ति काठमाडौंकै रहेछ ।

उच्च शिक्षाका निम्ति बाबुआमाले अमेरिका पठाएका रहेछन् । पढाइ सकेपछि उतै जागिर खान थाल्यो । समयक्रमसँगै अमेरिकामै घरजम भयो । छोराछोरी जन्मिए । यता काठमाडौंमा वृद्ध आमाबाबु छोरालाई सम्झँदै दिन बिताइरहेका थिए ।

एकातिर वृद्धत्व अनि अर्कातिर पुत्रविछोडको शोक बाबुलाई सह्य थिएन । छोरा बिदेसिएको केही वर्षपछि सोही व्यथाले बाबुको निधन भयो । ठूलो घर, काठमाडौंको भीडको बीचमा एक्ली आमा बर्सौंसम्म यसरी नै दिन बितिरहेका थिए ।

खुसीको सीमै रहेन तर

केही वर्षपछि छुट्टीको समय पारेर छोरा काठमाडौं आयो । वर्षौंदेखि बिदेसिएको मुटुको टुक्रा बुढेसकालमा आँखाअगाडि पाउँदा त्यसै पनि प्राणप्रिय लाग्छ । आमाको खुसीको सीमै रहेन ।

छोराले भन्यो, "आमा बुढेसकालमा कति एक्लै बस्नुहुन्छ ? अब तपाईंका दुःखका दिन गए । अबदेखि हजुर छोराबुहारीसँगै अमेरिकामै बस्ने । मैले सबै कागजपत्र मिलाएर ल्याएको छु । यो घरघडेरी पनि बेचिदिऊँ, उतै अझ राम्रो घर बनाउँला ।"

वयोवृद्ध आमा, एक मात्र छोराको कुरामा असहमत हुने कुरै आएन । केही दिनमै घरघडेरी बिक्री भयो । आएको पैसा छोराले तुरून्तै अमेरिका पठायो । बाँकी सानातिना व्यवहार सबै मिलाएर आमाछोरा अमेरिका उड्ने दिन नजिकै थियो ।

जाने बेलामा राष्ट्रदेव पशुपतिनाथको दर्शन सबैको इच्छा हुन्छ । पशुपति दर्शन पनि भयो । उड्ने दिन आयो । आमालाई सँगै लैजाने गरी आमाछोरा एयरपोर्ट पुगे । एयरपोर्ट निकै भीडभाड थियो ।

छोराले भन्यो, "आमा तपाईं बाहिर उभिँदै गर्नुस्, म भित्र जान्छु र सबै कागजपत्र मिलाएर लिन आउँछु ।"

बुढेसकालको शरीर, काठमाडौंको जाडो । खुट्टा कमाउँदै आमा उभिनुभयो । आफूलाई लिन आउँछु भनेर भित्र गएको छोराको बाटो हेर्दै निकै बेर गुज्रियो । थकाइ लाग्यो । घण्टा बित्यो, दुई घण्टा बित्यो, हुँदाहुँदा दिनै बित्न लाग्यो, छोरो फर्किएन ।

दुर्भावनाको पनि परकाष्ठा

बेसहारा वृद्ध महिला घण्टौंघण्टा एयरपोर्टको मूलढोका छेउमा उभिएको देखेर मान्छेहरूले सोध्न थाले । बुढी आमाको व्यथा सुनेर एकदुई व्यक्ति छोराको वास्तविकता बुझ्न लागि पनि परे । अन्त्यमा थाहा भयो, छोरा जहाज चढेको घण्टौं बितिसकेको रहेछ ।

आफ्नै गर्भबाट जन्म लिएको एक मात्र छोराको यस्तो कर्तुत बिचरा ती आमालाई कति दुःख्यो होला, सम्झिँदा पनि आङ सिरिङ्ग हुन्छ ।

घर फर्केर जाऊँ, बेचबिखन भइसक्यो । घर बेचेको पैसा अमेरिका पुगिसक्यो । अन्यत्र जाऊँ, कुनै ठाउँ छैन ।

वृद्धत्वले गलेको शरीर, माथिबाट असह्य व्यथा, उनलाई हिँड्न पनि आँट थिएन ।

कसैलाई उनीमाथि दया आयो । गाडीमा हालेर नजिकैको पशुपति क्षेत्रमा पुऱ्याई छाडिदिए । आज उनी आफू जस्ता सयौं सन्ततिपीडित र बाध्यताव्यथित वृद्धवृद्धाहरूसँगै पशुपति वृद्धाश्रममा दिन काटिरहेकी छिन् ।

अविराम अधोपतन कहिलेसम्म

यो एउटा प्रतिनिधि कथा मात्रै हो । हिजोआजको सन्तति यसरी दुर्भावनाग्रस्त भएको छ कि घरबाट वृद्धहरू निकालिन्छन् र निकालिएका वृद्धवृद्धाका लागि गाउँगाउँमा वृद्धाश्रम खुलिरहेका छन् ।

वर्तमान समयमा सम्बन्धविच्छेदको दैनिक तथ्याङ्क हेऱ्यो भने लाग्छ, मान्छेभित्र हृदय पूर्णतः मरिसकेको छ । अदालतमा दर्ता हुने मुद्दामामिलाको प्रकृति विश्लेषण गरेर हेर्ने हो भने थाहा हुन्छ, एकै घरका या एकै कुलका दाजुभाइबीच झैझगडासम्बन्धी मुद्दामामिला पनि उत्तिकै मात्रामा बढेको छ ।

विश्व परिदृश्यमा बढ्दो क्रममा रहेको हत्या-हिंसा, क्रूरता-दुर्दन्यता, द्वेष-दुस्मनीको प्रवृत्तिमाथि ध्यान दिने हो भने त मानवीय भावनाको पतन-पराभव र यसको दशादुर्दशा घामझैं छर्लङ्ग हुन्छ ।

पारिवारिक विखण्डन, कलहपूर्ण सम्बन्ध, आफन्तहरूको अवहेलना जस्ता दुराग्रह आज यसरी बढ्दो छ, छिट्टै यो भूमि उजाड मरूभूमि हुने पो हो कि जस्तो पनि लाग्छ ।

भ्रूणहत्या, दाइजोसम्बन्धी हत्याहिंसा, अनर किलिङ (सगोत्री प्रेमविरूद्ध हत्या), धर्मान्धप्रेरित हत्याहिंसा, जातिपाती विभेदपरक हत्याहिंसा, राजनीतिक कटुताप्रेरित हत्याहिंसा, मुलुक-मुलुकबीचको प्रतिशोधप्रेरित युद्ध-हत्याहिंसा, यी र यस्ता हृदयविदारक सूचकाङ्क घट्नुको सट्टा बढ्ने क्रममा छ ।

भावनाहरूको स्वामी भनेर चिनिने मनुष्य यसरी किन भावसंवेदनाको पतन र अतिमा पुग्न खोज्दै छ । यो विषय गम्भीर मात्र होइन, अति संवेदनशील पनि छ ।

भाव संवेदना के र किन ?

के यो भावनात्मक अधोपतन मानवका लागि शोभनीय छ ? कुनै पनि दृष्टिले शोभनीय छैन र यो चरम विडम्बना हो, परमदुर्भाग्य हो । आजभन्दा भोलि र भोलिभन्दा पर्सि तपाईंहामी पनि भावनाहीन हुँदै गएका छौं भने हामी पनि यसै विडम्बना र दुर्भाग्यको निर्मातामध्ये पर्छौं ।

सावधान ! जसरी हुन्छ, हामीले हाम्रो भावसंवेदनालाई अलिकति पनि सुक्न दिनुहुँदैन, रत्तिभर पनि घट्न दिनुहुँदैन । भावसंवेदनाको खेती नै जीवनको मुख्य ध्येय हुनुपर्छ ।

भनिएको छ, "यादृसी भावना यस्य सिद्धिभर्वति तादृसी ।" अर्थात् व्यक्तिको भावना जस्तो हुन्छ, उसको जीवनको उपलब्धि पनि त्यस्तै हुन्छ । दुर्भावना बोकेर बाँच्ने कहिल्यै पनि शुभभावनाबाट लाभान्वित हुँदैन । शुभभावनाले आच्छादित व्यक्तिले हासिल गर्ने प्राप्ति या उपलब्धिहरूले यसलाई पुष्ट गरिरहेका हुन्छन् ।

हुन सक्छ, माथि भनिएका धेरै कुरा तपाईंहाम्रो दैनिकीभन्दा परका कुरा होलान् । त्यसैले यी कुरा हाम्रा लागि या त गफगाफ हुन् या त दर्शन छँटाइ मात्रै ।

एक पटक तपाईं नितान्त वैयक्तिक सेरोफेरोमा उभिएर सोचविचार गर्नुहोस् । तपाईंको घरपरिवार, साथीभाइ, इष्टमित्र, कार्यस्थलका सहकर्मी र बाँकी तपाईंसँग प्रत्यक्ष सरोकार राख्ने अन्य नातागोता र व्यक्तिहरू ।

यो सेरोफेरोभित्र मात्रै पनि हामीले भावनात्मक लयबद्धता, शुभभावना र भावनात्मकता स्थापित गर्न सक्यौं भने त्यो चानचुने सफलता हुनेछैन ।

यो नै हो सर्वश्रेष्ठ योग्यता

आफ्नै बाबुआमा तथा छोराछोरीका कारण उठेको रिसले तपाईंलाई दिनभरि व्यथित बनाउन सक्छ । अफिसको सहकर्मीप्रतिको द्वेषभावले तपाईंभित्र कुण्ठा र निराशा सल्काइरहेको हुन सक्छ ।

हुन सक्छ, लोग्ने-स्वास्नीबीचको अविश्वासले तपाईंलाई बारम्बार व्याकुल बनाइरहेको छ । दिनानुदिन उत्पन्न हुने मनोभावनात्मक तनावका कारण हुन सक्छ तपाईं भित्रभित्रै चिन्ताग्रस्त हुनुहुन्छ । कुनै न कुनै किसिमका भावनात्मक उद्वेगहरूबाट प्रताडित-पीडित नहुने व्यक्ति आजको दिनमा भेटिन सायद गाह्रै पर्ला ।

यी र यस्तै अप्रकट, अमूर्त, अनधिकृत, अस्तव्यस्त र अपरिपक्व भावसंवेदनाको निदान र निराकरणका लागि नै हामी यस शीर्षकमा केन्द्रित भइरहेका छौं । भावनाशैली एक अपरिहार्य मानवीय योग्यता हो । यसलाई आधुनिक भाषामा आधुनिक विद्वान्हरूले "भावनात्मक बुद्धिमत्ता" नाम दिएका छन् ।

रोग प्रतिरोधात्मक खोप लगाइसकेको बच्चा रोगकीटाणुको जोखिमबाट मुक्त रहन्छ । ठीक त्यसैगरी भावनात्मक बुद्धिमत्ता त्यस्तो सूक्ष्मीकृत खोप हो, जसले व्यक्तिलाई जीवन-व्यवहारका अनेकौं विषमताहरूबाट बचाउँछ । आधुनिक युगमा जीवन-समाज-सम्बन्धको त्रिकुटीलाई सन्तुलित गर्नमा यो नै सर्वश्रेष्ठ योग्यता हो ।

भावनात्मक बुद्धिमत्ता अर्थात् इक्यू

भावनात्मक बुद्धिमत्ताका आधुनिक प्रणेता डेनियल गोलमेनको शब्दअनुसार "यो एउटा त्यस्तो क्षमता हो, जसका कारण हामी आफ्नो र अरूको भावनालाई बुझ्ने र त्यसबाट स्वप्रेरणा प्राप्त गर्छौं । यसै क्षमताद्वारा हामी आफ्नो भावसंवेगलाई समुचित रीतिले नियन्त्रित गर्छौं र सम्बन्धहरूलाई सुधार्छौं ।"

इक्यु, यसको विशेषता त्यस्तो हुन्छ– "यसले प्रदान गर्ने योग्यता बौद्धिक क्षमता (आइक्यू)द्वारा प्राप्त हुने सङ्केत-सूचनाको परिपूरक बनेर काम गर्छ ।"

गोलमेनको अभिमतअनुसार जुनसुकै सम्बन्ध निर्वाहका लागि तपाईंको मस्तिष्क र हृदय अर्थात् बुद्धि र भावनाको बीचमा सहज समन्वय अत्यावश्यक हुन्छ । समाजका धेरैजसो व्यक्ति बुद्धि एवम् तर्कको क्षेत्रमा अगाडि हुन्छन् । तर आत्मीयता, सामाजिकता एवम् भावनात्मकताको क्षेत्रमा विफल हुन्छन् ।

यस्ता व्यक्ति कुनै सङ्गठन या कार्यालयको प्रमुख भए भने नियम, कानुन, दण्ड र दबाबले काम गराउनमा विश्वास राख्छन् । प्रेमपूर्ण उत्प्रेरणा, भावसंवेदनात्मक प्रभाव, सामूहिक दायित्वबोध आदिद्वारा कर्मचारी परिचालित गर्नु-गराउनु यिनको क्षमताभित्र पर्दैन ।

तर्कवादी होइन, भाववादीको खाँचो

अब तपाईं आफैं भन्नुहोस्, घरपरिवारदेखि लिएर कार्यक्षेत्रसम्म भावनात्मक बुद्धिमत्ताको आवश्यकता कति रहेछ ?

"रिस जोसुकैलाई उठ्न सक्छ, रिसाउनु जस्तो सजिलो अरू के होला र ? तर सही व्यक्तिमाथि सही मात्रामा, सही समयमा, सही उद्देश्यका लागि र सही तरिकाले रिसाउनु अत्यन्तै कठिन हुन्छ ।"

दार्शनिक अरस्तुको माथिको ज्ञानसूक्तिमा अपेक्षा गरिएको रिस केवल भावनात्मक बुद्धिमत्तायुक्त व्यक्तिमा मात्रै उठ्ने गर्छ । किनकि त्यस्तो व्यक्ति नै भित्रको भावसंवेगलाई नियन्त्रणमा राख्न अभ्यस्त हुन्छ ।

आज सिङ्गो विश्व यस्ता सुयोग्यहरूको अनिकाल खेपिरहेको छ । आज विश्वलाई सफल, बुद्धिमान् र तर्कवादीहरूको खाँचो छैन । खाँचो छ त शान्तिप्रिय, भावसम्पोषक, प्रकृतिप्रेमी, प्रेमशील र करूणावान्हरूको ।

भावशक्तिको दिशाधारा

"जो पनि आउँछन्, जिन्दगी यसरी जिउनुपर्छ भनेर सिकाएर जान्छन् । विचरा तिनलाई के थाहा, मेरो संवेदना घायल छ भनेर । नभए त मलाईभन्दा राम्रो गरी जिउन कसलाई आउँथ्यो होला र ।"

एउटा ढुङ्गालाई दुई टुक्रा पारौं । दुईमध्ये एउटालाई मन्दिरमा प्रतिष्ठित गरौं, अर्कोलाई घुर्‍यानमा मिल्काइदिऊँ । एउटै ढुङ्गाको एकापट्टिको टुक्रा मन्दिरमा स्थापित भएपछि भगवान् बन्छ । पूजा, प्रसाद,

शृङ्गार र सुगन्ध पाउँछ । आस्था, श्रद्धा र शक्ति उत्सर्जित गरेर सोही ढुङ्गाबाट मान्छेहरू आशिष माग्न थाल्छन् ।

एउटै ढुङ्गाको अर्को टुक्रा भने घुऱ्यानमा मलमूत्र, जुठ्यान र कसिङ्गरको थुप्रोले पुरिन्छ । मानवीय भावसंवेदना नै त्यो आलम्बन हो, जसले कौडीबराबर पत्थरको टुक्रालाई समेत भगवान् बनाउने क्षमता राख्छ ।

एक सघन ऊर्जाशक्ति

भावना एक सघन ऊर्जाशक्ति हो । यो सतत बगिरहन्छ । यसको दिशाधारा जतातिर बग्छ, हामी त्यतै बग्दै जान्छौं । जब चट्टानको टुक्रामाथि आस्था र श्रद्धा प्रवाहित हुन्छ, त्यसले निर्जीव चट्टानलाई नै परमचैतन्य ईशावस्य सावित गर्छ ।

मानवीय भावनाको दिशाधारा विपरीत मार्गमा प्रवाहित भयो भने सोही शक्ति निराशा, क्रूरता, निष्ठुरता, भावशून्यतामा रूपान्तरित हुन्छ । वासना, तृष्णा, अहंता, लोभ र क्रूरता जस्ता विकार भावना दिशाधारामा विपरीत बग्न थालेपछि उत्पन्न हुने कुरा हुन् ।

आजको दिनमा अधिकांश मानव यी र यस्तै विकारबाट सन्तप्त र सन्त्रस्त छ । त्यसैले अब कतिपय मान्छेहरू आफू समान मान्छेसँग मित्रता गर्नुभन्दा मेसिनसँग मित्रता गर्न रूचाउन थालेका छन् । परपुरूष या परस्त्रीसँग वैवाहिक सम्बन्ध गाँस्नुभन्दा रसहीन र हृदयहीन प्लास्टिकको मानव खेलौनासँग प्रेम र यौन सन्तुष्टि हासिल गर्न थाले भने अनौठो हुनेछैन ।

स्वयम्लाई जन्म दिने मातापितासमेत त्यागेर सम्पर्कविहीन हुन र एकाङ्गी जीवन बिताउन चाहनेहरू पनि छन् । उन्नत समाज र विकसित मुलुकहरूमा त यस्तो प्रवृत्ति झन् बढी फस्टाएको छ । आखिर यो एक सघन ऊर्जा शक्तिको अवमूल्यन किन गर्छन् ?

सामान्य नठानौं भावशक्तिलाई

- भावना प्रत्येक व्यक्तिभित्र निष्पन्न हुने नैसर्गिक ऊर्जा हो । यो वंशाणु, पोषण, जात, धर्म, लिङ्ग, धनदौलतको स्तर कुनै पनि चीजद्वारा प्रभावित नहुने विशिष्ट गुण हो ।

- कसैको भावनात्मक क्षमतामा न्यूनता या अधिकता छ भने त्यो दोष व्यक्ति स्वयम्को हो, जन्मदाता बाबुआमा या प्रकृति यसका दोषी होइनन् । न्यायकारी परमात्माले प्रत्येक मनुष्यमा भावशक्तिको न्यायपूर्ण वितरण गर्नुभएको छ ।
- भावशक्ति मुख्यतः दुई धारामा बग्ने गर्छ । एक रचनात्मक अर्थात् सुखदायक र अर्को विध्वंसात्मक अर्थात् दुःखदायक । भावसंवेग हजारौं प्रकारका हुन्छन् । प्रत्येक भागसंवेगको प्रकृति, प्रभाव र त्यसले दिने अनुभवलाई हेरेर कि त पहिलो वर्गमा राखिन्छ कि त दोस्रो वर्गमा ।
- आफ्नो भावधारालाई आफू स्वयम् र अरूको सुखका निम्ति प्रयोग गर्ने नैसर्गिक दायित्व प्राप्त भएकै कारण मानव चोलामा जन्म लिने पात्रता मिलेको हो ।
- भावसंवेदनालाई व्यक्तिको पढाइलेखाइ, डिग्री, चातुर्य, वाक्शक्ति, पदप्रतिष्ठा आदिले कुनै फरक पार्दैन । नितान्त निरक्षर व्यक्ति पनि भावशक्तिको क्षेत्रमा भरिपूर्ण र समुन्नत हुन सक्छ । मायाप्रीति, सेवा, सहयोग, अक्रोध, अहिंसा, अपनत्व, सहानुभूति, ममत्व, उदारता जस्ता भावसामर्थ्यको मालिक हुनलाई डिग्रीसम्पन्न या बुद्धिसम्पन्न हुनुपर्छ भन्ने छैन ।
- दृष्टिविहीन, सुस्त मनस्थिति वा शारीरिक रूपमा जस्तोसुकै अपाङ्ग भए तापनि व्यक्ति भावनात्मक रूपले सुसम्पन्न, सबल र समर्थ बन्न सक्छ ।
- व्यक्तिमा भावनाशैलीको पृष्ठभूमि तयार गर्ने कारकतत्त्व यी हुन्– संस्कृति, संस्कार, कर्मकाण्ड, विधिविधान, भाग्यप्रारब्ध, आहारविहार, आचार-विचार, देश-परिवेश, आध्यात्मिकता, अभिभावकत्व, शिक्षादीक्षा आदि । हिजोआज यी कारकतत्त्वहरू नै विसङ्गतिपूर्ण र विकृतिपूर्ण भएका कारण हाम्रो भावसंवेदना सुक्दै गएको अवस्था छ ।
- मानव चेतनाको उपकरण मानव मन हो । मानव मनलाई समेत प्रेरित र ऊर्जावान् बनाउने काम हाम्रो भावशक्तिले गर्छ । विद्युत् शक्तिको अभावमा कुनै यन्त्र उपकरण निरर्थक भएझैं भावशक्ति नहुने

हो भने मनोशक्तिले मात्रै कार्यसम्पादन गर्नै सक्दैन । अतः मनभन्दा भावना सूक्ष्म हुन्छ र अन्तरतम एवम् कारणमय पनि हुन्छ ।

- भावशक्तिद्वारा बल र प्रकाश लिएर कार्यसम्पादन गर्ने मन सदैव सकारात्मक हुन्छ । यस्तो मन सिर्जनात्मक हुन्छ र आनन्दवर्द्धक पनि । भावशक्तिदेखि विमुख हुने मन प्रायः नकारात्मक, ऊर्जाहीन र तनावग्रस्त हुन्छ । मन र भावनाका बीच समुचित समन्वय अत्यावश्यक हुन्छ । यसै अवधारणालाई आधुनिक भाषामा इमोसनल इन्टेलिजेन्स (भावनात्मक बुद्धिमत्ता) भनिन्छ ।

इमोसनल इन्टेलिजेन्स अपरिहार्य

व्यक्तिको निजी अस्तित्वभित्र जुन चेतना क्रियाशील छ, त्यसका दुई आयाम हुन्छन् । पहिलो आयामले सोच्ने काम गर्छ भने दोस्रोले अनुभव गर्ने काम गर्छ । सोच्ने काम केवल प्रक्रिया हो, पूर्णता होइन । अनुभव दिलाउने काम भइसकेपछि मात्रै सोच्ने काम अर्थात् चेतन-प्रक्रियाले पूर्णता पाउँछ ।

सरूमा सोच्ने काम हुन्छ, त्यसपछि त्यसलाई अनुभव गरिन्छ । अनुभवले संवेदना उत्पन्न गर्छ । सोही संवेदनाअनुरूप प्रतिक्रिया गरिन्छ । प्रतिक्रिया कि सुखद हुन्छ कि दुखद । दुःखद प्रतिक्रिया द्वेषप्रधान हुन्छ । जब कि सुखद प्रतिक्रिया रागप्रधान हुन्छ । यी दुवै प्रतिक्रियाले अन्ततः संस्कारबीजको निर्माण गर्छन् । संस्कारबीज जस्तो हुन्छ, व्यक्तिको वर्तमान सँगसँगै भाग्य-भविष्य त्यस्तै हुन्छ ।

हाम्रो सोच या अनुभवको परिणामले चित्तमा कुनै पनि संस्कारबीजको उत्पादन नगरोस्, त्यस्तो समन्वित एवम् सन्तुलित कार्यप्रणालीलाई इमोसनल इन्टेलिजेन्स भनिन्छ ।

जसको अन्तर्चेतनामा इमोसनल इन्टेलिजेन्स सक्रिय र उच्च हुन्छ, उसको हरेक निर्णय दूरगामी हुन्छ । उसको व्यवहार शिष्ट, व्यक्तित्व शालीन र शैली कुलीन हुन्छ । आफूसँग काम गर्ने, रहने, बस्ने या सम्बन्ध वा सम्पर्कमा आउने प्रत्येकसँग उसको सम्बन्ध गुनासोरहित हुन्छ । अरूको मनोभावना बुझ्नुलाई ऊ प्रथम दायित्व सम्झन्छ ।

एक उत्कृष्ट जीवन-योग्यता

नियम, कानुन, प्रलोभन, आकर्षणभन्दा माथि उठेर भावनात्मक स्पर्शद्वारा सबैलाई जित्ने उसको प्रयास रहन्छ । अरूले जस्तै ऊ प्रतिक्रिया पनि गर्छ । तर उसको प्रतिक्रियामा कसैलाई ठेस पुग्ने धृष्टता हुँदैन । र अन्ततः ऊ यो भावशक्तिलाई आन्तरिक पुँजीका रूपमा प्रयोग गर्न सफल हुन्छ ।

विद्वान् रोबर्ट कार्पर व्यक्तिको भावनात्मक क्षमतालाई यसरी प्रस्ट्याउन चाहनुहुन्छ, "इमोसनल इन्टेलिजेन्स त्यस्तो योग्यता हो, जसको माध्यमद्वारा हामी भावनालाई मानव ऊर्जा, सूचना, विश्वास, सिर्जनशीलता एवम् प्रभावशीलतामा बदल्छौं र त्यसलाई परिणाममुखी बनाएर बुझ्ने र ग्रहण गर्ने कोसिस गर्छौं ।"

जुन कुरा हामी स्वयम्लाई प्रिय लाग्दैन, त्यो अरू कसैलाई पनि प्रिय लाग्दैन । तर यो कुरा हाम्रो सोचसम्म मात्रै पुग्छ, अनुभूतिमा पुग्दैन ।

त्यसैले त मौका मिल्नेबित्तिकै आफूलाई प्रिय नलाग्ने कुरा अरूसँग गर्न पछि पर्दैनौं । जो व्यक्ति यसो गर्नबाट आफूलाई जति बढी बचाउँछ, ऊ त्यति नै इक्यू सम्पन्न मानिन्छ । यो इक्यू सर्वश्रेष्ठ जीवन योग्यता हो ।

इन्टेलिजेन्स कि इमोसन ?

स्वभावैले बुद्धिको तुलनामा भावनाको शक्ति प्रबल हुन्छ । विचार (बुद्धि) भन्नाले इन्टेलिजेन्स र भावना भन्नाले इमोसन भन्ने बुझ्नुपर्छ । बाहिरबाट हेर्दा विचार र भावना अर्थात् मस्तिष्क र हृदय अलगअलग देखिँदैन । किनकि यी दुई परस्परमा अविच्छिन्न रूपले र अन्तरतम हिसाबले जोडिएका हुन्छन् ।

गहिराइबाट महसुस गर्दा मात्रै बुद्धि र भावना एकआपसमा पृथक् सत्ता हुन् भन्ने बोध हुन्छ । बुद्धिले भावनात्मक अवस्थालाई जति प्रभाव पार्छ, त्यसको तुलनामा भावनाको प्रभाव बुद्धिमाथि अधिक पर्छ । यस अर्थमा पनि भावना शुद्ध र सकारात्मक हुनु बढी जरूरी छ ।

उदाहरणका रूपमा जसलाई तर्कबुद्धिले आकर्षित गर्न सकिँदैन, उसलाई भावसंवेदना या प्रेमले सजिलै आकर्षित गर्न सकिन्छ । तर्कबुद्धिमा

द्वन्द्व, बचाउ, प्रतिवाद या बढीमा सम्झौताले काम गरेको हुन्छ । तर भावसंवेदनामा आत्मीयता, प्रीति र समर्पणले काम गरेको हुन्छ ।

अबको जमानामा केवल तर्कबुद्धियुक्त भएर मात्रै हुँदैन, भावनाशील पनि हुनुपर्छ । इमोसनल इन्टेलिजेन्सको ध्येय यही हो ।

किन छुटाइँदै छ यसरी ?

आधुनिक शिक्षा प्रणाली विद्यार्थीको बौद्धिक तथा तार्किक विकासमा बढीभन्दा बढी केन्द्रित छ । इक्यूतर्फ ध्यान अझै पुग्न सकेको छैन । आइक्यूसँग जब इक्यूको तालमेल हुँदैन, व्यक्ति म्यानेजरबाट नेतृत्वकर्ता बन्नै सक्दैन । कमाउ धन्दाको डाक्टरबाट सेवाभावी डाक्टर कसरी बन्ने सेवाभावको अभावमा ?

जहाँ शिक्षा पद्धतिमा आइक्यूसँगै इक्यू मिश्रित हुँदैन, त्यहाँ व्यापारी, जागिरे, नेता, वकिल, वक्ता, इन्जिनियर, डाक्टर, म्यानेजर उत्पादन हुन्छन् । तर सक्कली मानव उत्पादन गर्न सकिँदैन । मस्तिष्कसँगै हृदयको विकास नभएसम्म शिक्षादीक्षा अधुरै रहन्छ ।

प्राचीन संस्कृतिका गुरूकुल, ऋषिकुल, विद्याश्रम, विद्यापीठ, आश्रम, आरण्यक यस विषयप्रति अत्यन्त सचेत थिए । पूर्ण मानव, परिपूर्ण व्यक्तित्व, हृदयवान् मनुष्य, भावनाशील छात्र, सेवाभावी मानिस, समझदार शिक्षितहरूको निर्माणमा ती केन्द्रको जोड हुन्थ्यो ।

यस किसिमको शिक्षा पद्धतिको अभाव बढेर गएकाले होला, अचेलका शिक्षित भनाउँदाहरूको भीडमा स्वार्थी, लोभी, अहंकेन्द्रित, भावनाहीन, असंवेदनशील, अधैर्यशील, अकर्मण्यहरूको बाहुल्य छ । तसर्थ आदरणीय पाठकवृन्द ! अवश्य पनि तपाईंचाहिँ इमोसनल इन्टेलिजेन्सको अनुयायी बन्नुहोला । तपाईं आफ्नो भावनाशैलीमा यी सामर्थ्य अवश्य नै समाविष्ट गर्नुहोला । यो मेरो लेखकीय अनुरोध हो ।

मानवीय भावनाका दुई गति

मानवीय भावनाका सामान्तया दुई गति हुन्छन्– ऊर्ध्वगामी र निम्नगामी । ऊर्ध्वगामी भावना अभिवृद्धि गर्दै भावशक्तिले सम्पन्न बन्ने प्रेरणाका साथ यो तालिका समावेश गरिएको छ–

ऊर्ध्वगामी भावना	निम्नगामी भावना
प्रसन्नता – उल्लास	अप्रसन्नता – हीनताबोध
सन्तुष्टि – प्रशंसा	निराशा – दिग्दारीपन
शान्ति – इच्छाशक्ति	क्रोध – रिक्तता
जागरूकता – धैर्य	अस्थिरता – व्याकुलता
आत्म-सम्मान – सन्तुलन	परनिर्भरता – परनिन्दा
प्रेरणा – प्रीति	चिन्ता – दबाब
स्वतन्त्रता – आत्मगौरव	असन्तोष – अतृप्ति
सह-अस्तित्व – समरसता	भेदभाव – द्वेष
सहानुभूति – परानुभूति	स्वार्थ – अभिमान
विचारशीलता – कल्पनाशीलता	अस्वस्थता – कटुता
सदाचार – इमानदारी	आडम्बर – एकाङ्कीपन
करूणा – मैत्री	हिंसा – दम्भ
सामूहिकता – स्वाभिमान	आत्मप्रताडना – असामाजिकता
निरोगिता – परिपक्वता	तुच्छता – कृतघ्नता

तीन भावनात्मक श्रीसम्पत्ति

कार्यस्थलमा भावनात्मक बुद्धिमत्ता नामक चर्चित पुस्तकमा प्रसिद्ध भारतीय लेखक प्रो. दलिप सिंहले भावनाशक्तिको सुन्दरतम व्याख्या गर्नुभएको छ ।

पूर्वीय र पाश्चात्य विचारधारालाई फ्युजन गरेर लेखिएको यस पुस्तकमा तीन भावनात्मक श्रीसम्पत्तिको अवधारणा प्रस्तुत गरिएको छ–

१. भावनात्मक संवेदनशीलता
२. भावनात्मक परिपक्वता
३. भावनात्मक सामर्थ्य

१. भावनात्मक संवेदशीलता

एउटी महिला डाक्टरसँग समय लिएर उनलाई भेट्न गइन् । दुईचार दिनअगाडि परीक्षणमा थाहा भइसकेको थियो, उनको गर्भमा फेरि छोरी नै छ भन्ने कुरा । निकै अनुनयपूर्वक उनले डाक्टर साहेबसँग भनिन्–

"डाक्टर साब ! मलाई हानि नहुने गरी मेरो गर्भलाई मिल्काइदिनुपर्‍यो । म पुनः छोरी चाहन्नँ । मेरो परिवारको पनि यस्तै इच्छा छ । जेठी छोरी पाँच वर्षकी भइसकी । हामी पतिपत्नी दुवैलाई छोराको उत्कट इच्छा छ । बरू जेजति खर्च लाग्छ, हामी दिन तयार छौं । हजुरसँग मेरो बिन्ती छ डाक्टर साब ।"

झट्ट हेर्दा आधुनिक, अधबैंसे, सहरिया र पढेलेखेकी देखिने एउटी सभ्य नारीको यस्तो कुराले डाक्टरलाई गम्भीर बनायो । आखिर कुनै न कुनै निर्णय उनले लिनैपर्ने थियो ।

डाक्टर साबले महिलालाई भन्नुभयो, "मलाई के लाग्यो भने तपाईंलाई एउटी मात्रै छोरी चाहिएको रहेछ । त्यसो हो भने यो पेटमा भर्खरै आएकी जन्मनै नपाएकी शिशुलाई किन हत्या गर्ने, बरू तपाईंकी पहिलो छोरीको हत्या गरौं न हुन्न ? जसरी पनि तपाईंलाई एउटै छोरी चाहिएको होइन र ?"

डाक्टरको कुरा मर्मस्पर्शी थियो । यसले ती महिलालाई नराम्ररी स्पर्श गर्‍यो । एक छोरीकी आमा बनिसकेकी ती नारीको भावसंवेदना र सुकेको प्रवाहलाई डाक्टरको कुराले तुरून्तै खोलिदियो । भ्रूणहत्या गर्ने सोच अब उनको मनको कुनै कुनामा पनि थिएन ।

यसैलाई भनिन्छ, भावनात्मक संवेदनशीलता । यो नै त्यो भावसम्पदा हो, जसले मानवता जीवित छ भन्ने प्रमाण दिन्छ ।

२. भावनात्मक परिपक्वता

"भान्सामा रोटी केवल चार ओटा छन् । तर खाने मानिस भने पाँच जना । त्यस्तो बेलामा पनि मलाई भोक छैन, तिमीहरू खाओ भनेर भन्न सक्ने व्यक्ति केवल आमा हुन् ।"

स्वामी विवेकानन्दको उपर्युक्त कथनमा भावनात्मक परिपक्वताको उत्कृष्ट चित्रण छ । हर परिस्थितिमा "आमा" या "जननी" बन्न नसकिएला । तर पनि आमामा झैं भावनालाई नियन्त्रण गर्न सक्ने यथायोग्य क्षमता हामीमा हुनुपर्छ ।

मानिलिऊँ, तपाईं आफ्नो अफिसमा कुनै गम्भीर विषयमा पाहुनाहरूसँग मिटिङ गर्दै हुनुहुन्छ । तपाईं र तपाईंको मिटिङलाई समेत असर पर्ने गरी

अर्को कोठामा कसैले ठुल्ठूलो आवाजमा फोन गर्दै छ । तपाईंको सहायक या सहयोगीद्वारा पटकपटक त्यसो नगर्न अनुरोध गर्दा पनि ऊ त्यसो गर्न छाड्दैन ।

त्यस बखत तपाईंको प्रतिक्रियाको शैली, शब्द र हाउभाउ कस्तो हुन्छ ? यसैले तपाईंको भावनात्मक परिपक्वतालाई दर्साउँछ । धेरैजसो व्यक्ति प्रतिक्रियाको घडीमा अनियन्त्रित हुन पुग्छन् । कोहीकोही त बढी नै उत्तेजित र उग्र हुन्छन् ।

घटना या परिस्थिति जस्तोसुकै भए पनि केही बेरपछि क्रमशः साम्य हुन्छ । किनकि हर चीज अनित्य छ । यो प्रकृतिको मौलिक नियम हो । घटना सकिइसक्छ, परिस्थितिले कोल्टे फेरिसक्छ । तर पनि व्यक्तिको क्रोध, आवेग र उग्रता त्यस अनुपातमा घटेको हुँदैन । सोही प्रतिक्रिया पछि गएर द्वेष या कुण्ठामा परिणत हुन्छ । जति बढी द्वेष र कुण्ठा, त्यति नै बढी भावनात्मक अपरिपक्वता ।

३. भावनात्मक सामर्थ्य

व्यक्तिको भावनात्मक सक्षमतामाथि अनेकौं कुरा निर्भर हुन्छन् । भावनात्मक सामर्थ्यले सम्पन्न व्यक्ति जीवनका मोडहरूमा आइपर्ने भावावेगविरूद्ध युक्तिपूर्वक प्रत्युत्तर दिन निपुण हुन्छ । ऊ भित्रभित्रै आत्मसम्मान, आत्मगौरव, आशावादिता, धैर्य जस्ता विशेषताले सम्पन्न हुन्छ । यस्तो व्यक्तिको बोलीवचन र संवादशैलीमा भावनात्मक सक्षमता सहजै झल्किन्छ ।

हीन भावना, निराशा, प्रतिस्पर्धा, अहं, तनाव जस्ता भावोद्वेगबाट बच्ने विषयमा पनि त्यस्तो व्यक्ति क्षमतावान् हुन्छ । भावनात्मक झड्का सहने, अरूको भावनात्मक विकासमा सहयोग गर्ने, भावतन्मय भई भावनात्मक आनन्द उठाउने, सफलता दिने किसिमको काममा रूचि राख्ने, चुनौतीको सामना गर्ने, भावनात्मक थकाइबाट बच्ने, ऋणात्मक अनुभवहरूबाट टाढा रहने आदि क्षमता यसै सामर्थ्यअन्तर्गत अभ्यास गरिने आनिबानी हुन् ।

हृदयशक्ति अभिवर्द्धन गर्ने हो ?

हृदयको तरङ्ग सकारात्मक र सामञ्जस्यपूर्ण छ भने त्यसले अरू सयौं व्यक्तिको मस्तिष्कको तरङ्गलाई प्रभावित गर्छ । मस्तिष्क अर्थात् सोचविचारमा परिवर्तन ल्याउन विचारशक्तिको तुलनामा भावशक्तिको प्रभाव वजनदार हुन्छ ।

बुद्धले वैचारिक प्रवचनले होइन, हृदयपूर्ण भावस्पर्शको शक्ति प्रयोग गरी कुख्यात डाँकु अङ्गुलीमाललाई परिवर्तन गर्न सफल भएका थिए । यस्तो परममूल्यवान् हृदयशक्ति अभिवर्द्धन गर्ने कला सिक्नु अत्यावश्यक छ ।

प्रसिद्ध हार्टम्याथ इन्स्टिच्युटका संस्थापक डाक चिल्ग्राले हृदयशक्ति बढाउन एउटा सर्वोपयोगी तरिका प्रस्तुत गरेका छन्–

- तनाव हुनुको कारण खोज्नुहोस् । तपाईंलाई दुःख दिने समस्याको जाँचबुझ गर्नुहोस् । आखिर के हो त्यो ?
- स्वयम्को हृदयलाई सुन्नुहोस्, अनुभव गर्नुहोस् । हृदयमा हात राखेर लामो गहिरो श्वास लिनुहोस् ।
- हृदयबाट उत्पन्न हुने भावनाहरूलाई सबल बनाउनुहोस् । स्मृतिमा भएका सकारात्मक घटनाहरू याद गर्नुहोस् । विगतमा भोगेका सुखद, आनन्ददायक र उल्लासपरक पल र क्षणलाई सम्झनुहोस् ।
- सोध्नुहोस्– हे हृदय ! अहिले उब्जिएको समस्याको जड र यसलाई सामना गर्ने उत्तम उपाय के हुन सक्छ ? उचित सुझाव देऊ ।
- अन्तर्हृदयबाट आइरहेको सन्देशलाई सुन्नुहोस् । भित्रबाट सम्प्रेषित ध्वनि, शब्द, चित्र, छवि र संवेदनाहरूमाथि ध्यान दिनुहोस् ।
- भाव वैज्ञानिक चिल्ग्राको भनाइअनुसार "हाम्रो शरीरभरिमा सर्वाधिक र विस्तृत विद्युत् चुम्बकीय क्षेत्र (आभामण्डल) निर्माण गर्ने क्षमता हृदयमा हुन्छ । दिमागको तुलनामा ६० प्रतिशत अधिक क्षमता हृदयमा हुन्छ । चुनौती सामना गर्ने र समस्याहरूसँग लड्ने क्षमता पनि हृदयमा बढी हुन्छ । हृदयशक्ति दुर्बल भएमा उक्त तनाव शारीरिक बिमारीमा रूपान्तरित हुन्छ । जगजाहेर कुरा हो कि ८०

प्रतिशत रोगको एक प्रमुख कारण तनाव हो ।"

सन् १९९१ मा अमेरिकाको क्यालिफोर्नियाबाट चिल्ग्राले सुरू गर्नुभएको "स्वास्थ्य, कल्याण र चेतना"मा आधारित "हृदयगणित" मिसनले हृदय यानि भावनात्मकतालाई प्रशिक्षित गर्ने काम गर्दै आएको छ । उनको मिसनको प्रमुख उद्देश्य वैज्ञानिक शोधअध्ययनद्वारा प्रामाणिक मान्यताहरू स्थापित गरी आम मानिसको हृदयग्रन्थीलाई खोल्नु र अनेकौं समस्याबाट बचाउनु हो ।

"छातीभित्रको हृदय अर्थात् दिललाई नै प्रत्येक समस्याको उत्तर खोज्न दिनुहोस् । किनकि यसले दिने उत्तर सर्वाधिक विवेकपूर्ण हुन्छ र त्यसले तनाव घटाउँछ," संस्थापक चिल्ग्राको आदर्श वाक्य हो यो ।

आखिर कसका लागि के ?

सबैका लागि योग, सधैंका लागि योग

धेरैजसो मान्छे धनबलको बन्दोवस्त गर्ने अन्त्यहीन दौडमा छन् । मान्छेलाई न चैन छ, न विश्राम गर्ने समय । धनबलको दौडमा जब मान्छे थाक्छ, वाक्कदिक्क हुन्छ, उसलाई अन्तिममा योगको छहारी याद आउँछ । ऊ आउने आखिर योगकै शरणमा हो । चाहे त्यो कालो मानिस होस् या गोरो । चाहे त्यो सनातनी होस् या गैरसनातनी । चाहे त्यो साम्यवादी होस् या अरू कुनै वादी ।

हाम्रा पूर्वीय आर्षअन्वेषकहरूले प्रवर्तन गरेको योग, हामी तिनैका सन्ततिहरू भएर पनि त्यतिसारो गर्दैनौं । पूर्वीय इतिहाससँग खासै सरोकार नभएका पश्चिमाहरू अहिले योगको क्षेत्रमा धमाका गरिरहेका छन् । के यो योगबलको प्रभाव होइन ?

योगबल महाबल

नास्ति योगसमं बलम् अर्थात् योग समान अर्को बल छैन । धनबल, जनबल, मनोबल, देहबल, पदबल जस्ता बलहरूको शिखरमा योगबल छ । योगबल त्यस्तो परम बल हो, जसले जिउने बल सँगसँगै परमशक्ति प्राप्त गर्ने महाबलसमेत प्रदान गर्छ ।

योगमा केवल विरासन र सिंहासन मात्रै गरिँदैन, यसले वीर र सिहंस्वरूपसमेत बन्न सिकाउँछ । अन्यथा योगमा निहित बलप्रदायक विशेषताको वर्णन योग गुरू अमित राय किन यसरी गर्नुहुन्थ्यो–

"योग केवल केही आसनहरूको पुनरावृत्ति होइन, यो त्यो विद्या हो, जसले हामीभित्र विद्यमान सूक्ष्म ऊर्जाभण्डार खोज्ने र प्रस्फुटित गर्ने काम गर्छ ।"

योग गरौं आजैदेखि

योग सुरू गरौंला भन्दाभन्दै तपाईंहामीमध्ये कतिपयको वर्षौंवर्ष बितेर जान्छ । उनीहरू भने "योग गरौं आजैदेखि" भन्ने नारा बोकेर दिनैपिच्छे लाखौं मान्छेहरूलाई योगसँग जोडिरहेका छन् । जहाँ-जहाँ योग विषयक उत्सव, महोत्सव, कार्यशाला र कुम्भमेला हुने गर्छ, गोरो छाला भएकाहरूको सङ्ख्या ठूलो हुने गर्छ ।

यसबाट लाग्छ कि उनीहरू धनबलको साधनाबाट अघाएर अब योगबलको मार्ग खोजिरहेका छन् । संयुक्त राज्य अमेरिकामा मात्रै आजको दिनमा योग क्षेत्रमा करोडौं डलरको कारोबार भइरहेको छ ।

महँगामहँगा सहरमा महँगा योगा स्टुडियो, लाइफस्टाइल क्लिनिक, योगा पार्लर, योगा सेनिटोरियम र योगा क्लब धमाधम खुलिरहेका छन् । यदि योग विज्ञानमा त्यति बल नभएको भए योग यसरी फैलिने थिएन होला ।

योगशैलीको पारखी बन्ने कि ?

योगबलबारे यसरी व्याख्या गर्नुको उद्देश्य यो आलेख पढ्दै गर्ने तपाईंलाई योगशैलीको पारखी बन्न प्रेरित गर्नु हो । योग गर्न कुनै थप योग्यता चाहिँदैन र तपाईं नै यसको उत्कृष्ट पात्र हुनुहुन्छ । यो कुरा कृपया राम्ररी हृदयङ्गम गर्नुहोला ।

योगविद्या अहिले घरघर र जनजनमा पुगेको छ । कुनै बेला गुफा र कन्दराहरूमा सीमित थिए । साधु, संन्यासी, गृहत्यागी र विरक्तहरूले मात्रै योग गर्छन् भनेर बुझ्ने गरिन्थ्यो । अब परिस्थिति र वास्तविकता दुवै बदलिएको छ । जुन समाज जति बढी आधुनिक र सुशिक्षित छ, आज योग त्यही समाजमा बढी मात्रामा प्रचलित छ ।

अत्याधुनिक फेसन र जीवनशैलीमा रमाउनेहरू पनि योगबिना आफूलाई अधुरो-अपुरो महसुस गर्न थालेका छन् । नास्तिक, कट्टरपन्थी र वाममार्गीहरू पनि यतिखेर योगको पछाडि लालायित छन् । समग्र जगत् यतिखेर योगप्रति सुसम्मोहितझैं देखिन्छ । समग्र विश्व परिदृश्यमै अहिले सर्वाधिक चर्चा र आकर्षणको विषय बनेको छ, हाम्रो योग विज्ञान ।

शास्त्रीय अर्थ

योग शब्दको उत्पत्ति "युज्" धातुबाट भएको हो । "युज्"को सामान्य अर्थ हो, जोड्नु । प्रश्न उठ्छ, केसँग के जोड्ने ? व्यावहारिक अर्थमा यी दुई तत्त्वको मेललाई योग भनिन्छ–

- शरीरसँग स्वास्थ्य र आरोग्य जोड्नु
- मनसँग एकाग्रता र धारणा जोड्नु
- भावनासँग प्रेम र आनन्द जोड्नु
- आत्मासँग सर्वशक्तिमान् परमात्मा जोड्नु योग हो ।

शास्त्रकारहरूले "युज्" धातुलाई थप स्पष्ट पार्न यसका अन्य तीन अर्थ प्रस्तुत गरेका छन्, "युज संयमने" अर्थात् संयमलाई योग भनिन्छ । योग साधनाद्वारा मन, इन्द्रिय, चित्तवृत्तिहरूको संयम गर्नु योग हो । त्यस्तै, "युज समाधौ" अर्थात् समाधिको स्थितिमा पुग्ने पुरूषार्थलाई पनि योग भनिन्छ ।

तत्त्वतः योगको अन्तिम लक्ष्य नै समाधि हो । तेस्रो, "युजिर्योगे" अर्थात् दुई वस्तुको संयोग या मिलन योग हो । सर्वज्ञात कुरा हो, आत्मा र परमात्माको मिलनलाई योग भनिन्छ ।

व्यावहारिक अर्थ

वस्तु होस् या मानव, त्यसका दुई पक्ष हुन्छन् । एक सकारात्मक, अर्को नकारात्मक । एउटा उज्यालो, अर्को अँध्यारो । महान् ऋषि पतञ्जलिले मनुष्य जीवनका कर्ममध्ये उज्यालोलाई शुक्लकर्म र अँध्यारोलाई कृष्णकर्म भन्नुभएको छ ।

यसरी एउटै अस्तित्वभित्र दुई पूरक पाटा हुनु प्रकृतिप्रदत्त कुरा हो । तर जसले आफूभित्रको नकारात्मक अर्थात् अँध्यारो पाटोलाई घटाउँदै, धुँदै, पखाल्दै लगेर सकारात्मक पाटोको अभिवृद्धि गर्दै जान्छ, त्यो व्यक्ति एक दिन सकारात्मकताको शिखरमा पुग्छ । यसरी सकारात्मकताको शिखरमा पुग्न अवलम्बन गरिने सबैभन्दा व्यावहारिक साधन नै योग हो ।

योगले आफ्नो कार्य शरीरभित्रका भौतिक मल, विकारहरूको निष्कासनबाट आरम्भ गर्छ । शरीर मल, विकारहरूले रहित भई शुद्ध र

स्थिर नभएसम्म इन्द्रिय र मन एकाग्र हुनै सक्दैन । यसो नहुँदा, शरीरस्थ प्राणशक्ति पनि शक्तिशाली र ऊर्ध्वगामी हुन सक्दैन ।

हठयोगअन्तर्गतका शुद्धिक्रियाहरू वस्ती, नेति, धौती, नौली, त्राटक, कपालभाती योगका शारीरिक क्रियाहरू हुन् । त्यस्तै पतञ्जलि ऋषिद्वारा उपदिष्ट यमनियमहरू पनि आन्तरिक शुद्धीकरणका साधन हुन् ।

आन्तरिक योगको आवश्यकता

शरीरको बाह्य र आन्तरिक शुद्धि भइसकेपछि अब आसन, प्राणायामद्वारा शरीरमा स्थिरता, हठता र ऊर्ध्वगामिता अभिवर्द्धन हुन थाल्छ । विकेन्द्रित र क्षयीकृत प्राणशक्ति अन्तर्मुख भइसकेपछि जीवनशक्ति सशक्त हुन लाग्छ ।

जब शरीर शुद्ध र प्राण ऊर्ध्वगामी हुन थाल्छ, व्यक्तिको मनमा पनि एकाग्र हुने क्षमता उत्पन्न हुन थाल्छ । मन एकाग्र भई निर्दिष्ट ध्येयमा नियोजित हुनु भनेको जीवनका सबै कर्महरू उन्नत र योगनिष्ठ हुन सुरू हुनु हो ।

यस्तो स्थिति भइसकेपछि व्यक्तिले दुई किसिमका अवसर प्राप्त गर्छ । भौतिक क्षेत्रमा सफलता चाहनेहरू पनि सफल हुँदै जान्छन् र योग साधनामा अघि बढ्न चाहनेहरू पनि एकाग्र र स्थिर मनको सहारामा अघि बढ्दै जान सक्छन् ।

जो व्यक्ति बाहिरी दुनियाँ या सांसारिक प्रतिस्पर्धामा विजयी हुन चाहन्छ, उसलाई आत्मविश्वास, मनोबल, धैर्य, विवेकबुद्धि जस्ता सम्पत्ति नभई हुँदैन । जो व्यक्ति आध्यात्मिक गहिराइमा प्रवेश गरी आन्तरिक र आत्मविकासमा अघि बढ्न चाहन्छ, उसलाई सङ्कल्पशक्ति, धारणाशीलता र मानसिक स्थिरताको परम आवश्यक हुन्छ । योग पद्धतिमा प्रयोग हुने ध्यान, योगनिद्रा, मन्त्रजप, स्वाध्याय आदि अभ्यास यिनै आवश्यकतालाई सम्बोधन गर्ने उपाय हुन् ।

बुझ्न सजिलो अर्थ

- जीवनमा राम्रा, असल, सकारात्मक, शुभ र गुणकारी कुरालाई जोड्दै जानु र त्यसको विपरीत नराम्रा, खराब, नकारात्मक र अशुभ कुराहरूलाई वियोग गर्दै लैजाने साधना योग हो ।

- शरीरलाई रोगबाट मुक्त गरी आरोग्यवान् बनाउनु, इन्द्रियहरूलाई विषयवासनाबाट मुक्त गरी अन्तर्मुख बनाउनु, मनलाई चञ्चलताबाट मुक्त गरी एकाग्र बनाउनु, बुद्धिलाई प्रपञ्ची (व्यवसाय बुद्धि) र संशयवादीबाट आत्माभिमुखी बनाउनु, चित्तलाई अखण्डवृत्ति र संस्कारंहरूबाट मुक्त गरी निर्मल बनाउनु र आत्मालाई असङ्ख्य कर्मसंस्कारहरूबाट मुक्त गरी परमात्मामा एकाकार गराउनु योग हो ।
- अक्सर मनुष्य वृत्तिमा पशुता, तुच्छता, निकृष्टता र लघुताको बाहुल्य हुन्छ । उसलाई पशुताबाट उठाएर मनुष्यता र मनुष्यताबाट क्रमशः दिव्यतातर्फ लैजाने विधि विधानलाई योग भनिन्छ ।
- कर्मशील व्यक्तिलाई उसका दैनिक कर्महरूका माध्यमबाट आत्मसाक्षात्कार गराउने, सङ्कल्पवान् व्यक्तिलाई ध्यानयोगद्वारा चेतनाको शिखरमा पुर्‍याउने, भावनाशील व्यक्तिलाई भक्तियोगद्वारा भगवद् आनन्द प्रदान गर्ने, जिज्ञासाशील मनस्वीहरूलाई ज्ञानयोगद्वारा ज्ञानको पराकाष्ठामा पुर्‍याउने उत्कृष्टतम विज्ञानलाई योग भनिन्छ ।
- मानवलाई महामानव, पुरूषलाई महापुरूष, तुच्छलाई महान्, नरलाई नारायण, निकृष्टलाई सर्वोत्कृष्ट बनाउने, त्यस्तै प्राणलाई महाप्राण र व्यक्तिलाई महाप्रकृतिसँग र लघुलाई विभु, व्यष्टिलाई समष्टि, थोपालाई सागर र बिन्दुलाई सिन्धुसँग मिलन गराउने साधना विधिलाई योग भनिन्छ ।

हाम्रो थियो, विश्वको भयो

मूलतः योग विज्ञान हाम्रो हो । हाम्रो भन्नाले हामी सनातनवादी, पूर्वीय एवम् हिमालय संस्कृतिका अनुगामीहरूको हो । योगको उद्‌गमभूमि हिमालय क्षेत्र हो । तमाम प्रमाण, तर्क र तथ्य उपलब्ध छन्, जसले योगलाई ऋषिप्रणित महाविज्ञान मानेको छ । हामी सबै ऋषिका सन्तति हौं । हामी जुन ऋषिप्रणालीका सन्तति हौं, योग विज्ञान तिनैको देन हो ।

नेपाल विश्वकै एक मात्र भूखण्ड हो, जहाँ अहिले पनि समग्र ऋषि संस्कृति जीवित छ । संस्कृति र योगको उद्‌गम हिमालय क्षेत्र भन्नेमा कुनै दुईमत छैन । जगजाहेर छ, सबैभन्दा धेरै हिमालय भएको देश नेपाल हो ।

अतः हामी सप्रमाण, सगौरव भन्न सक्छौँ– योगको उत्पत्तिस्थल यही नेपाल हो । कुनै पनि प्राच्यविद्या जसलाई महान् अध्येता ऋषि-मनीषिहरूले प्रवर्तन गरे, त्यसमा परिवेश र पर्यावरणको अत्यन्त ठूलो भूमिका छ ।

मरूभूमि र आँधीबेहरीको मध्यमा बसेर तप, ज्ञान एवम् योगको अध्ययनअनुसन्धान दुष्कर हुन्छ । यसका लागि अनुकूल परिवेश चाहिन्छ । विश्वमै सर्वाधिक उत्कृष्ट परिवेश एवम् पर्यावरण भएको देश नेपाल हो । नेपालबाहेक विश्वको कुनै भूखण्डमा षड्ऋतु (छ ऋतुहरू) छैन । वैविध्यपूर्ण षड्ऋतुले युक्त नेपाल भूमि नै योगको आविष्कार भूमि हो भन्दा अतिशयोक्तिपूर्ण हुँदैन ।

उदाहरणै उदाहरण

योगग्रन्थहरूमा उल्लेख भएअनुसार योगको आदि प्रवक्ता महायोगी शिव हुन् । आदिनाथ शिवको लीला, क्रीडा र मञ्चनका सहस्र उदाहरण यस माटोसँग जोडिएर आउँछन् । शिवको साक्षात् प्राकट्य पशुपतिनाथदेखि लिएर शिवपुरी र शिवधामहरू यहीँ छन् ।

शिव र शक्तिको महिमा उजागर गर्ने सयौं शक्तिकेन्द्रहरूको व्याख्याले शास्त्रहरू भरिएका छन् । यस दृष्टिबाट पनि स्पष्ट हुन्छ– योगको आरम्भ-इतिहास हाम्रै नेपाल भूमिसँग जोडिएको छ । मूलतः नेपाल योगभूमि, तपोभूमि र ज्ञानभूमि हो ।

योग विज्ञानको प्रतिपादन गर्ने प्रथम दर्शन साङ्ख्य हो । *साङ्ख्यसूत्र*मा योगको सैद्धान्तिक विवेचना छ । यसका रचनाकार महर्षि कपिल हुन् । भनिन्छ– महर्षि कपिलको साधनाभूमि कपिलातीर्थ, कपिलवस्तु हो । समग्र विश्वलाई सहस्र शताब्दीअगावै सर्वश्रेष्ठ उपहार योगविद्याको प्रवर्तन गर्ने कपिलमुनिकै हामी सन्तति भर्खर मात्रै जाग्रत हुँदै छौं ।

अनेकौं आदिम योगग्रन्थहरूका कृतिकार महर्षि व्यास नेपालकै तनहुँ क्षेत्रलाई तपोभूमि बनाउने महाविभूति हुन् । हाम्रा कुलगुरू गोरखनाथसँग

जोडिएर आउने योगसम्बद्ध थुप्रै प्रसङ्ग छन् । यी त केही उदाहरण मात्र हुन् । यस्ता अजस्र उदाहरण र प्रमाण यत्रतत्र उपलब्ध छन्, जसले नेपाललाई योगभूमि सिद्ध गरेका छन् ।

नदोहोरियोस् विडम्बना

योग हाम्रो हो, हाम्रो थियो, अब आएर विश्वव्यापी भएको छ । योग स्वयम्मा महान्, श्रेष्ठ र अद्वितीय जीवन विद्या हो । यति हुँदाहुँदै पनि विडम्बनायुक्त तथ्य के हो भने हाम्रो योग जब गैरऋषि सन्ततिहरूबाट "योगा" बनेर फेसनको विषयवस्तु बन्न पुग्यो, बल्ल हामी तिनको अनुकरण गर्न लागिरहेका छौं ।

वर्तमान तथ्याङ्कतिर नजर पुऱ्याउने हो भने अहिले करिब १६ प्रतिशत अमेरिकी योग गर्छन् । र त्यहाँको योगसम्बन्धी कारोबार अर्बौं रूपैयाँमा हुने गर्छ । विश्वभरिका लाखौं करोडौं सिसीमुनि प्रेमीहरू योगपथमा फर्किरहेका छन् । तर हामीचाहिँ योग बिर्सेर सिसीमुनिमै बढी झुकाव राख्छौं । एक अनुमानअनुसार अहिले दिनमा दुई प्रतिशतभन्दा कम नेपाली मात्रै योग गर्छौं ।

विश्व ज्ञानमञ्चका अनेकौं वैज्ञानिक अध्येता-अनुसन्धाताहरूले योगलाई पूर्णतः वैज्ञानिक चिकित्सकीय एवम् जीवनशैलीप्रधान विद्या प्रमाणित गरेका छन् ।

धार्मिक अन्धता रत्तिभर छैन

योग पूर्णतः वैज्ञानिक पद्धति हो । धार्मिक अन्धता रत्तिभर पनि छैन । यसको पुष्टि हुन कतै बाँकी छैन । त्यसैले हरेक वर्ष जुन २१ का दिन विश्वका झन्डै दुई सय देशमा एकसाथ योग दिवस मनाइन्छ ।

"आज कार्ल मार्क्स जीवित भएका भए उनले धर्मलाई अफिमको गोली हो भन्ने वाक्यमा संशोधन गर्ने थिए र भन्ने थिए कि– योग नै सुख र शान्तिको गोली हो ।" हुन त यो काल्पनिक वाक्य हो । तथापि यसभित्र आंशिक सत्यता छ कि ?

कार्ल मार्क्स बाँचिरहेका भए सायद यतिखेर उनी योग प्राणायामको अभ्यास गरिरहेका हुन्थे होलान् । वास्तवमा योग सुखशान्तिको अद्वितीय

गोली हो । त्यसैले त आज हरेक क्षेत्र, वर्ग र समाजमा द्रुत गतिमा प्रचलित भइरहेको छ ।

हिजो धर्मलाई अफिमको गोली भनेर राजनीतिक मान्यतामा हुर्केबढेकाहरू नै आज योगाभ्यासमा अरूभन्दा अघि छन् ।

सबैका लागि, सधैंका लागि

योगको महत्त्वपूर्ण ग्रन्थ *हठप्रदीपिका*मा भनिएको छ– योग जोसुकैले गर्न सक्छ र यसमा जसले पनि सफलता हासिल गर्न सक्छ । युवा, वृद्ध, अतिवृद्ध, अशक्त र रोगीले समेत योगाभ्यास गरेर लाभ प्राप्त गर्न सक्छन् । यसमा कुनै जाति, उमेर, लिङ्ग र वर्गका आधारमा भेदभाव छैन ।

कायरता, दुर्बलता, भयग्रस्तता, तनाव र मानसिक द्वन्द्व सर्वत्र व्याप्त भएको वर्तमान युगमा योग नै सर्वोपरि समाधान हो । चेतनाको उत्थान, आत्मोन्नति तथा आत्मसाक्षात्कार योगको उपल्लो ध्येय हो । योगको प्रभाव सर्वप्रथम शारीरिक स्तरमा देखापर्छ । जो नियमित योगाभ्यास गर्छ, उसले तन्दुरूस्ती, आरोग्य, सुस्वास्थ्य तथा स्फूर्ति प्राप्त गर्छ ।

हाम्रो चेतनाको प्रकृति मनोशारीरिक किसिमको हुन्छ । मनको प्रभाव शरीर र शरीरको प्रभाव मनमा अविच्छिन्न रूपले परिरहन्छ । जब शरीर स्वस्थ, तन्दुरूस्त र रोगरहित हुन्छ, मन आफैंमा सृजनात्मक एवम् सुखदायी हुन थाल्छ ।

सबै सामर्थ्य योगमा

योगअन्तर्गतका आसन प्राणायाम, मुद्रा, बन्ध एवम् शुद्धिक्रियाको प्रयोग शरीरले गर्छ, जब कि प्रभाव मन एवम् चेतनासम्म पुग्छ । यसो भन्नु गलत नहोला– योगले योग्यता प्रदान गर्छ । र योगले दिने योग्यता शारीरिक, मानसिक, भावनात्मक एवम् आत्मिक चारै स्तरलाई उपयोगी हुने गर्छ ।

शोध अनुसन्धानतर्फ दृष्टि लैजाने हो भने क्यान्सर जस्ता जटिल र पीडादायी रोगव्यथाको समाधान गर्ने क्षमता योगमा छ । सामान्य प्रकारका रोग समस्यादेखि लिएर जीवनशैलीका जटिल विकारहरूसम्म योगद्वारा केही समयभित्रै समाधान गर्न सकिन्छ ।

वर्तमान समयमा जेजति रोगव्याधि, समस्या र चुनौती छन्, ती सबैलाई सम्बोधन गर्ने सामर्थ्य योगमा छ ।

एउटा ऋषिवचन नै छ, *"भवताच्तेत तप्तानो योगो ही परमौषधम् ।"*

अर्थात् भवसंसार यानि कि जीवन र जगत्का समग्र ताप-सन्तापहरूको एकमेव औषधि योग हो ।

प्रचलित प्रमुख योग प्रणालीहरू

प्रचलित प्रमुख योग प्रणाली यस प्रकार छन्– कर्मयोग, ज्ञानयोग, राजयोग, अष्टाङ्गयोग, भक्तियोग, मन्त्रयोग, हठयोग, क्रियायोग, नादयोग, प्राणयोग र ध्यानयोग । हिजोआज योगको नाममा जुन आसन, प्राणायाम र केही मुद्राबन्धको प्रयोग गरिन्छ, त्यो हठयोगको एउटा अंश मात्र हो ।

समग्रतामा योग अत्यन्त व्यापक, असीम र वैविध्यपूर्ण छ । योग गर्न कसैलाई कुनै पनि कुराले र कहिल्यै पनि छेक्दैन । जहिले पनि जहाँ पनि, जुनसुकै परिस्थितिमा पनि योग गर्न सकिन्छ ।

शरीर रहुन्जेल हाम्रो शरीर कुनै न कुनै आसन वा आकृतिमा अवस्थित हुने गर्छ । आसनबिना शरीर अस्तित्वमै रहँदैन । हरघडी शरीरको अवस्था, दशा, लयबद्धताप्रति सजग हुनु नै आसनाभ्यास हो । प्रत्येक मिनेट १६/१७ पटक लिने-छाड्ने श्वासप्रश्वासलाई परिष्कृत गर्नु प्राणायाम हो । यसरी जीवनका प्रत्येक आयाममा उत्कृष्टता, विशुद्धता र दिव्यता थप्दै जानलाई केले छेक्ने ?

स्मरण रहोस्, शरीर, मन र भाव नै योगको प्रयोगशाला हो ।

श्रीपट्टाभी जोइस भन्नुहुन्छ, "जो यसलाई चाहन्छ, योग हरेकका लागि सम्भव छ । योग एक ब्रह्माण्डीय विषय हो । तर यसलाई व्यापारिक उद्देश्य र सांसारिक कमाइको उद्देश्यले प्रयोग गर्ने भूल नगर ।"

योगमय जीवन कसरी ?

महर्षि पतञ्जलि *योगसूत्र*मा लेख्नुहुन्छ–

सतुदीर्घकालनैरन्तर्यसरकारसेवितो दृढभूमि ।

योग सफल बनाउन दीर्घकालसम्म योगाभ्यास जारी राख्नुपर्छ । योग साधना निरन्तर, प्रत्येक दिन, निर्दिष्ट समयमा हुनुपर्छ । पूर्णतः सत्कार

एवम् श्रद्धायुक्त भएर योगाभ्यास गर्नुपर्छ । अनि मात्र योग दृढ अर्थात् परिपक्व हुन्छ र त्यसले परिणाम दिन्छ ।

प्रस्तुत तीन अपरिहार्य सर्तसहित योगसाधनाको मार्गमा अघि बढ्ने व्यक्ति अवश्यमेव योगको शिखरमा पुग्नेछ । यी तीन घटक जेजति मात्रामा आत्मसात् गरिन्छन्, सोही मात्रामा योग फलदायी हुँदै जान्छ ।

योग भन्नेबित्तिकै हठयोगको आसन प्राणायाम सम्झनेहरूलाई यो कुरा बुझ्न कठिन होला । तर योग केवल शरीरको अभ्यास होइन, यो मन र चेतनाको अभ्यास हो । मनको प्रवृत्ति जीवनपर्यन्त अविराम गतिशील रहने हुनाले यसै मनद्वारा योग हासिल गर्न मनलाई हरेक क्षण योगाभ्यासमा लगाउने निर्देश योगऋषिहरूले दिएका छन् । यसै परिप्रेक्ष्यमा पतञ्जलि ऋषिले "दीर्घकाल" र "निरन्तर" शब्द प्रयोग गर्नुभएको हो ।

योगपथ साँच्चै विलक्षणको

हाम्रो मन योगतर्फ उन्मुख भएन भने विपरीत दिशातर्फ उन्मुख हुन्छ । विपरीत दिशा भन्नाले विषयवासना, भोग, सांसारिकता, धनसम्पत्ति र कामवासनातर्फ । यसरी मन योगतर्फ नलागेर विपरीत दिशाधारामा निरन्तर र दीर्घकालसम्म लाग्नुको परिणाम नै त तनाव, दुःख, चिन्ता, व्याकुलता हो ।

के तपाईं आधा घण्टा लगाएर मन एकाग्र गर्दैमा मन ती विषयहरूबाट विमुख हुन्छ भन्ने ठान्नुहुन्छ ? अवश्य हुँदैन । किनकि रातदिन निरन्तर मनको प्रवृत्ति दीर्घकालसम्म जुन दिशाधारातर्फ बग्छ, त्यतैको प्रभाव हाबी हुन्छ ।

ऋषिवर पतञ्जलिको निरन्तर र दीर्घकालसम्म शब्दको ध्येय मनको स्वाभाविक प्रवृत्तिलाई उल्ट्याएर योगमार्गमा प्रेरित गर्नु हो ।

योगको शिखर ग्रन्थ गीतामा भनिएअनुसार योगसाधना सफलीभूत बनाउन निम्न कुराहरू अपरिहार्य हुन्छन्–

युक्ताहारविहारस्य युक्तचेष्टस्य कर्मषु ।
युक्तस्वप्नावबोधस्य योगो भवति दुःखहा ॥ २।१७

दुःखलाई नष्ट गर्ने योग उचित आहारविहार, कर्ममा उपयुक्त चेष्टा र सन्तुलित शयन-जागरण गर्नेलाई मात्रै पूर्ण हुन्छ ।

योगपथ साँच्चै विलक्षणको हुन्छ । सुरूमा यसले कष्टमय साधनाको माग गर्छ । र क्रमशः ठीकठीक तरिकाले खाने, हिँड्ने, कामकाज गर्ने, सुत्ने, उठ्ने र समुचित जीवनयापन गर्नुपर्ने कठिन जीवनशैली अपनाउन विवश गराउँछ ।

यसरी दुःखपूर्वक अघि बढ्दै गएपछि परिणाममा त्यही योगले सम्पूर्ण दुःखको हरण गर्छ । र, साधकलाई हरक्षण आनन्दविभोर अवस्थामा स्तरोन्नति प्रदान गर्छ ।

आफैं रोज्नुहोस् उत्तम योगपथ

"योग"को विषयलाई आज कथित ठालुहरूले धेरै जटिल बनाइदिएका छन् । आम जनमानस कस्तो छ भने योग भनेको भेषधारी, बैरागी, गृहत्यागी, जटाधारी, अकर्मण्यहरूले हिँड्ने बाटो हो ।

बल्ल आएर एउटा वर्ग हठयोगप्रधान आसन प्राणायामचाहिँ हामीले पनि गर्न हुने रहेछ भनेर मान्न तयार भएको छ । बाँकी दुनियाँ योगलाई अझै पनि जीवनको गैरविषयवस्तु सम्झिन्छ । जब कि योग सबैका लागि र प्रत्येक मनुष्यका लागि हो । मनुष्य चोलामा जन्म लिनु नै योगको सार्वभौमिक योग्यता हो ।

युगऋषि आचार्य श्रीराम शर्माले भन्नुभएको छ–

"यस्तो सुगम मार्गलाई पनि आज मान्छेले दुर्गम मानेर बसेका छन् । योग गर्नलाई मन भए पुग्छ । मनमा तत्परता र तन्मयता छ भने योग जसले पनि गर्न सक्छ । यो कुनै पनि हालतमा कठिन छैन । यसमा न अरू कसैको आवश्कयता पर्छ । आफ्नै हातको खेल हो । तर साहस र श्रद्धाचाहिँ चाहिन्छ ।"

हो, योग तपाईं पनि गर्न सक्नुहुन्छ । यसबाट तपाईं पनि कृतकृत्य हुन सक्नुहुन्छ । पेसा, काम, जातजाति, लिङ्ग, धर्म र भाषाले रोक्दैन ।

"उठ ! जाग र आफ्नो लक्ष्यतर्फ अग्रसर होऊ, जबसम्म गन्तव्य हासिल हुँदैन," स्वामी विवेकानन्दको यो जागरण-उद्घोषको लक्ष्यार्थ योग नै हो । किनकि योग नै मनुष्य जीवनको अन्तिम गन्तव्य हो ।

तपाईंको व्यक्तित्व, अभिरूचि, आन्तरिक संस्कार र क्षमताअनुसार जुन योगपथ उपयुक्त हुन्छ, त्यसैमा अग्रसर हुनुहोला भनी यो लेखक उत्प्रेरित गर्छ ।

योग नगरे गुम्छन् यी फाइदा

शारीरिक– ओजस्वी, आरोग्यवान् एवम् स्वस्थ शरीर, तन्दुरूस्त एवम् सुगठित काया, कर्मसामर्थ्यले युक्त तन, तेजोमय मुखमण्डल, स्फूर्तिवान् व्यक्तित्व, भरिपूर्ण जीवनी शक्ति, दुःखकष्ट र घामपानी सहन सक्ने ज्यान ।

प्राणिक– प्राणसम्पन्न व्यक्तित्व, आँखामा तेज, त्वचामा चमक, प्रबल रोगप्रतिरोधी क्षमता, जाडोगर्मी जुनसुकै स्थानमा अनुकूल हुने सामर्थ्य उन्नत एवम् सुविस्तृत आभामण्डल भएको व्यक्तित्व ।

मानसिक– तीक्ष्ण आइक्यू (बौद्धिक क्षमता), एकाग्रता क्षमता, स्मृति क्षमता, बोधक्षमता, ग्रहण क्षमता, धारणा क्षमता, ध्यान क्षमता जस्ता मानसिक क्षमताले युक्त । सृजनात्मकता र रचनात्मकता कलाकौशल, मनस्विता, अन्तर्ज्ञान, भाषिक चातुर्य, भेद चातुर्य, निर्णयशीलता, लक्ष्यशीलता, नेतृत्वक्षमता, प्रबन्धक्षमता आदि कसौटीमा प्रखर ।

नैतिक– एमआई अर्थात् मोरल इन्टेलिजेन्सले सम्पन्न, नीतिवान्, सदाचारी, सत्यनिष्ठ, अहिंसावादी, विश्वसनीय, अपरिग्रही (अनावश्यक सम्पत्ति नथुपार्ने), समाजनिष्ठ, सामूहिकता एवम् सहकारिताको भावयुक्त, सहअस्तित्वप्रेमी, प्रकृतिप्रेमी, पर्यावरणप्रेमी, आदर्शवान् ।

आध्यात्मिक– हृदयवान्, भावनाशील, परानुभूतियुक्त, कर्मशील, कर्मफल विधानको अनुयायी, संस्कारवान्, सङ्कल्पशील, ईश्वरानुयायी, आसक्तिविहीन, न्यायप्रेमी, सर्वप्रिय, प्रेमवान्, दिव्य गुणहरूले युक्त ।

व्यस्त जीवनमा योग

अहिलेको मानव पुस्ता क्रमशः दुर्बल र नपुंसक हुँदै गएको छ । स्वाभाविक खुसी र आनन्दहीनताका कारण अहिलेको युगलाई तनाव र डिप्रेसनको युग भन्न थालिएको छ । धनसम्पत्ति, पदप्रतिष्ठा, यन्त्र

उपकरणको स्वामी भएकै कारण आजको मान्छे आफूलाई बलवान् ठान्ने गर्छ, जब कि उसको स्वामित्वको वस्तु हटाइदिने हो भने उसको शरीरबल र मनोबल नितान्त क्षीण हुँदै गएको अवस्था छ ।

बढ्दो मानसिक नपुंसकता र दुर्बलतालाई निवारण गर्न यस परिप्रेक्ष्यमा अब योगबाहेक अर्को समाधान देखिँदैन । योगमा केवल वीरासन र सिंहासन मात्रै गरिँदैन । यसले वीर र सिहंस्वरूपसमेत बन्न सिकाउँछ ।

अन्यथा योगमा निहित बलप्रदायक विशेषताको वर्णन योगगुरू अमित राय किन यसरी गर्नुहुन्थ्यो, "योग केवल केही आसनहरूको पुनरावृत्ति होइन । यो त्यो विद्या हो, जसले भित्र विद्यमान सूक्ष्म ऊर्जाभण्डार खोज्ने र प्रस्फुटित गर्ने काम गर्छ ।"

जमाना भोगवादी, फेसन योगवादी

जमाना भोगवादी हुनुको परिणामस्वरूप रोग र शोक आज हाम्रा दुई प्रमुख साथी बनेका छन् । लाखौंमा एकदुई मात्रै स्वस्थ होलान् आजको दिनमा, बाँकी सबै रोगी छन् । रोग पनि किसिमकिसिमका छन् । सँगसँगै नयाँनयाँ घातक र उपचारै गर्न नसिकने रोग जन्मिइरहेका छन् । शोक अर्थात् मानसिक अशान्ति, बेचैनी, चिन्ता, अनिद्रा, डिप्रेसन आदि ।

यी शोकप्रधान मनोविकार आधुनिक मान्छेका आधुनिक साथी हुन् । रोग र शोकका रूपमा उत्पन्न हुने साथीहरूलाई बढ्न दिने कि घटाउँदै लैजाने ? ऋषिमुनिका योगवादी सन्तानका तर्फबाट सिसीमुनिका भोगवादी सन्तानहरूलाई प्रश्न उठाउनुपर्ने यो समयचक्रमा अब आएर योग दिवससमेत घोषणा भएको छ ।

शोकपूर्ण कुरा त यो हो कि यी र यस्ता शोकप्रधान विकार रात दुई गुणा, दिन चौगुणाका दरले बढिरहेका छन् । रगतमा ऋषिमुनिको वंशाणु धारण गर्ने तर व्यवहार सिसीमुनिको जस्तो आचरण गर्ने आधुनिक ऋषि सन्ततिहरूलाई आजको यस घडीमा एक पटक यो कुरा मनन गर्ने अनुनय गर्नु अतिशयोक्तिपूर्ण नहोला ।

ऋषिमुनिहरूले "समत्वं योग उच्यते" अर्थात् सन्तुलित जीवन जिउनु नै योग हो भनी योगलाई परिभाषित गरेका छन् । जीवनमा "सन्तुलन" कति आवश्यक छ, भोगवादबाट थाकेकाहरूलाई त्यो स्पष्ट थाहा छ ।

महान् ऋषि पतञ्जलिले योगको परिभाषा दिँदै भनेका छन्, *योगश्चित्तवृत्तिनिरोधः* अर्थात् स्वभावैले चञ्चल मनका वृत्तिहरूलाई निरोध गर्नु नै योग हो ।

करोडौँको प्रिय साथी योग

भोगवादीहरूले यो पनि स्पष्ट बुझेका हुन्छन्– जीवनको सबैभन्दा ठूलो पीडा चञ्चल मन हो । र जीवनको सबैभन्दा ठूलो सुख नियन्त्रित मन हो ।

*श्रीमद्भगवद्गीता*भित्र एक स्थानमा भनिएको छ, "तं विद्या दुःखसंयोग वियोगं योगसंज्ञितम्" अर्थात् मानिसलाई विभिन्न दुःखहरूबाट टाढा राख्ने यानि कि वियोग गराउने विशिष्ट विद्या नै योग हो ।

जताततै दुःखैदुःखको संयोगले विक्षिप्त आधुनिक मान्छेलाई योग कति ठूलो दबाइ हुन सक्छ, त्यो स्वयम् भोगवादीहरूले बुझ्ने कुरा हो । वास्तवमा कुरा बुझेरै होला, वर्तमान समयमा सिसीमुनि र भोगवाद भनेर चिनिने नयाँ पुस्ता पनि योगतर्फ निकै नै लालायित छ ।

भोगवादको चरमोत्कर्षमा पुगेको देश अमेरिका, जहाँका १६ प्रतिशत नागरिक आज योग गर्छन् । क्यानडाका ११ प्रतिशत जनता योगसँग जोडिएका छन् । भाषै नमिल्ने जापान र चीनमा पनि करोडौं मानिस योग गर्छन् । त्यति मात्रै होइन, कट्टरताको परिचय पाएका कतिपय इस्लामिक देशहरूमा पनि योगाभ्यास फेसन बनेर प्रवेश गरेको छ ।

म्याडोना भन्छिन्

आधुनिक भोगवादको शिखरमा पुगेको वर्तमान पुस्ताकी प्रतिनिधि गायिका/नायिका म्याडोनाले योगबारे दिएको अभिव्यक्तिले हामी योगवादीका सन्तानलाई आँखा खोल्न सघाउँछ ।

उनी भन्छिन्, "योग भनेको जीवनको अलङ्कार हो । यसलाई हतार नगरी बिस्तारै स्वीकार गर्नुपर्छ । जतिसुकै चाहे पनि तपाईं संसारबाट

भाग्न सक्नुहुन्न । कतिपय क्षणमा तपाईं आफूले आफैंलाई हारेको, गिरेको महसुस गर्नुहुन्छ, यद्यपि आफूलाई तौलन सक्नुहुन्न । त्यस्तो बेला एकछिन रोकिनुहोस् र गहिरो सास लिनुहोस्, सबै कुरा हुन दिनुहोस् । योग तपाईंको शरीर, मन र आत्मा सबैका लागि हो ।"

योगसँगै आयुर्वेद

आयुर्वेद र योग सनातन प्रणालीका दुई भुजा हुन् । भुँडी बढेकाहरूले भुँडी घटाउने सजिलो उपाय ठानिदिँदा योग र आयुर्वेद अझै पनि कठ्याङ्ग्रिएकै अवस्थामा छ । कसले बुझ्ने कि योग समग्र जीवनमा शुक्लपक्ष ल्याउने र आयुर्वेद हरियाली ल्याउने विधा हो भनेर ?

तथापि चित्त बुझाउने ठाउँ प्रशस्त बन्दै छन् । बिहानको खाना पस्किने बेलासम्म सुत्नेहरू अब योग आयुर्वेदको झस्काइले ब्रह्ममुहूर्तमा उठ्दै छन् र आसन-प्राणायाम गर्दै छन् ।

आयुर्वेद केवल हर्बल प्रोडक्टका नाममा चल्ने व्यापार होइन । प्रकृतिबाट टाढिएको जिन्दगीलाई पुनः प्रकृतिसँग नजिक्याउने र व्यक्तिलाई सटिक जीवनशैलीअनुसार चल्न सिकाउने जीवन्त विज्ञान हो । यसमा स्वस्थवृत्त अर्थात् हेल्थ एन्ड हाइजिनको सुन्दरतम ढाँचा प्रस्तुत गरिएको छ ।

दुवैको प्रतिफल सटिक जीवनशैली

आयुर्वेदिक जीवनपद्धतिअन्तर्गत यसरी बाँच्ने, यसरी खाने-पिउने, यसरी सोच्ने र यसरी भोग गर्ने भनेर मानवोचित र शाश्वत नियम-उपनियमहरूको प्रतिपादन गरिएको छ । साथै जीवन र प्रकृतिको आपसमा उचित समायोजनपूर्ण दिनचर्या, ऋतुचर्या, रात्रिचर्या, आहारविहार, निद्रा र मैथुन जस्ता सर्वाङ्गपूर्ण दृष्टिकोणहरू यसभित्र पर्छन् ।

थोरै मात्र पनि आयुर्वेदीय निर्देशनमा चल्नेहरूका लागि रोग कुनै चुनौती होइन र आरोग्य कुनै दुर्लभ कुरा होइन । रोगरहित भएर आरोग्यसम्पन्न जिन्दगी जिउन पाउनुभन्दा ठूलो ह्याप्पिनेस थेरापी यो जीवनमा अर्को के हुन सक्ला ? भए जति रोग, समस्या र अस्तव्यस्तता एवम् अप्राकृतिक जीवनचर्याकै परिणति हुन् ।

आधुनिक उपचार रोगहरूको लक्षणलाई दबाउने क्रियाविधिमा केन्द्रित छ । आयुर्वेद भने रोग समस्याको अन्तिम कारणसम्म पुगेर जडलाई नै निर्मूल गर्ने विधिविज्ञान हो ।

अन्त्यमा अनुसन्धानात्मक निष्कर्ष

आजसम्मका अनेकन शोधअनुसन्धान पनि व्यक्तिलाई यसप्रति आकृष्ट हुन प्रेरित गरिरहेका छन् । अमेरिकन योगा एसोसिएसन वेलनेस बुकले उल्लेख गरेअनुसार नियमित योगाभ्यासले रक्तसञ्चारलाई सबल बनाउँछ । रक्त उत्पादनलाई बढाउँछ । रगतमा अक्सिजनको उपलब्धतामा वृद्धि गरेर यसको सङ्ग्रहलाई मजबुत गर्छ ।

विभिन्न किसिमका प्रदूषित तत्त्वको आक्रमणले अशुद्ध हुँदै गएको रगत शुद्धीकरण गर्छ । मुटुसँग जोडिएका प्रमुख रक्तवाहिनी नलीहरूमा हुने आर्टरी ब्लकेज भनिने अवरोध हटाउन प्रभावकारी भूमिका खेल्छ र तिनलाई लचिलो बनाउँछ । यसले हाम्रो दिमागलाई समेत सजग राख्छ र समग्रमा मानसिक एवम् भावनात्मक स्वास्थमाथि गहिरो फाइदा पुऱ्याउँछ ।

योग विज्ञानसम्बन्धी दर्जनौं पुस्तकका रचयिता स्वामी सत्यानन्द सरस्वती मुटु र शरीरको स्वास्थ्यलाई सन्तुलित राख्न योगप्रधान जीवनशैली नै सर्वोत्कृष्ट उपाय रहेको बताउनुहुन्छ ।

योग एन्ड कार्डियोभास्कुलर म्यानेजमेन्ट नामक पुस्तकमा दर्जनौं शोधअध्ययनको निष्कर्षलाई समेटेर उहाँले आधुनिक जीवनशैलीमा योग अपरिहार्य रहेको प्रमाणित गर्नुभएको छ ।

ती निष्कर्षहरूले उजागर गरेको सार निष्कर्षबमोजिम योगले हाम्रो मस्तिष्कको प्रिफन्टल लोबको गतिविधिलाई लिम्बिक सिस्टमबाट पृथक् गर्छ । फलस्वरूप मानसिक तनाव र पीडाजन्य स्थितिमा भावनात्मक परिवर्तन ल्याउँछ । योगको मान्यताअनुसार भावनात्मक ऊर्जालाई नकारात्मक सोचबाट जति पृथक् गर्न सक्यो, त्यति नै अधिक चिन्ता र तनावबाट मुक्त हुन मद्दत पुग्छ ।

योगशैली तपाईंका लागि

अन्त्यमा यो हेक्का रहोस् कि योग धेरैले बुझे जस्तो आधाएक घण्टामा गर्ने व्यायाम कसरत होइन । यो प्रतिपल, प्रतिक्षण र सासमा चलिरहने प्रक्रिया हो ।

महर्षि अरविन्दले भन्नुभएको छ– "प्रत्येक श्वास योग साधना हो ।"

व्यावहारिक परिप्रेक्ष्यमा योग जीवन जिउने कला हो । योग विज्ञानका अध्येताहरूको अनुभवमा योग समग्र जीवन पद्धति हो, सर्वाङ्गीण जीवनदर्शन हो । अध्यात्म वैज्ञानिकहरूको दृष्टिकोणमा योग सबै विज्ञानभन्दा माथि चेतनाको महाविज्ञान हो । ऋषिमहर्षि सूक्ष्मद्रष्टाहरूको भनाइमा योग समाधिको यात्रा हो ।

उपरोक्त विश्लेषणहरूमध्ये तपाईंलाई जुन उपागम अधिक जँच्छ, त्यसलाई सहर्ष स्वीकार गर्नुहोला । व्यक्तिपिच्छे रूचि, क्षमता, कर्मसंस्कार र प्रारब्धको स्तर भिन्नभिन्न हुने गर्छ । कुनै व्यक्ति तर्कशील र बौद्धिक हुन्छ भने कुनै व्यक्ति भावनाशील र भक्तिवान् हुन्छ । जसमा जुन किसिमको क्षमता र अभिरूचि हुन्छ, सोहीअनुरूप ऊ योगमार्गको चयन गर्न सक्छ ।

त्यसैले गर्दा नै योग-आविष्कारकहरूले अनेकौं प्रकारका योग प्रणालीको प्रवर्तन गरेका हुन् । पृथक्पृथक् प्रकारका योग पद्धतिहरूको अवधारणा खासगरी विविधतापूर्ण जिज्ञासु र अनुयायीहरूको सुविधामाथि ध्यान राखेर विकसित भएको हुनुपर्छ ।

www.ingramcontent.com/pod-product-compliance
Lightning Source LLC
LaVergne TN
LVHW060229051026
849517LV00005B/1563
* 9 7 8 9 9 3 7 6 6 5 7 1 1 *